Das Internationale Privatrecht im Spiegel des Antidiskriminierungsschutzes

Europäische Hochschulschriften Recht

European University Studies in Law

Publications Universitaires Européennes de Droit

Band/Volume **6821**

Eileen Kramer

Das Internationale Privatrecht im Spiegel des Antidiskriminierungsschutzes

– ein englisch-deutscher Rechtsvergleich unter besonderer Berücksichtigung des Brexits –

PETER LANG

Berlin - Bruxelles - Chennai - Lausanne - New York - Oxford

Bibliografische Information der Deutschen Nationalbibliothek
Die Deutsche Nationalbibliothek verzeichnet diese Publikation in der Deutschen Nationalbibliografie; detaillierte bibliografische Daten sind im Internet über http://dnb.d-nb.de abrufbar.

Zugl.: Berlin, Freie Univ., Diss., 2024

D 188

ISSN 0531-7312
ISBN 978-3-631-93363-3 (Print)
E-ISBN 978-3-631-93402-9 (E-PDF)
E-ISBN 978-3-631-93403-6 (EPUB)
DOI 10.3726/b22689

Verlegt durch: Peter Lang GmbH, Berlin, Deutschland
info@peterlang.com - www.peterlang.com

Meinen Eltern

in Dankbarkeit gewidmet.

Inhaltsverzeichnis

Abkürzungsverzeichnis

a. A.	andere Ansicht
a. a. O.	am angegebenen Ort
Abs.	Absatz
A.-Drs.	Ausschuss Drucksachen
a. E.	am Ende
AEntG	Gesetz über zwingende Arbeitsbedingungen für grenzüberschreitend entsandte und für regelmäßig im Inland beschäftigte Arbeitnehmer und Arbeitnehmerinnen
AEUV	Vertrag über die Arbeitsweise der Europäischen Union
a. F.	alte Fassung
AGG	Allgemeines Gleichbehandlungsgesetz
Art.	Artikel
APuZ	Aus Politik und Zeitgeschichte
AuR	Arbeit und Recht
BAG	Bundesarbeitsgericht
BeckOGK	Beck'scher Online-Großkommentar
BeckOK	Beck'scher Online-Kommentar
BGB	Bürgerliches Gesetzbuch
BGH	Bundesgerichtshof
BGHZ	Sammlung der Entscheidungen des Bundesgerichtshofs in Zivilsachen
BR-Drs.	Drucksachen des deutschen Bundesrates
Brexit	British Exit
	[Austritt des Vereinigten Königreichs aus der Europäischen Union]
BrexitAbk	Abkommen über den Austritt des Vereinigten Königreichs Großbritannien und Nordirland aus der Europäischen Union und der Europäischen Atomgemeinschaft

Brüssel Ia-VO	Verordnung (EU) Nr. 1215/2012 des Europäischen Parlaments und des Rates vom 12. Dezember 2012 über die gerichtliche Zuständigkeit und die Anerkennung und Vollstreckung von Entscheidungen in Zivil- und Handelssachen
BT-Drs.	Drucksachen des deutschen Bundestages
bzw.	beziehungsweise
CFR	Common Frame of Reference
COUNSEL	Counsel Magazine
DCFR	Draft Common Frame of Reference
d. h.	das heißt
EAPIL BLOG	The European Association of Private International Law - Blog
EGBGB	Einführungsgesetz zum Bürgerlichen Gesetzbuche
EG-Vertrag	Vertrag zur Gründung der Europäischen Gemeinschaft
Einl.	Einleitung
endg.	endgültig
engl.	englisch
ERCL	European Review of Contract Law
EU	Europäische Union
EuGH	Gerichtshof der Europäischen Union
EuGVÜ	Übereinkommen über die gerichtliche Zuständigkeit und die Vollstreckung gerichtlicher Entscheidungen in Zivil- und Handelssachen vom 27.09.1968
European Union (Withdrawal) Act 2018	An Act to repeal the European Communities Act 1972 and make other provision in connection with the withdrawal of the United Kingdom from the EU
European Union (Withdrawal Agreement) Act 2020	An Act to implement, and make other provision in connection with, the agreement between the United Kingdom and the EU under Article 50(2) of the Treaty on European Union which sets out the arrangements for the United Kingdom's withdrawal from the EU

EUV	Vertrag über die Europäische Union
EuZA	Europäische Zeitschrift für Arbeitsrecht
EuZW	Europäische Zeitschrift für Wirtschaftsrecht
EVÜ	Übereinkommen über das auf vertragliche Schuldverhältnisse anzuwendende Recht vom 19. Juni 1980
EWG	Europäische Wirtschaftsgemeinschaft
f., ff.	folgend(e)
Fn.	Fußnote
FS	Festschrift
gem.	gemäß
GG	Grundgesetz
ggf.	gegebenenfalls
GPR	Zeitschrift für Gemeinschaftsprivatrecht
Handels- und Kooperationsabkommen	Abkommen über Handel und Zusammenarbeit zwischen der Europäischen Union und der Europäischen Atomgemeinschaft einerseits und dem Vereinigten Königreich Großbritannien und Nordirland andererseits
Handelsvertreter-RL	Richtlinie 86/653/EWG des Rates vom 18. Dezember 1986 zur Koordinierung der Rechtsvorschriften der Mitgliedstaaten betreffend die selbständigen Handelsvertreter
HGÜ	Haager Übereinkommen über Gerichtsstandsvereinbarungen vom 30.06.2005
Hrsg.	Herausgeber/Herausgeberinnen
ICLQ	International and Comparative Law Quarterly
i. d. R.	in der Regel
IHR	Internationales Handelsrecht
IPR	Internationales Privatrecht
IPRax	Praxis des Internationalen Privat- und Verfahrensrechts
i. S. d.	im Sinne des
i. Ü.	im Übrigen

JZ	Juristenzeitung
KJ	Kritische Justiz
lat.	lateinisch
LG	Landgericht
LMK	Lindenmaier-Möhring – Kommentierte BGH-Rspr.
LuGÜ	Luganer Übereinkommen über die gerichtliche Zuständigkeit und die Vollstreckung gerichtlicher Entscheidungen in Zivil- und Handelssachen vom 30.10.2007
lit.	litera
m. Anm.	mit Anmerkung
MDR	Monatsschrift für Deutsches Recht
MEZ	Mitteleuropäische Zeit Zone
MittBayNot	Mitteilungen des Bayerischen Notarvereins, der Notarkasse und der Landesnotarkammer Bayern
m. w. N.	mit weiteren Nachweisen
NJW	Neue Juristische Wochenschrift
Nr.	Nummer
NZA	Neue Zeitschrift für Arbeitsrecht
NZA-Beil.	Neue Zeitschrift für Arbeitsrecht - Beilage
OBLB	Oxford Business Law Blog
OLG	Oberlandesgericht
opt-in	(engl.) = für etwas optieren/partizipieren [Hintergrund: Ausnahmeregelungen für einzelne Mitgliedsländer in den EG/EU-Verträgen]
opt-out	(engl.) = nicht partizipieren
	[Hintergrund: Ausnahmeregelungen für einzelne Mitgliedsländer in den EG/EU-Verträgen]
RabelsZ	Rabels Zeitschrift für ausländisches und internationales Privatrecht
RdA	Recht der Arbeit

RIW	Recht der Internationalen Wirtschaft
RL	Richtlinie
Rn.	Randnummer
Rom I-VO	Verordnung (EG) Nr. 593/2008 des Europäischen Parlaments und des Rates vom 17. Juni 2008 über das auf vertragliche Schuldverhältnisse anzuwendende Recht
Rom II-VO	Verordnung (EG) Nr. 864/2007 des Europäischen Parlaments und des Rates vom 11. Juli 2007 über das auf außervertragliche Schuldverhältnisse anzuwendende Recht
Rs.	Rechtssache
Rspr.	Rechtsprechung
Rz.	Randziffer
S.	Seite, Satz
s.	siehe
sog.	sogenannt
u. a.	und andere
UK	United Kingdom
Urt.	Urteil
US	United States
UTC	Universal Time Coordinated [Weltzeit]
v.	von, vom
v. a.	vor allem
Var.	Variante
Vertrag von Amsterdam	Vertrag von Amsterdam zur Änderung des Vertrags über die Europäische Union, der Verträge zur Gründung der Europäischen Gemeinschaften sowie einiger damit zusammenhängender Rechtsakte
VersR	Versicherungsrecht
vgl.	vergleiche
z. B.	zum Beispiel

ZEuP	Zeitschrift für Europäisches Privatrecht
ZfPW	Zeitschrift für die gesamte Privatrechtswissenschaft
ZPO	Zivilprozessordnung
ZVertriebsR	Zeitschrift für Vertriebsrecht

Gendererklärung

In dieser Arbeit wird aufgrund der besseren Lesbarkeit bewusst auf eine geschlechtsneutrale Formulierung verzichtet. Die männliche Schreibweise gilt dabei gleichermaßen für alle Geschlechter.

Einleitung

Am 31. Januar 2020 um Mitternacht (MEZ) hat das Vereinigte Königreich[1] mit Inkrafttreten des seit März 2017 verhandelten ‚Abkommen über den Austritt des Vereinigten Königreichs Großbritannien und Nordirland aus der Europäischen Union und der Europäischen Atomgemeinschaft'[2] (BrexitAbk) *formell* den Kreis der Mitgliedstaaten der Europäischen Union verlassen.[3] Auch der sich hieran noch anschließende Übergangszeitraum ist mittlerweile ausgelaufen. Seit dem 01. Januar 2021 ist das Vereinigte Königreich endgültig nicht mehr Teil der Europäischen Union. Die Europäische Union hat damit zum ersten Mal in ihrer Geschichte überhaupt einen Mitgliedstaat verloren.[4] Vorangegangen war dem Austritt ein am 23. Juni 2016 abgehaltenes Referendum im Vereinigten Königreich über den Verbleib in der Staatengemeinschaft, welches ablehnend ausgefallen war.[5] Vor dem Hintergrund der vollzogenen Absage an den Gedanken der europäischen

---

1 Wird im Nachfolgenden die Bezeichnung ‚Vereinigtes Königreich' gewählt, so ist damit das Vereinigte Königreich Großbritannien und Nordirland gemeint. Dasselbe soll aufgrund des allgemeinen Sprachgebrauches für die Bezeichnung ‚Großbritannien' gelten. Die Bezeichnung ‚England' bezieht sich lediglich auf den tatsächlichen Landesteil England bzw. die englische Binnenrechtsordnung und soll nicht synekdochisch für die Union mit den anderen Landesteilen verstanden werden.

2 Gemeinhin bekannt als sog. ‚Austrittsabkommen' oder ‚Brexit-Abkommen', abgedruckt in: Amtsblatt der Europäischen Union L 029: Informationsnummer 2020/L 029 I/07 Abkommen über den Austritt des Vereinigten Königreichs Großbritannien und Nordirland aus der Europäischen Union und der Europäischen Atomgemeinschaft.

3 Hierzu *Rühl*, NJW 2020, 443 (443) Fn. 1: „Der ursprüngliche Austrittstermin wäre nach Art. 50 III EUV der 29.03.2019 gewesen. Dieser Termin wurde jedoch am 21.03.2019 auf den 12.04.2019 bzw. den 22.05.2019 und am 10.04.2019 auf den 31.10.2019 verschoben. Am 28.10.2019 erfolgte sodann die letzte Verschiebung auf den 31.01.2020."; *Rüscher*, EuZW 2018, 937 (938) verweist auf die Einleitung des Austrittsprozesses am 29.03.2017 durch eine gem. Art. 59 Abs. 2 S. 1 EUV erfolgte Mitteilung gegenüber dem Europäischen Rat.

4 Statt aller *Dickinson*, IPRax 2021, 213 (213): „At 11pm (GMT) on 31 December 2020, the United Kingdom moved out of its orbit within the European Union's legal system."; *Fabbrini*, The Law and Politics of Brexit 2022, S. 19 mit Hinweis auf 48 Jahre Mitgliedschaft des Vereinigten Königreichs im EU-Rechtsgefüge; *Rühl*, ICLQ 2018, 99 (2).

5 Zur Unvorstellbarkeit der Union und der an ihr beteiligten Rechtsordnungen, dass ein Mitgliedstaat „jemals die Option des Art. 50 EUV ziehen würde", vgl. *Mankowski*, EuZW-Sonderausg. 1/2020, 3 (8).

Integration seitens des Vereinigten Königreichs ist es das Hauptanliegen dieser Arbeit, eine (Neu-)Systematisierung des Diskussionsstandes zu den kollisionsrechtlichen Belangen des Antidiskriminierungsrechts im internationalprivatrechtlichen Gefüge zwischen der englischen und deutschen Rechtsordnung vorzunehmen.

Das von *Kocher* umschriebene Vorhaben aus dem Jahr 2014, „aus den Reibungen am und im Kollisionsrecht Funken um das Antidiskriminierungsrecht“[6] schlagen zu wollen, soll hier vor dem Hintergrund des ‚British Exit‘ (Brexit)[7] erneut aufgegriffen werden. Warum bietet gerade der Brexit Anlass dazu, Internationales Privatrecht und den (grenzüberschreitenden) Diskriminierungsschutz gemeinsam in den Blick zu nehmen? Die wirtschaftlichen und sozialen Beziehungen zwischen den kontinentaleuropäischen Staaten und dem Vereinigten Königreich sind vielfältig. Weitreichend sind damit auch die möglichen Anwendungsfälle von Diskriminierungen. Bei einem grenzüberschreitenden Diskriminierungssachverhalt zwischen Privaten stehen insbesondere zwei Rechtsmaterien im Mittelpunkt der Betrachtung: Kollisionsrecht und Antidiskriminierungsrecht. Hierbei handelt es sich um Rechtsbereiche, die in den vergangenen Jahrzehnten (der Zugehörigkeit des Vereinigten Königreichs zu der Europäischen Union und ihren Vorgängergemeinschaften) ganz wesentliche Veränderungen und Erweiterungen von supranationaler Seite erfahren haben:[8] Im Bereich des Antidiskriminierungsrechts durch umzusetzendes Richtlinienrecht der Mitgliedstaaten und im Bereich des Kollisionsrechts durch die Beteiligung an rechtsvereinheitlichenden Verordnungen.[9] Mit dem Brexit entfällt der weitreichende Einfluss des Unionsrechtsgefüges auf das Vereinigte Königreich und damit die englische Rechtsordnung. Hieraus ergeben sich Überbleibsel der Unionsmitgliedschaft im nationalen englischen Recht, deren Zukunft ungewiss erscheint. Darüber hinaus stellt sich jedoch auch die Frage nach der Bedeutung des englischen Rechtsverständnisses für den sog. *acquis communautaire*[10]. Wie ist zukünftig mit Norm(-fragmenten) im Unions-

---

6 *Kocher*, in: FS Martiny zum 70. Geburtstag, S. 413.

7 Vgl. zu diesem Kunstwort als eingebürgerter Bezeichnung für den Austritt des Vereinigten Königreichs aus der EU: DUDEN: Brexit, [abrufbar unter: https://www.duden.de/rechtschreibung/Brexit (zuletzt abgerufen am 14.11.2022)].

8 Vgl. zu den grundsätzlichen Auswirkungen des Brexits auf privatrechtliche Verträge *Grupp*, NJW 2017, 2065 (2065); zur engmaschigen Verwobenheit der deutschen und englischen Industrie und Wirtschaft außerdem *Rüscher*, EuZW 2018, 937 (938).

9 *Hemler*, Die Methodik der »Eingriffsnorm«, S. 41 hat die Gesetzgebungstätigkeit der Union auf dem Gebiet des Kollisionsrechts als den „langsame[n] Tod des rein nationalen IPR der europäischen Mitgliedstaaten […]“ beschrieben.

10 Eine umfassende Begriffsdefinition leistet *Weller u. a.*, ZEuP 2018, 892 (909f.).

recht umzugehen, die – in entgegengesetzter Richtung – in entscheidendem Maße von rechtspolitischen Vorstellungen jenseits des Ärmelkanals herrühren?[11] Dabei sind die unionsrechtlichen Implikationen auf den Rechtsgebieten des Antidiskriminierungs- und Kollisionsrechts teilweise maßgeblich von Vorstellungen der englischen Rechtsordnung inspiriert und beeinflusst worden.[12] Vor dem Hintergrund des Antidiskriminierungsrechts rückt dabei insbesondere die Regelung des Art. 9 Abs. 3 Rom I-VO in ein besonderes Licht. Art. 9 Abs. 3 Rom I-VO hat den Umgang mit ausländischen Eingriffsnormen bei grenzüberschreitenden vertraglichen Schuldverhältnisse zum Regelungsgegenstand. Weshalb der Eingriffsnormenthematik grundsätzlich für mehrstaatliche Diskriminierungskonstellationen Relevanz zukommt, wird im Verlauf der Arbeit zu erörtern sein.

Die Untersuchung wird den nunmehr zu skizzierenden Gang nehmen: ***Kapitel 1.*** führt zunächst in das Antidiskriminierungsrecht im kollisionsrechtlichen Gefüge ein. Neben dem Diskriminierungsschutz im Internationalen Privatrecht (*§ 1*) wird dort auf die Relevanz der nationalen Sachregelungen (*§ 2*) und den Vereinheitlichungsstand der materiellen Antidiskriminierungsrechte innerhalb der EU-Mitgliedstaaten (*§ 3*) eingegangen. In ***Kapitel 2.*** stehen die nationalen (Antidiskriminierungs-)Sachrechte zunächst der englischen (*§ 1*) und dann der deutschen (*§ 2*) Rechtsordnung im Fokus. Hierauf bauen die Ausführungen zum Antidiskriminierungsschutz durch Eingriffsnormen in ***Kapitel 3.*** auf. Im Rahmen dieses Kapitels werden zunächst die Auswirkungen des Brexits auf das IPR (*§ 1*) dargelegt. Anschließend wird sich den diskriminierungsrelevanten Ansprüchen im Kollisionsrechtsfall (*§ 2*) und der Durchsetzung von Eingriffsnormen der *lex fori* (*§ 3*) gewidmet. Zum Abschluss wird sodann der Berücksichtigung ausländischer Eingriffsnormen (*§ 4*) nachgegangen. ***Kapitel 4.*** nimmt Eingriffsnormen im deutsch-englischen Kollisionsrechtsfall zum Anlass, zunächst losgelöst allgemeine zivilverfahrensrechtlich relevante Aspekte (*§ 1*) und anschließend Verfahren vor deutschen (*§ 1*) und Verfahren vor englischen Gerichten (*§ 3*) im Interesse des Untersuchungsgegenstands näher zu beleuchten. Die Arbeit wird mit einer ***Zusammenfassung und Schlussbetrachtung*** beendet.

---

11 Diese Überlegung geht maßgeblich auf *Weller u. a.*, ZEuP 2018, 892 (892ff.) zurück.

12 Die Relevanz der englischen Rechtsordnung für das unional determinierte Antidiskriminierungsrecht zeigt sich besonders anschaulich daran, dass auch noch nach dem Brexit-Referendum englische Gericht dem EuGH Fälle in diesem Bezug zur Entscheidung vorlegten, vgl. dazu *Schiek/Fanning*, Equality Law After 'Brexit' – Perverse or Reverse 'Repatriation'?, S. 14.

Kapitel 1: Antidiskriminierungsrecht im kollisionsrechtlichen Gefüge

Das erste Kapitel dieser Arbeit soll in die Grundzüge des Antidiskriminierungsrechts und die diesbezüglich relevanten kollisionsrechtlichen Überlegungen einführen. In dem Bestreben, ein Verständnis für die später zu eröffnenden Thematiken zu schaffen, sollen zunächst diejenigen Aspekte umrissen werden, die den Gang der Darstellung fortwährend begleiten werden.

Voranzustellen ist diesen Ausführungen eine unumgänglich erscheinende Begriffsdefinition: Angesichts der inhaltlichen Ausrichtung dieser Untersuchung ist zunächst der verwendete *Diskriminierungsbegriff* zu erläutern. Dies drängt sich auf, weil das deutsche Antidiskriminierungsrecht, wie es seine Ausgestaltung im Allgemeinen Gleichbehandlungsgesetz (AGG) erfahren hat, nicht lediglich einer einzigen Begrifflichkeit verhaftet ist. Obwohl „einig[e] zentral[e] Diskriminierungsnormen des deutschen Rechts [...] von ‚benachteiligen' und ‚Benachteiligungen' [sprechen]", findet sich „im juristischen Diskurs, vor allem mit Bezug auf die Vorschriften des AGG, regelmäßig [die Bezeichnung] ‚Antidiskriminierungsrecht'"[13]. Dies erklärt sich daraus, dass der Begriff der ‚Diskriminierung' im Gesetzentwurf zum AGG bewusst durch die Bezeichnung ‚Benachteiligung' ausgetauscht wurde. Hierdurch sollte unterstrichen werden, „dass nicht jede unterschiedliche Behandlung, die mit der Zufügung eines Nachteils verbunden ist, diskriminierenden Charakter hat"[14] und einem Laienverständnis des AGG vorgebeugt werden, dem nach die Anknüpfung an eine ‚Diskriminierung' stets bereits eine sozial verwerfliche Ungleichbehandlung impliziert hätte. Es bestand die Befürchtung des Deutschen Bundestags, dass aufgrund des allgemeinen Sprachgebrauches von ‚Diskriminierung' Konstellationen einer *zulässigen* unterschiedlichen Behandlung verkannt worden wären.[15] An keiner Stelle war durch den Einsatz unterschiedlicher Begrifflichkeiten jedoch ein Absenken des Schutzniveaus im AGG intendiert.[16] Vielmehr sollte lediglich der Diskrepanz in der etymologischen Entwicklung der ‚Diskriminierung' im allgemeinen

---

13 *Mangold*, Demokratische Inklusion durch Recht, S. 15.

14 BT Drs. 16/1780, S. 30.

15 Zum Ganzen BT Drs. 16/1780, S. 30.

16 Hierzu *Lembke*, APuZ 2016, (12).

Sprachgebrauch gegenüber dessen juristischem Verständnis begegnet werden.[17] Im Rahmen dieser Arbeit soll *Diskriminierung* daher gleichbedeutend mit *Benachteiligung* verstanden werden. Unterschiedliche Implikationen sind durch abwechselnde Verwendung nicht intendiert.[18]

§ 1 Diskriminierungsschutz im Internationalen Privatrecht

Ist die Rede von einem zivilrechtlichen Diskriminierungs*sachverhalt* mit Berührungspunkten zu mehreren Staaten, stellt sich aus kollisionsrechtlicher Perspektive die Frage, welche nationale Rechtsordnung das diesbezügliche Schutzregime vorgibt. Dabei kommt dem IPR die originäre Aufgabe der Bestimmung des anwendbaren Sachrechts zu, welches im Einzelfall das Programm für den Antidiskriminierungsschutz bereithält.[19]

Soweit das kontinentaleuropäische IPR Savignyscher Prägung für die Bestimmung des anwendbaren materiellen Rechts als Ausgangspunkt einen konkreten Sachverhalt zugrunde legt, stellt sich dies für die Kontextualisierung der Nichtdiskriminierungsvorschriften bei Mehrstaatensachverhalten nicht als zwingend dar.[20] Es könnte sich ebenfalls anbieten, den Anwendungsbereich der der Antidiskriminierung in Privatrechtsverhältnissen verschriebenen Normen ‚vom Gesetz her' oder jedenfalls losgelöst von einer nach eigenem, nationalem bzw. (kontinental-) europäischem Verständnis dem IPR zuzuordnenden Sachverhaltskonstellation zu untersuchen.[21] Dies wäre der Fall, wenn man danach fragen würde, „ob die Gerichte eines Staates – z. B. die deutschen Gerichte – bestimmte Gesetzesnormen – z. B. die

17 Zum Ganzen sehr ausführlich *Mangold*, Demokratische Inklusion durch Recht, S. 12ff., deren gewinnbringende Ausführungen zu den Divergenzen der Begrifflichkeiten hier vollumfänglich in Bezug genommen werden sollen. Vgl. ebenfalls dort für zahlreiche weiterführende Nachweise.

18 So auch *Mangold*, Demokratische Inklusion durch Recht, S. 16.

19 Vgl. nur *Junker*, NZA-Beil. 2008, 59 (62).

20 Vgl. zur Savignyschen Vorgehensweise statt aller *v. Hein*, in: MüKoBGB, Einl. zum Internationalen Privatrecht, Rn. 28.

21 *Kocher*, in: FS Martiny zum 70. Geburtstag, S. 418 fragt danach, was überhaupt Gegenstand der kollisionsrechtlichen Qualifikation sein muss: „die Norm, der Anspruch oder der Fall?"; die Möglichkeit einer Untersuchung vom Gesetz her stellt mit Blick auf die Verortung der Diskriminierungsvorschriften im Internationalen Privatrecht ausdrücklich *Lüttringhaus*, Grenzüberschreitender Diskriminierungsschutz, S. 7, 79 heraus; *Mansel*, in: FS Canaris zum 70. Geburtstag, S. 811 verweist ebenfalls darauf, dass „die kollisionsrechtliche Frage [...] aus verschiedenen Blickwinkeln gestellt werden [könne]."

Vorschriften des Allgemeinen Gleichbehandlungsgesetzes – auf einen konkreten Fall anzuwenden haben“[22].

A. Einzunehmende Untersuchungsperspektive

Hierfür lassen sich mindestens zwei überlegenswerte Aspekte identifizieren: Zum einen die Nichterschöpfung des – betrachtet man die EU – unional determinierten Diskriminierungsschutzes für zivilrechtliche Benachteiligungen im *Privat*rechtssystem (hierzu folgend ***I.***).[23] Zum anderen die Relevanz von Eingriffsnormen für den Diskriminierungsschutz im Internationalen Privatrecht (hierzu folgend ***II.***).

I. Verortung der Sanktionsinstrumente für Diskriminierungen unter Privaten

Der europäische Antidiskriminierungskatalog geht deutlich über rein zivilrechtlich umgesetzte Normen für eine Sanktionierung von Diskriminierungen im Privatrechtsverkehr hinaus.[24] Neben den privatrechtlichen Vorschriften wurden in einigen Ländern zusätzlich *auch* verwaltungs- und strafrechtliche Sanktionsregelungen in Umsetzung der Antidiskriminierungsrichtlinien aufgenommen oder bereits bestehende entsprechend angepasst.[25] Zurückzuführen ist dies darauf, dass die EU-Richtlinien dem nationalen Gesetzgeber die autonome Entscheidung darüber überlassen, ob er die Zwecke des Antidiskriminierungsschutzes im Privatrecht durch zivil-, verwaltungs- oder strafrechtliche Mechanismen sicherstellen will. Hierdurch hat sich ein diversifiziertes Bild in den Unionsmitgliedstaaten ergeben.[26] *Lüttringhaus*[27] macht in diesem Zusammenhang drei Konzepte der

---

22 *Mansel*, in: FS Canaris zum 70. Geburtstag, S. 811.

23 Generell zum unional determinierten Diskriminierungsschutz ***Kapitel 1 § 3 A***.

24 Hierzu *Lüttringhaus*, Grenzüberschreitender Diskriminierungsschutz, S. 13: „Dass Diskriminierungsschutz im Privatrecht dabei nicht unbedingt vorwiegend durch Privatrecht sichergestellt werden muss, zeigen die [verschiedenen] Regelungskonzepte.“

25 *Chopin/Germaine*, A comparative analysis of non-discrimination law in Europe 2020, S. 9f.; zum Ganzen *Lehmann*, in: *Schulze (Hrsg.)*, New Features in Contract Law, S. 81ff. Insbesondere mit dem Hinweis darauf, dass auch im Rahmen der von den Staaten vorgesehenen zivilrechtlichen Sanktionen erhebliche Unterschiede auszumachen seien; vgl. auch *Lüttringhaus*, Grenzüberschreitender Diskriminierungsschutz, S. 303, der dabei herausstellt, dass jedoch stets zumindest nebengeordnet auch zivilrechtliche Ersatzansprüche vorgesehen seien.

26 *Lehmann*, in: *Schulze (Hrsg.)*, New Features in Contract Law, S. 83; *Lüttringhaus*, Grenzüberschreitender Diskriminierungsschutz, S. 11.

27 *Lüttringhaus*, Grenzüberschreitender Diskriminierungsschutz, S. 304.

Umsetzung der richtlinienrechtlich geforderten Sanktionsinstrumente für Diskriminierungen im Privatrechtsverkehr in das nationale Recht aus: Zum einen ließen sich solche Mitgliedstaaten erkennen, in denen sowohl ausgeprägte Ansätze einer privatrechtlichen als auch einer hoheitlichen Ahndung von solchen Diskriminierungen zu finden seien. Hier könne keine überwiegende Prägung des Schutzkonzeptes entweder in die eine oder die andere Richtung identifiziert werden. Vielmehr stünden die Rechtsinstitute ungefähr gleich stark ausgestaltet nebeneinander. Dem gegenüber seien die beiden Ansätze, welche jeweils eine der beiden Ausprägungen eindeutig priorisierten oder sich sogar gänzlich auf die Sanktionierung nur mithilfe des einen Rechtskonzeptes beschränkten, auszumachen. Die unterschiedlichen Konzeptionen der Schutzregime könnten darauf zurückgeführt werden, dass die verschiedenen Ansätze – entweder privatrechtlich oder hoheitlich – in den Rechtsordnungen unterschiedliche Funktionen ausfüllten. In der von einem öffentlichen Diskriminierungsschutzkonzept beherrschten französischen Rechtsordnung würden die zivilrechtlichen Ansprüche beispielsweise vorrangig der Schadenskompensation dienen und Aspekte der Verhaltenssteuerung den hoheitlichen Maßnahmen überlassen. Andere Länder bedienten sich demgegenüber weit überwiegend des Zivilrechts zur Diskriminierungsbekämpfung, wobei dieses entsprechend *sowohl* dem Schadensausgleich *als auch* der Prävention und Sanktionierung diene.[28]

Aufgrund des Fehlens einer vereinheitlichten Umsetzung des unional diktierten Antidiskriminierungsprogramms für zivilrechtliche Fallgestaltungen *im Privatrecht* der betroffenen Rechtsordnungen, könnte ein von einem Sachverhalt ausgehender Versuch der Verortung der Diskriminierungsvorschriften bei Mehrstaatensachverhalten mithilfe des IPR zu kurz greifen. Dies ist zu erwägen, da sich das Internationale Privatrecht gerade in der kollisionsrechtlichen Bestimmung des anwendbaren *Privat*rechts erschöpfen könnte, während sich in den verschiedenen EU-Rechtsordnungen auch oder sogar überwiegend bis hin zu ausschließlich

28 Siehe zu den „Zivilrechtlichen Lösungen", „Kombinationslösungen" und „Lösungen, die im Wesentlichen Strafe oder Bußgeld vorsehen" im Einzelnen bei *Benecke*, Rechtsvergleich der europäischen Systeme zum Antidiskriminierungsrecht, S. 46ff., 73; ein Überblick zu den verschiedenen straf-, verwaltungs- und zivilrechtlichen Sanktionsinstrumente, die die EU-Mitgliedstaaten aufgestellt haben, findet sich auch bei *Lehmann*, in: *Schulze (Hrsg.)*, New Features in Contract Law, S. 81ff.; zum Ganzen *Lüttringhaus*, Grenzüberschreitender Diskriminierungsschutz, S. 304; zur Umsetzung im Vereinigten Königreich *Vickers*, Country report Non-discrimination United Kingdom 2021, S. 6, 10. Demnach werden die Antidiskriminierungsgesetze - mit Ausnahme weniger strafrechtlicher Sanktionen - von den Zivilgerichten durchgesetzt.

Regelungen diesbezüglich in einer straf- oder verwaltungsrechtlichen Einkleidung finden. Art. 3 EGBGB legaldefiniert das Internationale Privatrecht als dasjenige Recht, welches „bei Sachverhalten mit einer Verbindung zu einem ausländischen Staat" das anwendbare Sachrecht bestimmt.[29] Aus dem Normwortlaut ergibt sich gerade keine Begrenzung des zu determinierenden Sachrechts auf das Privatrecht, obwohl die Bezeichnung ‚Internationales Privatrecht' dies zu implizieren scheint. Die diesbezügliche Offenheit des Wortlautes könnte in dem Sinne zu verstehen sein, dass zwar die einer Rechtskollision zugrundeliegende Frage eine zivilrechtliche sein müsse, nicht jedoch das mithilfe des IPR zu bestimmende Sachrecht zwingend dem Privatrecht zuzuordnen sei.[30] Nach einem solchen Verständnis könnten auch ausländische, straf- und/oder verwaltungsrechtliche Normierungen von der internationalprivatrechtlichen Verweisung miterfasst werden, sodass einer Kontextualisierung der Antidiskriminierungsvorschriften ausgehend von einer dem IPR zuzuschlagenden Sachverhaltskonstellation zumindest aus diesem Aspekt nichts entgegenzuhalten wäre. Einem solchen Verständnis ist der BGH in der Vergangenheit jedoch gerade nicht gefolgt.[31] Vielmehr prägte dieser den Grundsatz der Nichtanwendbarkeit ausländischen Öffentlichen Rechts im Zuge einer internationalprivatrechtlichen Verweisung.[32] Dieses Dogma gilt jedoch mittlerweile als überholt.[33] Einer Anwendung ausländischen Öffentlichen Rechts ist seitdem insbesondere dann der Weg geebnet, wenn dieses „im Schlepptau einer internationalprivatrechtlichen Verweisung" und nicht als originär „öffentlich-rechtliche Hauptfrage unter Beteiligung eines hoheitlichen Subjekts"[34] Relevanz erlangt.[35] Ausdrücklich in Gesetzesform niedergelegt findet sich diese

29 Wortlaut des Art. 3 EGBGB in der Fassung vom 29.01.2019.

30 In diesem Sinne *v. Hein*, in: MüKoBGB, Einl. zum Internationalen Privatrecht, Rn. 1.

31 BGH, Urt. v. 17.12.1959 – VII ZR 198/58, BGHZ 31, 367.

32 Vgl. hierzu weiterführend *Hemler*, Die Methodik der »Eingriffsnorm«, S. 66 ff., der in Frage stellt, dass es dem BGH dabei tatsächlich um die Dogmatik der Einseitigkeit des Internationalen Öffentlichen Rechts ging, als vielmehr um die Abwehr eines grenzüberschreitenden Durchsetzungsanspruchs aus rechtspolitischen Interessen.

33 *Freitag*, in: *Leible (Hrsg.)*, Das Grünbuch zum Internationalen Vertragsrecht: Beiträge zur Fortentwicklung des Europäischen Kollisionsrechts der vertraglichen Schuldverhältnisse, S. 185; ebenfalls *Hemler*, Die Methodik der »Eingriffsnorm«, S. 67 m. w. N.

34 *Hemler*, Die Methodik der »Eingriffsnorm«, S. 69.

35 Zu den Einzelheiten aus öffentlich-rechtlicher Perspektive vgl. *Hemler*, Die Methodik der »Eingriffsnorm«; dies soll nicht Gegenstand der vorliegenden Arbeit sein. Vgl. ebenfalls dort zu der Unterscheidung zwischen einer kollisionsrechtlichen Berufung und der materiell-rechtlichen Berücksichtigung (S. 68, 74).

Handhabung im Bundesgesetz über das Internationale Privatrecht (IPRG) vom 18. Dezember 1987 der Schweiz:

> *Art. 13 IPRG Umfang der Verweisung*
>
> *Die Verweisung dieses Gesetzes auf ein ausländisches Recht umfasst alle Bestimmungen, die nach diesem Recht auf den Sachverhalt anwendbar sind. Die Anwendbarkeit einer Bestimmung des ausländischen Rechts ist nicht allein dadurch ausgeschlossen, dass ihr ein öffentlichrechtlicher Charakter zugeschrieben wird.*

Für die deutsche Rechtsordnung existiert eine solche Norm allerdings (bisher) nicht. Nichtsdestotrotz ist der Grundsatz der Nichtanwendbarkeit ausländischen Öffentlichen Rechts im Zuge einer internationalprivatrechtlichen Verweisung als überwunden anzusehen.

Für eine allumfassende Betrachtung eines deutsch-englischen Antidiskriminierungssachverhalts können diese Überlegungen darüber hinaus auch aus einem anderen Grund dahinstehen: Beide Länder haben sich zu einer vollumfänglichen Umsetzung der unionalen Diskriminierungsschutzvorschriften im Privatrecht ihrer Rechtsordnungen entschieden.[36] Für das deutsche Recht regelt „das Allgemeine Gleichbehandlungsgesetz [...] den [unional determinierten] Benachteiligungsschutz im Zivilrechtsverkehr mit zivilrechtlichen Mittel"[37].[38] Eine abschließende Erörterung der Berücksichtigungsfähigkeit Öffentlichen Rechts im Rahmen einer IPR-Verweisung kann vor dem Hintergrund der hier gewählten Untersuchungsperspektive damit offen bleiben. Für die kollisionsrechtliche Betrachtung des englischen und deutschen Antidiskriminierungsprogramms kann der Zugrundelegung einer Sachverhaltskonstellation zumindest in diesem Aspekt *nicht* der Vorwurf des nicht vollumfänglichen ‚Gerecht Werdens' gemacht werden.

II. Untersuchungsperspektive für die Einordnung der Eingriffsnormen

Der zweite Anhaltspunkt, der eine Kontextualisierung der Nichtdiskriminierungsvorschriften bei Mehrstaatensachverhalten vom Ausgangspunkt des Gesetzes anzeigen könnte, ist die Relevanz der Eingriffsnormen für die Thematik.[39] Die Bestimmung des internationalen Anwendungsbereiches von Normen mit Eingriffscharakter erfolgt im Gegensatz zu der ansonsten vorherrschenden Savi-

---

36 *Lüttringhaus*, Grenzüberschreitender Diskriminierungsschutz, S. 304.

37 *Mansel*, in: FS Canaris zum 70. Geburtstag, S. 812.

38 Ausführlich zum AGG siehe ***Kapitel 2 § 2.***

39 Auf die Relevanz von Eingriffsnormen für den vorliegenden Untersuchungsgegenstand wird im Rahmen der ***Kapitel 1 § 2 B.*** und ***Kapitel 3 § 2 B.*** einzugehen sein.

gnyschen Vorgehensweise im Kollisionsrecht nicht ‚ausgehend vom Sachverhalt', sondern ‚vom Gesetz her'.[40] Diese das Gesetz zugrunde legende Anknüpfung zeigt sich als Abweichung von dem klassischen Verweisungssystem und könnte für die vorliegende Arbeit eine abweichende Untersuchungsperspektive implizieren.[41] Die Notwendigkeit für eine bei den Eingriffsnormen von der konkreten gesetzlichen Wertung ausgehende Methode im Rahmen der Kollisionsrechtsdogmatik liegt in der im Einzelfall zu unbilligen Ergebnissen führenden sonstigen Vorgehensweise. Diese ersucht die engste Beziehung des Sachverhalts zu einer bestimmten Rechtsordnung zu ermitteln und akzeptiert dabei auch die Anwendung ausländischen Sachrechts als grundsätzlich gleichwertig.[42] In bestimmten Fällen muss es „den Mitgliedstaaten [aber] ohne Rücksicht auf die spezielle Nähebeziehung zwischen dem Sachverhalt und der maßgeblichen Rechtsordnung [möglich sein], dem herkömmlichen Verweisungssystem zu entfliehen, um ausreichend Schutz vor Diskriminierung gewährleisten zu können"[43]. Für die internationalprivatrechtliche Durchsetzung der Eingriffsnormen folgt hieraus die Heranziehung der konkreten Wertungen einer Rechtsordnung und damit des Gesetzes selbst.[44] Eine Frage ‚vom Gesetz her' führt demnach aufgrund der ihr innewohnenden Einseitigkeit zwingend zu der Berücksichtigung der rechtspolitischen Interessen des Gesetzgeber-Staates und stellt dabei den auf Grundlage des allseitigen Anknüpfungssystems verfolgten internationalen Entscheidungseinklang zurück.[45]

Für einen umfassenden Blick auf das Antidiskriminierungsrecht im kollisionsrechtlichen Gefüge würde sich die Kontextualisierung ausgehend ‚vom Gesetz her', an erster Stelle die Eingriffsnormenthematik in Bezug nehmend, jedoch als unzureichend darstellen.[46] Der Rolle der Diskriminierungsschutznormen im Verweisungssystem könnte nicht ausreichend entsprochen werden. Allein in der

---

40 Hierzu *Hemler*, Die Methodik der »Eingriffsnorm«, S. 61.

41 *Wenninger*, Arbeitsrechtliche Schutzvorschriften als inländische Eingriffsnormen, S. 38, 41.

42 *Wenninger*, Arbeitsrechtliche Schutzvorschriften als inländische Eingriffsnormen, S. 38 mit zahlreichen weiteren Nachweisen insbesondere in Fn. 241, 242.

43 *Wenninger*, Arbeitsrechtliche Schutzvorschriften als inländische Eingriffsnormen, S. 41.

44 Siehe nur *Kocher*, in: FS Martiny zum 70. Geburtstag, S. 418, nach der klar sei, dass bei der Frage nach dem Eingriffsnormcharakter ‚vom Gesetz her' zu fragen sei.

45 *Wenninger*, Arbeitsrechtliche Schutzvorschriften als inländische Eingriffsnormen, S. 39, 40.

46 Vgl. *Mansel*, in: FS Canaris zum 70. Geburtstag, S. 811, der [mit explizitem Blick auf das Antidiskriminierungsrecht] zutreffend ausführt, dass die Frage vom Gesetz her „immer nur eine Teilantwort auf die Gesamtfrage des auf einen Lebenssachverhalt insgesamt anwendbaren Rechts" gebe.

deutschen Rechtsordnung erfassen die Diskriminierungsverbote aus den „§§ 7 und 19 AGG eine Vielzahl unterschiedlicher Fallgestaltungen“[47]. Bedingt dadurch, dass die Normen (das Gesetz) damit nicht nur *einen* konkreten Streitgegenstand, sondern eine Mehrzahl an Sachproblemen erfassen, „die unterschiedlich zu qualifizieren sein können, [sind] die Fragen der Qualifikation [...] deshalb ‚vom Sachverhalt her‘ [...] zu stellen“[48]. Vorliegend soll daher gerade das Zusammenspiel der Rechtsordnungen nach dem klassischen allseitigen Anknüpfungssystem zum Gegenstand genommen werden, um davon ausgehend einen Bogen zu der im Einzelfall notwendigen anschließenden Betrachtung ‚vom Gesetz her‘ zu spannen. Insofern ist die reine *Darstellung der Thematik* ausgehend von einem Sachverhalt von der *kollisionsrechtlichen Anknüpfungstechnik* bzw. der zu stellenden Rechtsanwendungsfrage abzugrenzen.

B. Quellen des anwendbaren Kollisionsrechts

Anknüpfungspunkt für die Ermittlung des auf einen mehrstaatlichen Diskriminierungssachverhalt anzuwendenden Rechts ist das IPR. Beispielsweise kommt dem AGG mit dem deutschem Antidiskriminierungsprogramm als Teil der nationalen Rechtsordnung der Bundesrepublik dann internationale Geltung zu, wenn das deutsche Recht als solches zur Anwendung durch das Kollisionsrecht berufen wird.[49] In diesem Zusammenhang ist zu überlegen, welche Normen des Kollisionsrechts überhaupt für die Anknüpfung von grenzüberschreitenden Diskriminierungssachverhalten Relevanz erlangen (können) und über die internationale Geltung der jeweilig in Rede stehenden Benachteiligungsschutzregime entscheiden.

Das kollisionsrechtliche Gefüge setzt sich aus verschiedenen Rechtsquellen zusammen.[50] Für die Anknüpfung von Benachteiligungen kommt dabei aus deutscher Perspektive[51] den kollisionsrechtsvereinheitlichenden Verordnungen

---

47 Wie von *Kocher*, in: FS Martiny zum 70. Geburtstag, S. 418 ebenfalls im Hinblick auf die Herangehensweise zur Qualifikation diskriminierender Vertragsverweigerung ausgeführt.

48 Ebenfalls *Kocher*, in: FS Martiny zum 70. Geburtstag, S. 419.

49 *Thüsing*, in: MüKoBGB, 8. Aufl. 2018, Einl. zum AGG, Rn. 60.

50 *Junker*, NZA-Beil. 2008, 59 (62).

51 Aus Sicht der englischen Rechtswissenschaft stellt sich dies mit dem vollzogenen Brexit anders dar. Die Rom I- und II-VO wurden in das nationale Recht abgeschrieben und fungieren nunmehr nicht weiter als Verordnungen, sondern als nationales Kollisionsrecht. Hierzu vertiefend ***Kapitel 3 § 1*** zu den Auswirkungen des Brexits auf das Internationale Privatrecht.

‚Rom I‘[52] und ‚Rom II‘[53] entscheidende Bedeutung zu. Diese bilden den Ausgangspunkt für Überlegungen zur Anknüpfung von Benachteiligungen zum einen im Zusammenhang mit vertraglichen Beziehungen (Rom I-VO) und zum anderen für außervertragliche Diskriminierungen (Rom II-VO).[54] Die denkbaren privatrechtlichen Diskriminierungssachverhalte sind überwiegend, wenn nicht sogar ausschließlich, dem gegenständlichen Anwendungsbereich dieser benannten Rechtskorpusse zuzuordnen.[55] Beiden Verordnungen ist dabei gemein, dass sie sowohl einen allgemeinen Anknüpfungskatalog als auch spezielle Normierungen für einzelne Materien vorsehen.[56] Jene besonderen Kollisionsnormen *im Rahmen* der Rom-Verordnungen sind jedoch explizit von solchen speziellen Regelungen zu unterscheiden, die sich außerhalb der benannten Verordnungen und innerhalb von anderen Gemeinschaftsrechtsakten finden. Die *leges speciales*[57]-Anwendbarkeit von speziellen kollisionsrechtlichen Regelungen in anderen Vorschriften des Gemeinschaftsrechts gegenüber den Rom-Verordnungen haben Art. 23 Rom I-VO[58] und Art. 27 Rom II-VO[59] zum Normierungsgegenstand. Insbesondere

52 Verordnung (EG) Nr. 593/2008 des Europäischen Parlaments und des Rates vom 17. Juni 2008 über das auf vertragliche Schuldverhältnisse anzuwendende Recht (Rom I-VO).

53 Verordnung (EG) Nr. 864/2007 des Europäischen Parlaments und des Rates vom 11. Juli 2007 über das auf außervertragliche Schuldverhältnisse anzuwendende Recht (Rom II-VO).

54 Vgl. *Mörsdorf*, in: BeckOGK, AGG § 21, Rn. 91. m.w.N; siehe hierzu auch *Junker*, NZA-Beil. 2008, 59 (62), der herausstellt, dass es aufgrund der verschiedenen Rom-Verordnungen bei Diskriminierungsfällen auf die Geltendmachung der jeweiligen Ansprüche durch die betroffene Person ankomme (vertragliche oder deliktische Ansprüche).

55 Zu der Qualifikation der diskriminierungsrechtlich relevanten Ansprüche im Einzelnen später unter ***Kapitel 3 § 2 A***.

56 Z. B. tritt Art. 6 Rom I-VO besondere Regelungen für Verbraucherverträge oder Art. 8 Rom II-VO für eine Verletzung von Rechten des geistigen Eigentums.

57 DUDEN: Lat. Plural von lex specialis = Sondergesetz (das Vorrang hat vor der lex generalis), [abrufbar unter: https://www.duden.de/rechtschreibung/Lex_specialis (zuletzt abgerufen am 14.11.2022)].

58 Art. 23 Rom I-VO – ‚Verhältnis zu anderen Gemeinschaftsrechtsakten‘ lautet: „Mit Ausnahme von Artikel 7 berührt diese Verordnung nicht die Anwendung von Vorschriften des Gemeinschaftsrechts, die in besonderen Bereichen Kollisionsnormen für vertragliche Schuldverhältnisse enthalten".

59 Art. 27 Rom II-VO – ‚Verhältnis zu anderen Gemeinschaftsrechtsakten‘ lautet: „Diese Verordnung berührt nicht die Anwendung von Vorschriften des Gemeinschaftsrechts,

betrifft dies Normierungen mit kollisionsrechtlichem Gehalt in EU-Richtlinien, die der Verwirklichung des Binnenmarktes dienen.[60]

I. Sonderkollisionsnormen in Gemeinschaftsrechtsakten

Finden sich in Unionsrechtsakten Normen mit einem Sondergehalt für die internationalprivatrechtliche Anknüpfung, verdrängen diese die Regelungen der Rom I- und II-VO.[61] Insbesondere entfalten die beiden Verordnungen keine Sperrwirkung gegenüber solchen Normierungen außerhalb ihres Normgefüges.[62] Für den vorliegenden Untersuchungsgegenstand könnte dies aus den folgenden Erwägungen interessant sein: Mit dem AGG hat der deutsche Gesetzgeber gleich eine Reihe von EU-Richtlinien in nationales Recht umgesetzt.[63] In diesen Richtlinien könnte ein kollisionsrechtlicher Anwendungsbefehl enthalten sein, der den Normierungen der angesprochenen Rom-Verordnungen als *lex specialis* vorgehen würde. Der kollisionsrechtliche Gehalt einer Richtlinie kann sich dabei sowohl ausdrücklich normiert als auch implizit durch Auslegung[64] ergeben.[65] Ursprüng-

---

die für besondere Gegenstände Kollisionsnormen für außervertragliche Schuldverhältnisse enthalten".

60 *v. Hein*, in: MüKoBGB, EGBGB Art. 3, Rn. 75; *Martiny*, in: MüKoBGB, Rom I-VO Art. 23, Rn. 1.

61 *Maultzsch*, in: BeckOGK, Rom I-VO Art. 9, Rn. 205.

62 *Martiny*, in: MüKoBGB, Rom I-VO Art. 23, Rn. 1.

63 Siehe die [1] Amtl. Anm. auf der Titelseite des Gesetzes - „Dieses Gesetz dient der Umsetzung der Richtlinien:
- 2000/43/EG des Rates vom 29. Juni 2000 zur Anwendung des Gleichbehandlungsgrundsatzes ohne Unterschied der Rasse oder der ethnischen Herkunft
- 2000/78/EG des Rates vom 27. November 2000 zur Festlegung eines allgemeinen Rahmens für die Verwirklichung der Gleichbehandlung in Beschäftigung und Beruf
- 2002/73/EG des Europäischen Parlaments und des Rates vom 23. September 2002 zur Änderung der Richtlinie 76/207/EWG des Rates zur Verwirklichung des Grundsatzes der Gleichbehandlung von Männern und Frauen hinsichtlich des Zugangs zur Beschäftigung, zur Berufsbildung und zum beruflichen Aufstieg sowie in Bezug auf die Arbeitsbedingungen und
- 2004/113/EG des Rates vom 13. Dezember 2004 zur Verwirklichung des Grundsatzes der Gleichbehandlung von Männern und Frauen beim Zugang zu und bei der Versorgung mit Gütern und Dienstleistungen."

64 Bekanntestes Beispiel ist insofern die Handelsvertreter-RL vor dem Hintergrund der Ingmar-Rspr. des EuGH, vgl. *Maultzsch*, in: BeckOGK, Rom I-VO Art. 9, Rn. 207.

65 *Maultzsch*, in: BeckOGK, Rom I-VO Art. 9, Rn. 207f.; *Staudinger*, in: Internationales Vertragsrecht, VO (EG) 593/2008 Art. 9 Eingriffsnormen, Rn. 15.

lich war bei der Konstituierung der Rom I-VO ein Anhang mit einem Verzeichnis der relevanten Gemeinschaftsrechtsakte, die Sonderkollisionsnormen enthalten, vorgesehen.[66] Im weiteren Verlauf der Fassung wurde dann jedoch darauf verzichtet, eine solche Aufzählung beizufügen.[67] Dadurch gestaltet sich vor allem die Identifikation von ungeschriebenen Sonderkollisionsnormen als schwierig. Hinzu tritt die Umsetzungsbedürftigkeit von Richtlinien, die fraglich erscheinen lässt, auf welchem Weg sich bei (nur) impliziten, kollisionsrechtlichen Normierungen der anknüpfungsrechtliche Befehl vermittelt. Eine Umsetzungsnorm mit kollisionsrechtlichem Gehalt existiert in diesem Fall gerade nicht.[68] Hieran hängt sich ein rechtsdogmatischer Streit über den korrekten Prozess der Rechtsanwendung bei nur implizitem Kollisionsgehalt auf.[69]

Eine weiterführende Erörterung dessen könnte hier jedoch dahinstehen, sollte es für den vorliegenden Untersuchungsgegenstand keine weitere Relevanz entfalten. Dies wäre der Fall, wenn das AGG bzw. die im AGG umgesetzten Richtlinien gar nicht einen solchen expliziten oder impliziten kollisionsrechtlichen Anwendungsbefehl für Diskriminierungssachverhalte enthalten. *Ausdrückliche* Anknüpfungsregelungen im Hinblick auf Benachteiligungskonstellationen der angesprochenen Art finden sich weder im Rahmen des nationalen AGG noch in den durch das AGG umgesetzten EU-Richtlinien.[70] Weitergehend könnte die Überlegung angestellt werden, ob sich *implizite* anknüpfungsrelevante Wertungen in diesem Bereich ausmachen lassen, wie dies aus der *Ingmar*-Rspr. des EuGH[71] betreffend die ‚Handelsvertreter-RL'[72] bekannt ist. Allerdings erscheinen die Wertungen dieser Einzelfall-Jurisdiktion nicht ohne Weiteres auf das in Rede stehende Antidiskriminierungsregime übertragbar. Es bleibt vielmehr abzuwarten, ob „der EuGH die in Ingmar […] aufgestellten Grundsätze [zukünftig] auch auf

---

66 Dem voran ging auch eine Diskussion dessen, ob die Sonderkollisionsnormen im Interesse der Rechtsklarheit in das Anknüpfungssystem der Rom I-VO integriert werden sollten, vgl. hierzu *Hauser*, Eingriffsnormen in der Rom I-Verordnung, S. 38ff., der einen Überblick des diesbezüglichen Meinungsfeldes vor Erlass der Rom I-VO liefert; hierauf nimmt auch *Maultzsch*, in: BeckOGK, Rom I-VO Art. 9, Rn. 206 zusätzlich m. w. N. Bezug.

67 *Martiny*, in: MüKoBGB, Rom I-VO Art. 23, Rn. 3.

68 *Maultzsch*, in: BeckOGK, Rom I-VO Art. 9, Rn. 208 ff.

69 Vgl. weiterführend hierzu *Maultzsch*, in: BeckOGK, Rom I-VO Art. 9, Rn. 210.

70 *Hoffmann/Bierlein*, ZEuP 2020, S. 47 (49); *Lüttringhaus*, Grenzüberschreitender Diskriminierungsschutz, S. 5; *Mansel*, in: FS Canaris zum 70. Geburtstag, S. 809.

71 EuGH Urt. v. 09.11.2000 - C-381/98, „Ingmar".

72 Richtlinie 86/653/EWG des Rates vom 18. Dezember 1986 zur Koordinierung der Rechtsvorschriften der Mitgliedstaaten betreffend die selbständigen Handelsvertreter.

weitere Bereiche des Unionsprivatrechts übertragen will."[73] Auch das Bestehen einer impliziten Sonderkollisionsnorm ist damit abzulehnen. *Mansel* hat so bereits kurz nach Inkrafttreten des AGG festgestellt, dass „der deutsche Gesetzgeber [...] bei der Beratung und dem Erlass des Allgemeinen Gleichbehandlungsgesetzes die internationalprivatrechtliche Fragestellung vollständig ausgeblendet [hat]"[74]. Zwar verkennt Mansel mit dieser Formulierung, dass sich ein *lex specialis*-Anwendungsbefehl nur aus Unionsrechtsakten ergeben kann und es auf den nationalen Gesetzgeber insofern nicht ankommt; entscheidend sind insofern nur die Richtlinien, welche ihre Umsetzung im AGG finden. Der Gedankengang lässt sich jedoch auf den unionalen Gesetzgeber übertragen. Dieser hat die internationalprivatrechtliche Fragestellung nicht beantwortet.[75]

II. Die Rom I- & II-VO als Untersuchungsausgangspunkte für das diskriminierungsrechtlich relevante Kollisionsregime

Aufgrund der fehlenden Sonderkollisionsnormen im weiteren Gemeinschaftsrecht als primäre Rechtsquellen für eine Anknüpfung von Benachteiligungen verbleibt es bei der Relevanz der Rom I- und II-VO für eine Ausgangsbetrachtung in dieser Hinsicht.[76] Dem gegenständlichen Regelungsbereich der Verordnungen nach sind vertragliche und außervertragliche Diskriminierungsmomente unterschiedlich anzuknüpfen.[77] Ansprüche aus Diskriminierungen im Rahmen bestehender Vertragsbeziehungen fallen in den Anwendungsbereich der Rom I-VO, während außervertragliche Benachteiligungen der Rom II-VO zuzuordnen sind.[78] Auf die Qualifikation der Ansprüche im Einzelnen wird später noch einzugehen

---

73 *Lüttringhaus*, IPRax 2014, 146 (152).

74 *Mansel*, in: FS Canaris zum 70. Geburtstag, S. 909.

75 *Hoffmann/Bierlein*, ZEuP 2020, S. 47 (49); *Mansel*, in: FS Canaris zum 70. Geburtstag, S. 820 stellt später auch zutreffend darauf ab, dass „die Richtlinien, welche durch das Allgemeine Gleichbehandlungsgesetz umgesetzt werden, keine Kollisionsnormen aufstellen."

76 *Hoffmann/Bierlein*, ZEuP 2020, S. 47 (49); so auch *Lüttringhaus*, Grenzüberschreitender Diskriminierungsschutz, S. 82, der allerdings keine explizite Abgrenzung zu Sonderkollisionsnormen in Gemeinschaftsrechtsakten vornimmt; dies voraussetzend ebenfalls *Mansel*, in: FS Canaris zum 70. Geburtstag, S. 413 ff.

77 *Mörsdorf*, in: BeckOGK, AGG § 21, Rn. 91; *Lüttringhaus*, Grenzüberschreitender Diskriminierungsschutz, S. 82.

78 Siehe nur *Hoffmann/Bierlein*, ZEuP 2020, S. 47 (51) zu der unterschiedlichen Qualifikation verschiedener Anwendungsfälle; *Junker*, NZA-Beil. 2008, 59 (66) noch zu Art. 27 ff. EGBGB in Erwartung der Rom I-VO und vor Inkrafttreten der Rom II-VO.

sein.[79] Beide Verordnungen enthalten sowohl allgemeine Anknüpfungsregelungen als auch spezielle Normierungen für bestimmte Materien. Zwar konnten keine Sonderkollisionsnormen im Rahmen anderer Gemeinschaftsrechtsakte ausgemacht werden.[80] Allerdings könnten *innerhalb der Rom-Verordnungen* spezielle Anknüpfungsregelungen für diskriminierungsrechtliche Ansprüche bestehen. Doch auch hier finden sich, wenn man auf die normierten Sonderanknüpfungen der beiden Kollisionsrechtsverordnungen blickt, keine gesonderten Vorgaben für Ansprüche im Diskriminierungskontext.[81] Damit überlässt das vereinheitlichte IPR Anwendungsfragen bei Benachteiligungssachverhalten dem allgemeinen Kollisionsrechtssystem der Rom I- und II-VO.[82] Hiermit ist dann auch die eingangs dieses Abschnittes aufgeworfene Frage nach den Normen, die überhaupt für die Anknüpfung von Diskriminierungssachverhalten Relevanz erlangen (können) und über die internationale Geltung der jeweilig in Rede stehenden Benachteiligungsschutzregime entscheiden, zumindest aus deutscher Perspektive beantwortet.

§ 2 Die Relevanz der nationalen Sachregelungen

Bereits die unional beeinflussten Antidiskriminierungsprogramme der einzelnen Mitgliedstaaten entsprechen sich nicht in ihren Schutzumfängen für den zivilrechtlichen Bereich.[83] Jenseits der Grenzen dieser Länder bietet sich ein noch stärker uneinheitlich geprägtes Bild.[84] Hieran zeigt sich nicht nur die Bedeutung der konkreten kollisionsrechtlichen Anknüpfung, sondern insbesondere die Relevanz der nationalen zur Anwendung berufenen Sachregelungen. Die Anknüpfung nach dem Kollisionsrecht entscheidet damit nicht lediglich über den Umfang des Diskriminierungsschutzes, sondern auch darüber, ob ein solcher *überhaupt* besteht.[85] Fragen danach, ob das im konkreten Fall sodann einschlägige Antidiskriminierungsprogramm (sofern in der berufenen Rechtsordnung existent) seinem Gehalt nach jedoch auch einen *ausreichenden* Schutz gewährleistet, berücksichtigt

---

79 Zu der Qualifikation im Einzelnen später unter ***Kapitel 3 § 2 A.***

80 Hierzu bereits ***Kapitel 1 § 1 B. I.***

81 Die Rom I-VO enthält unter anderem Sonderregelungen für Verbraucherverträge in Art. 6; die Rom II-VO sieht besondere Anknüpfungsregeln beispielsweise in Art. 8 Rom II-VO für eine Verletzung von Rechten des geistigen Eigentums vor.

82 *Hoffmann/Bierlein*, ZEuP 2020, S. 47 (49f.); *Lüttringhaus*, Grenzüberschreitender Diskriminierungsschutz, S. 82, 134.

83 Hierauf wird vertiefend auch nochmals unter ***Kapitel 1 § 3*** einzugehen sein.

84 Vgl. nur *Mansel*, in: FS Canaris zum 70. Geburtstag, S. 413.

85 Hierzu bereits *Hoffmann/Bierlein*, ZEuP 2020, S. 47 (48, 50).

das IPR zumindest primär nicht. Erst nachgelagert kann es zu einer entsprechenden Neubewertung kommen. In bestimmten Sachverhaltskonstellationen ist es denkbar, dass *zwingende* Normen einer Rechtsordnung, die nicht die nach dem Kollisionsrecht berufene ist, entgegen den eigentlich anwendbaren Benachteiligungssanktionierungen durchgesetzt werden. Das anwendbare Sachrecht wird in seinem (unzureichenden) Schutzumfang (hierzu folgend ***A.***) dann um die Wertungen von Eingriffsnormen[86] als Schutzgaranten ergänzt (hierzu folgend ***B.***). Der folgende Abschnitt widmet sich diesem generellen Zusammenspiel.

A. Anwendbares Sachrecht und Schutzumfang

Die möglicherweise einschlägigen Diskriminierungsschutzvorschriften bei zivilrechtlichen Sachverhalten mit Berührungspunkten zu mehreren Staaten zeichnen ein sehr heterogenes Bild. Die Regelungssysteme der unterschiedlichen Rechtsordnungen setzen in ihren Handhabungen unterschiedliche Schwerpunkte; teilweise fehlen im außerunionalen Normgefüge sogar gänzlich Regelungen bezüglich eines Benachteiligungsschutzes in Privatrechtsverhältnissen.[87] Dies verwundert nicht, führt man sich die sozio-kulturelle, geschichtliche und darüber hinaus politische Prägung jedweder Rechtsordnung vor Auge.[88] Mit *Basedow* lassen sich Gesetze insofern immer als geronnene Politik verstehen.[89] Die Antidiskriminierungspolitik stellt sich dabei als „Kristallisationspunkt“[90] interventionistischer Forderungen und der Bedeutung des Rechts für die emanzipatorische Gestaltung der (Privat-)Rechtsordnungen dar.[91]

---

86 Zum ordre public, der ebenfalls außerhalb des eigentlichen Anknüpfungssystems steht und anderweitige Wertungen und Normierungen durchsetzt, siehe ***Kapitel 3 § 2 B. II.***

87 Mit Verweis auf das in der Schweiz fehlende zivilrechtliche Verbot der Diskriminierung beim Zugang zu Waren *Hoffmann/Bierlein*, ZEuP 2020, S. 47 (50) jedoch mit dem Hinweis versehen, dass sich ein zivilrechtlicher Schutz gegebenenfalls aus allgemeinen Rechtsinstituten herleiten lasse.

88 Mit Blick auf die unterschiedliche Rechtsauslegung zählt *Linhart*, Internationales Einheitsrecht und einheitliche Auslegung, S. 2 auf, dass sich Rechtssysteme in systematischer, geschichtlicher, kultureller, wirtschaftlicher, politischer und sozialer Hinsicht teilweise grundlegend unterscheiden würden.

89 *Basedow*, RabelsZ 2017, 1 (9).

90 So *Mazukatow*, in: Dossier - 10 Jahre Diskriminierungsschutz in Deutschland, S. 7.

91 Siehe hierzu *Mazukatow*, in: Dossier - 10 Jahre Diskriminierungsschutz in Deutschland, S. 8-9.

I. Nationaler Schutz vor Diskriminierungen im Privatrecht

Es ist keine Selbstverständlichkeit, dass Rechtsordnungen gewillt sind, einen (umfassenden) zivilrechtlichen Diskriminierungsschutz aufzustellen. Fehlt es einem Rechtssystem schon an der Bereitschaft, einen Diskriminierungsschutz überhaupt im Verhältnis des Einzelnen zum Staat hervorzubringen, überrascht dies nicht. Institutionalisierte Diskriminierungen und Ausschlussmechanismen tragen sich in diesen Fällen von der öffentlich-rechtlichen auf die privatrechtliche Ebene weiter. Ein Bewusstsein für Diskriminierungen im Privatrechtsverkehr in der Weise, dass diese in ihren einzelnen Ausprägungen als *innerhalb* und aus diesem Grund *für* die Gesamtgesellschaft unerwünscht reflektiert werden, wurde auch in Europa erst in der jüngeren Vergangenheit erreicht. Dies wurzelte in dem Aufbau einer Antidiskriminierungspolitik durch die Union und spiegelt sich in der oftmals bemühten Bezeichnung der EU als ‚Wertegemeinschaft' und damit einer Funktionsbeimessung über die Vereinheitlichung des Binnenmarktes hinaus wider.[92] Die formulierte Zielsetzung des deutschen Gesetzgebers beim Allgemeinen Gleichbehandlungsgesetz dient der Veranschaulichung dessen. Dort ist von einer umzusetzenden „umfassenden Integrationspolitik" die Rede, welche auf die „vielfältigen Ursachen der [gesellschaftlichen] Ausgrenzung bestimmter Gruppen" ziele.[93] Mit *Mansel* kann von einer „rechtsethische[n] Fundierung der Gesellschaft" gesprochen werden, die sich Unions- und nationaler Gesetzgeber als politische Agenda gesetzt haben und mit Hilfe derer ein ganzheitliches Umdenken vor allem durch individuelle Klagemöglichkeiten erreicht werden soll.[94] Bisweilen stellt sich jedoch (auch) die gesellschaftliche Realität in den europäischen Rechtsstaaten noch als eine von alltäglichen Diskriminierungserfahrungen geprägte dar.[95] Arbeits- und Wohnungsmarkt seien hier nur stellvertretend für hindernisbehaftete Erfahrungen angeführt, die Menschen mit ‚ausländischem' Nachnamen oder einer körperlichen Einschränkung erleben.[96] Dennoch haben die Unionsstaaten in den letzten Jahrzehnten im Mindesten den Anspruch hin

92 Hierzu ausführlich unter ***Kapitel 1 § 3 A***.

93 So zitiert nach *Mansel*, in: FS Canaris zum 70. Geburtstag, S. 829 aus BT-Drucks. 16/1780, S. 25.

94 *Mansel*, in: FS Canaris zum 70. Geburtstag, S. 829; so auch *Mazukatow*, in: Dossier - 10 Jahre Diskriminierungsschutz in Deutschland, S. 9.

95 *Mazukatow*, in: Dossier - 10 Jahre Diskriminierungsschutz in Deutschland, S. 11.

96 Siehe hierzu vertiefend *Bielefeldt*, Diskriminierungsschutz als menschenrechtliche Verpflichtung - Stellungnahme zum Entwurf eines Gesetzes zur Umsetzung europäischer Antidiskriminierungsrichtlinien (BT-Drs. 15/4538) vom 28.02.2005, A.-Drs. 15(12)440-J, S. 1.

zu einem der Antidiskriminierung verschrieben Privatrecht gezeigt. Aus dem ‚gemeinsamen Besitzstand' der Privatrechtsordnungen der Mitgliedsländer, dem *acquis communautaire*, lässt sich das Benachteiligungsverbot jedenfalls nicht mehr wegdenken.[97] Die Ausgestaltungen der nationalen Sachrechte weisen eindeutig in diese Richtung. Die gewährleisteten Schutzumfänge von EU-Mitgliedstaaten auf der einen Seite und von Drittstaaten auf der anderen Seite können damit in diametralem Widerspruch zueinander stehen. Insbesondere dort, wo die Idee einer rechtlichen Implikation von Diskriminierungsschutz unter Privaten auf unfruchtbaren Boden trifft oder sich gar mit einer strukturell benachteiligenden Rechtsordnungen konfrontiert sieht.

II. Einheitsrecht als Spiegel supranationaler Konsensbildung?

Interessant könnten aus diesem Grund *Internationale Rechtsharmonisierungsbemühungen* in Form von *Rechtsangleichungs-* und *Rechtsvereinheitlichungsvorhaben* sein,[98] wird dort schließlich eine Konsensfindung der beteiligten Rechtsordnungen gefordert, die über die Richtlinien-Diktation durch das Unionsrecht für die EU-Mitgliedstaaten hinausgeht.[99] Bestünde europäisches oder internationales Einheitsrecht, bedürfte es zur Feststellung des auf einen grenzüberschreitenden Sachverhalt anzuwendenden Rechts zudem überhaupt keiner Heranziehung des einschlägigen Kollisionsrechts.[100] Fraglich erscheint daher: Wie gestaltet sich der Schutzumfang im Hinblick auf Diskriminierungen in supranationalen Vereinheitlichungen bzw. Vereinheitlichungsvorhaben (des Privatrechts), in denen eine Austarierung der Regelungsinteressen notwendig wird? Ist ein solcher überhaupt vorgesehen und könnte es sich daher anbieten, dieses Einheitsrecht als Sachrecht zu wählen?

Eine Beantwortung dessen macht zunächst eine Betrachtung des Einheitsprivatrechts als Rechtsphänomen notwendig. Die Idee und ersten Entwicklungen von modernen Vereinheitlichungsvorhaben im supranationalen Kontext sind

---

97 *Lüttringhaus*, in: Handwörterbuch des Europäischen Privatrechts, „Diskriminierungsverbot im allgemeinen Vertragsrecht".

98 Für die Unterschiede, die die jeweiligen Begrifflichkeiten der Rechtsangleichung und Rechtsvereinheitlichung implizieren und die Internationale Rechtsharmonisierung als übergeordneter Rahmenbezeichnung, sei auf *Linhart*, Internationales Einheitsrecht und einheitliche Auslegung, S. 4 verwiesen. Vorliegend soll hierauf nicht vertiefend eingegangen werden.

99 Hierzu ausführlich unter ***Kapitel 1 § 3***.

100 Grundsätzlich hierzu *Ungerer*, in: *Krammer/Baldus/Schmidt-Kessel (Hrsg.)*, Brexit und die juristischen Folgen, S. 311.

wesentlich auf das fortschreitende 19. Jahrhundert zurückzuführen. Die bis dahin abgeschlossenen nationalstaatlichen Rechtskodifikationen[101] bedingten den Verlust des römischen Rechts als „übergreifende[s] Netz der Ordnung großräumiger Gesellschafts- und Wirtschaftsbeziehungen“[102], während sich die (erst erreichte) ausschließlich nationale Begrenzung der Rechtssphären gleichzeitig als ungenügend für die sich stetig ausdehnenden Marktverflechtungen im weltweiten Kontext herausstellte.[103] Das grenzüberschreitende Moment zahlreicher sich fortentwickelnder Wirtschaftszweige überforderte die nur nationalen Regelungswerke: die *einzelnen* Rechtssysteme konnten der einsetzenden Globalisierung mit zunehmenden internationalen Sachverhalten in ihrer Ordnungsfunktion nicht gerecht werden. Mit dem Kodifikationszeitalter und der Idee der Nationalstaaten war das übergeordnete einheitliche Rechtsfundament des sog. *Ius commune*[104] verlustig gegangen. Noch bis in das 18. Jahrhundert hinein hatte dieses zuvor eine Rechtseinheit von bestimmten Regeln und Prinzipien transportiert. Erst mit Wegfall dieses Gehäuses fielen die Grenzen der Rechtswissenschaft in Kontinentaleuropa überhaupt mit den politischen Sphären zusammen und es entstand die Forderung nach einer durch Gesetzgebung zu verwirklichenden Rechtseinheit über die Nationalgrenzen hinaus.[105]

Warenhandel, Transportwesen und der Schutz des geistigen Eigentums wurden aufgrund ihrer globalen Bezüge zu den ersten Bereichen, in denen Rechtsvereinheitlichung versucht und implementiert wurde.[106] Die Harmonisierungsbemühungen lagen in der Regel in einem erhofften Vorteil für den supranationalen Handel begründet.[107] Dabei traf die Idee des einheitlichen Rechts trotz der auch weltweiten Dimension insbesondere im europäischen Raum aufgrund der „kleinräumigen Verhältnisse, [der] traditionellen Intensität der grenzüberschreitenden Wirtschaftsbeziehungen [und der] gemeinsame[n] politische[n] und

101 Nach *Kötz*, RabelsZ 1986, 1 (2): Rechtseinheit auf innerstaatlicher Ebene in Frankreich durch den Code civil von 1804, in Italien durch den alten Codice civile von 1865, in der Schweiz durch das Obligationenrecht von 1881, in Deutschland durch das Bürgerliche Gesetzbuch von 1894.

102 So *Basedow*, RabelsZ 2017, 1 (3).

103 *Linhart*, Internationales Einheitsrecht und einheitliche Auslegung, S. 9, die gleichzeitig für die nationale Rechtsvereinheitlichung weiterverweist auf Kegel, Sinn und Grenzen der Rechtsangleichung, in: Carstens/Börner (1971), 9 (14 ff.).

104 „Gesamteuropäische Gemeinrecht“, vgl. ausführlich zur Begrifflichkeit *Jansen*, in: Handwörterbuch des Europäischen Privatrechts, „Ius commune (Gemeines Recht)“.

105 *Kötz*, RabelsZ 1986, 1 (13-14).

106 Zum Ganzen ausführlich *Basedow*, RabelsZ 2017, 1 (3).

107 *Linhart*, Internationales Einheitsrecht und einheitliche Auslegung, S. 13.

Rechtsgeschichte“[108] auf besonders fruchtbaren Boden. Mit der Europäischen Gemeinschaft fand sich in der zweiten Hälfte des 20. Jahrhunderts die gemeinsame Fundierung für eine in neuer Form organisierte und institutionalisierte Gesetzgebung zur Rechtsangleichung in den Mitgliedstaaten.[109] Heute findet sich Einheitsprivatrecht (umgesetzt oder vorgeschlagen) in kaum mehr überschaubarem Ausmaß.[110] Neben den multilateralen Staatsvertrag als ursprüngliches Vereinheitlichungsinstrument ist für die meisten europäischen Länder die Rechtsangleichung in der EU als supranationaler Organisationen getreten. Auch hier steht nach wie vor der Gedanke der Erleichterung des supranationalen Handels durch die Integration der Mitgliedstaaten in einen Gemeinsamen Markt im Vordergrund. Flankiert wird dieses Interesse jedoch von dem mittlerweile vorherrschenden Verständnis der Europäischen Union (auch) als Wertegemeinschaft.[111] Die Einheitlichkeit des Rechts der Mitgliedstaaten ist neben der Verwirklichung des Binnenmarktes nunmehr ebenfalls einer sozialen Agenda verschrieben. Auch außerhalb der Union finden sich heute Formen der freiwilligen Zusammenarbeit, die abseits von Staatsverträgen und auf Grundlage von *principles*, Richtlinien oder Modellgesetzen stattfinden.[112] Diese Entwicklung ist auf die Institutionalisierung der Erarbeitung von Einheitsrecht zurückzuführen. Es haben sich (Nichtregierungs-)Organisationen herausgebildet, deren Wirken gänzlich auf die Rechtsvereinheitlichung ausgerichtet ist und die Sachfragen bearbeiten, die aufgrund ihrer weltweiten Bedeutung ein Regelungsbedürfnis nach sich ziehen, das über die mögliche Gesetzgebung in der Union hinausgeht.[113]

Zurückkommend auf die eingangs[114] aufgeworfene Frage nach dem Schutzumfang für Diskriminierungen in Privatrechtsverhältnissen bei supranationalen Vereinheitlichungsvorhaben ist zu überlegen, in welchen Sachgebieten solche Normierungen überhaupt zu finden sein könnten. Für die im Rahmen dieses Untersuchungsvorhabens auf den allgemeinen Zivilrechtsverkehr gerichtete Perspektive erscheinen insbesondere solche einheitsrechtlichen Regelwerke inter-

---

108 *Basedow*, RabelsZ 2017, 1 (10).

109 *Kötz*, RabelsZ 1986, 1 (2, 13).

110 Eine exemplarische Auflistung findet sich bei *Basedow*, RabelsZ 2017, 1 (8); *Linhart*, Internationales Einheitsrecht und einheitliche Auslegung, S. 1 benennt einige einheitsrechtliche Quellen auf dem Gebiet des Internationalen Privatrechts.

111 *Everling*, RabelsZ 1986, 193 (193).

112 Ausführlich *Linhart*, Internationales Einheitsrecht und einheitliche Auslegung, S. 19-20.

113 *Basedow*, RabelsZ 2017, 1 (9, 11).

114 Zu Beginn von ***Kapitel 1 § 2 A. II.***

essant, die sich mit dem Vertragsrecht als solchem oder der Zugänglichkeit von Waren und Dienstleistungen befassen. Antidiskriminierungsprogramme im Zivilrecht dienen in der Regel nicht der Stärkung des Absatzmarktes. Sie transportieren übergeordnete Wertentscheidungen in den bürgerlichen Normenkatalog. Aus diesem Grund finden sich im internationalen Gefüge auch kaum marktbezogene Angleichungsbemühungen, die einen einheitlichen Benachteiligungsschutz im Privatrecht verwirklichen sollen. Lediglich die Europäische Union hat sich auf diesem Gebiet zumindest bemüht: mit dem ‚Draft Common Frame of Reference' (DCFR)[115] findet sich ein Regelwerk, das Normierungen für den Diskriminierungsschutz unter Privaten im allgemeinen Zivilrecht trifft.[116] Wie sich aus dem Namen jedoch bereits ergibt, handelt es sich bei dem DCFR lediglich um einen *Draft*, d. h. einen Entwurf und dies auch ‚nur' für einen Gemeinsamen Referenzrahmen der Mitgliedstaaten, den ‚Common Frame of Reference' (CFR).[117] Welche Rolle diesem Referenzrahmen in der Union zukommen soll, war bereits während dessen Erarbeitung nicht geklärt und ist in der Folgezeit seit der Veröffentlichung der Outline Edition im Jahr 2009 nicht klarer geworden. Überlegungen diesbezüglich reichten in der Vergangenheit von der schillernden und schließlich bröckelnden Idee der Kodifikation eines einheitlichen, europäischen allgemeinen Zivilrechts über die Idee einer optionalen weiteren Vertragsrechtsordnung bis hin zu einem Werkzeugkasten für weitergehende Gesetzgebungen von Seiten der EU auf dem Gebiet.[118] Trotz der ungeklärten Funktionsbemessung lohnt es sich bezüglich des Diskriminierungsschutzes kurz auf den DCFR einzugehen.

Zwar leistet das Projekt des Gemeinsamen Referenzrahmens keine supranationale Konsensbildung über die unionalen (Länder-)Grenzen hinaus. Was der DCFR jedoch erreicht, ist die Einführung eines materiellen Diskriminierungsschutzes für Benachteiligungen im Zivilrechtsverkehr in das europäische

---

115 Abgedruckt in: *Study Group on a European Civil Code/Research Group on the Existing EC Private Law*, Principles, Definitions and Model Rules of European Private Law: Draft Common Frame of Reference (DCFR), S. 177ff.

116 *Lüttringhaus*, in: Handwörterbuch des Europäischen Privatrechts, „Diskriminierungsverbot im allgemeinen Vertragsrecht"; zu dem Diskriminierungsschutz in den Acquis-Principles, auf die hier nicht zusätzlich vertiefend eingegangen werden soll, siehe *Lauber*, Paritätische Vertragsfreiheit durch reflexiven Diskriminierungsschutz, S. 257.

117 Zum Hintergrund des DCFR bzw. Vorhaben des CFR im Einzelnen *Zimmermann*, in: Handwörterbuch des Europäischen Privatrechts, „Common Frame of Reference".

118 So *Zimmermann*, in: Handwörterbuch des Europäischen Privatrechts, „Common Frame of Reference".

Vertragsrecht.[119] Die unionalen Rechtsordnungen regeln ihrem allgemeinen Verständnis nach einen solchen Schutz nicht einheitlich (ausschließlich oder ergänzend) im Privatrecht.[120] Die dogmatische Einordnung, die der DCFR vornimmt, stellt insofern ein Novum und darüber hinaus eine Errungenschaft des Versuches einer *einheitlichen* Rechtssetzung dar. Zudem geht der DCFR auch hinsichtlich der dogmatischen Ausgestaltung des Antidiskriminierungsprogramms neue Wege. Der DCFR normiert ein *Recht*[121] auf Nicht-Diskriminierung im Privatrecht. Daneben tritt die *Verpflichtung* der anderen Partei, relevante Benachteiligungen zu unterlassen. Damit erschöpft sich das Regelwerk nicht lediglich in einem Verbot bzw. der Sanktionierung von diskriminierungsrechtlich relevanten Verhalten, sondern erschafft einen entsprechenden Anspruch, der dem Inhaber desselben eine Forderung wegen Nichterfüllung zuspricht (Art. II. - 2:104(1) DCFR).[122]

Hiervon abgesehen wird einem bezüglich der Konsensfindung für einen *einheitlichen Diskriminierungsschutz* jedoch eher früher als später der altbewährte Spruch „Gleich und Gleich gesellt sich gern" in den Sinn kommen. Der Diskriminierungsschutz im Privatrecht ist schon seiner Natur nach kein Thema, welches sich (eingebettet in die Reglementierung von vertragsrechtlichen Aspekten) für eine Konsensfindung im supranationalen Kontext aufdrängen würde. Von einer positiven (Absatz-)Wirkung für den globalen Markt, weil gerade auch ein einheitliches Antidiskriminierungsprogramm aufgestellt worden ist, wäre nicht auszugehen. Vielmehr ist zu konstatieren, dass sich Rechtsordnungen mit einem völlig fehlenden oder nur sehr unausgeprägten Schutzanspruch in dem angesprochenen Bereich im Zweifel nicht an einem solchen Vereinheitlichungsvorhaben beteiligen würden. Mit der fortan als drittstaatlich einzuordnenden englischen Rechtsordnung sieht sich die Union jedoch einem Normgefüge gegenüber, das aufgrund der zunächst bestehenden EU-Mitgliedschaft nicht in diametralem

---

119 Zutreffend *Lauber*, Paritätische Vertragsfreiheit durch reflexiven Diskriminierungsschutz, S. 256-257; ebenfalls dies herausstellend *Lüttringhaus*, in: Handwörterbuch des Europäischen Privatrechts, „Diskriminierungsverbot im allgemeinen Vertragsrecht".

120 Siehe hierzu bei ***Kapitel 1 § 1 A. I.***

121 Vgl. II. - 2:101 DCFR: „A person has a right not be discriminated against (…)", abgedruckt in: *Study Group on a European Civil Code/Research Group on the Existing EC Private Law*, Principles, Definitions and Model Rules of European Private Law: Draft Common Frame of Reference (DCFR), S. 186.

122 *Lauber*, Paritätische Vertragsfreiheit durch reflexiven Diskriminierungsschutz, S. 257-258; *Lüttringhaus*, in: Handwörterbuch des Europäischen Privatrechts, „Diskriminierungsverbot im allgemeinen Vertragsrecht".

Widerspruch zu den antidiskriminierungsrechtlichen Wertungen für den privatrechtlichen Bereich steht. Eine Austarierung der Regelungsinteressen liegt hier nicht so fern wie gegenüber anderen Rechtsordnungen. Sofern die englische Rechtsordnung damit nicht mehr an Richtlinien gebunden ist, die von der Union als umzusetzend erlassen werden, könnte sich ein gemeinsamer Fahrplan für den Schutz vor Diskriminierungen in Privatrechtsverhältnissen ggf. durch ein Rechtsvereinheitlichungsvorhaben, welches auch den Benachteiligungsschutz unter Privaten mit ins Boot holt, erreichen lassen. Hierbei handelt es sich jedoch um Zukunftsmusik.

B. Eingriffsnormen als Schutzgaranten

Unabhängig davon, ob das nach den Anknüpfungsregeln der Rom I- und II-VO berufene Sachrecht einer nationalen Rechtsordnung (hierzu soeben bei ***A. I.***) oder einer zu erreichenden supranationalen Konsensbildung in Form des Einheitsrechts (hierzu soeben bei ***A. II.***) entstammt, könnte es im Einzelfall nachgelagert zu einer Neubewertung des einschlägigen Antidiskriminierungsprogramms kommen. Dazu hat *Hemler* sehr zutreffend formuliert: „Wer anerkennt, dass ausländisches Recht […] anwendbar sein kann, beschäftigt sich unweigerlich mit den Ausnahmen."[123] Es wurde bereits ausgeführt, dass die Anknüpfung nach dem Kollisionsrecht zunächst *wertungsfrei* über das Bestehen und den Umfang des Diskriminierungsschutzes unter Privaten entscheidet. Jedoch fand auch die Möglichkeit der Durchsetzung von zwingenden Normen einer Rechtsordnung, die nicht die nach dem Kollisionsrecht berufene ist, bereits Erwähnung.[124] Damit ist die Thematik der Eingriffsnormen angesprochen. Auf welche Art und Weise könnten Eingriffsnormen als Schutzgaranten im Hinblick auf mehrstaatliche Diskriminierungssachverhalte unter Privaten fungieren? Um dies beantworten zu können, bedarf es zunächst einer grundsätzlichen Bestandsaufnahme des Zusammenspiels von kollisionsrechtlicher Sachrechtsbestimmung und dem ‚Hineingrätschen' des Eingriffsrechts in die ausschließliche Anwendung desselben auf den konkreten Sachverhalt. Die Verortung der Eingriffsnormenthematik im kollisionsrechtlichen Gefüge des *Antidiskriminierungsrechts* erfolgt sodann im weiteren Verlauf der Arbeit.[125]

---

123 *Hemler*, Die Methodik der »Eingriffsnorm«, S. 7.

124 Vgl. ***Kapitel 1 § 2 B.***

125 Im Rahmen von ***Kapitel 3 § 2 B.***

Eingriffsnormen[126] sind nationale Normen, die ungeachtet dessen ‚eingreifen', was das regulär berufene Sachrecht ist.[127] In den Konstellationen ihrer Anwendung handelt es sich damit um international zwingende Vorschriften.[128] Dabei ist irrelevant, ob das anwendbare Recht durch objektive Anknüpfung oder die Rechtswahl der Beteiligten bestimmt wurde; den Eingriffsnormen kommt Anwendungsanspruch zu.[129] Dies stellt eine Wirkweise dar, die der rechtlichen Einordnung eines privatrechtlichen Lebenssachverhalts bei der diesem nach dem Kollisionsrecht am sachnächsten gelegenen Rechtsordnung entgegenläuft. Die berufene Rechtsordnung wird nicht als in dem Sinne *gleichwertig* anerkannt, dass sie der Rechtsmaterie, die die relevante Eingriffsnorm betrifft, ausreichend gerecht werden könnte. Im Widerspruch zu der Grundannahme der übereinstimmenden Wertigkeit der Rechtsordnungen kann eine Eingriffsnorm daher wegen der in ihr transportierten Entscheidungen eines nationalen Gesetzgebers im Einzelfall zwingend entgegen der sachrechtlichen Zuweisung durch das IPR durchgesetzt werden.[130] Hieraus lässt sich folgender Leitgedanke des Eingriffsrechts ausmachen: es gibt „staatliche Rechtsnormen [...], auf deren Anwendung die Staaten wegen der mit ihnen verfolgten Interessen auch dann bestehen müssen, wenn sie bereit sind, Privatrechtsbeziehungen nach dem Recht zu beurteilen, mit dem eine Beziehung Privater am engsten verbunden ist, auch wenn dieses nicht das inländische ist"[131]. Aufgrund dieses Regel-Ausnahme-Wirkens von Eingriffsrecht sollte die Thematisierung desselben stets von einer kritischen Hinterfragung des Ausmaßes der Einflussnahme von (national-)staatspolitischen Interessen auf grenzüberschreitende Rechtsbeziehungen begleitet werden.[132] Viele Aspekte der Lokalisierung dieser Thematik im Kollisionsrechtssystem sind nicht abschließend

---

126 Eine umfassende Darstellung der Entwicklungsgeschichte der Eingriffsnormenthematik in den verschiedenen Rechtskreisen ab dem 19 Jahrhundert leistet *Hemler*, Die Methodik der »Eingriffsnorm«, S. 8ff. Explizit zum deutschen Rechtskreis auf S. 8ff. und zum Eingriffsrecht im Common Law auf S. 15ff.

127 Vgl. nur *Ellger*, in: Handwörterbuch des Europäischen Privatrechts, „Eingriffsnormen"; *Köhler*, Eingriffsnormen – Der »unfertige Teil« des europäischen IPR, S. 6.

128 Vgl. auch *Wenninger*, Arbeitsrechtliche Schutzvorschriften als inländische Eingriffsnormen, S. 60.

129 *Hauser*, Eingriffsnormen in der Rom I-Verordnung, S. 1.

130 Statt aller *Hauser*, Eingriffsnormen in der Rom I-Verordnung, S. 1.

131 *Sonnenberger*, IPRax 2003, 104 (105).

132 Vgl. *Freitag*, NJW 2018, 430 (431); siehe hierzu auch *Sonnenberger*, IPRax 2003, 104 (104).

geklärt.[133] Sie bedingen daher eine fortwährende Beleuchtung der staatlichen Interessen, die *tatsächlich* einer besonderen verweisungsrechtlichen Verortung bedürfen.[134] Sowohl individuelle Rechtsanwendungsinteressen als auch ein zu wahrendes, vertretbares Maß der Zersplitterung in der Rechtsanwendung müssen im Interesse der Funktionsgewährleistung des IPR-Systems mit der Ausstattung von Normen mit eingriffsrechtlichem Charakter in Ausgleich gebracht werden.[135]

Ausdrücklich normiert findet sich das Rechtsinstitut ‚Eingriffsnorm' in Art. 9 Rom I-VO und Art. 16 Rom II-VO des europäischen Kollisionsrechts. Eine vollständige Legaldefinition leistet Art. 9 Abs. 1 Rom I-VO:[136]

> *Art. 9 Rom I-VO Eingriffsnormen*
>
> *(1) Eine Eingriffsnorm ist eine zwingende Vorschrift, deren Einhaltung von einem Staat als so entscheidend für die Wahrung seines öffentlichen Interesses, insbesondere seiner politischen, sozialen oder wirtschaftlichen Organisation, angesehen wird, dass sie ungeachtet des nach Maßgabe dieser Verordnung auf den Vertrag anzuwendenden Rechts auf alle Sachverhalte anzuwenden ist, die in ihren Anwendungsbereich fallen.*

In dieser Normierung werden drei Grundvoraussetzungen für die Zuschreibung einer Regelung als Eingriffsnorm nach dem Verständnis des europäischen Gesetzgebers aufgestellt. Demnach müsse eine *zwingende Vorschrift* (1.) ein *besonderes öffentliches Regelungsinteresse des normsetzenden Staates* transportieren (2.) und aus diesem Grund *internationalen Geltungswillen* beanspruchen (3.).[137] Diese Definitionsmerkmale sind auch für die Einordnung als Eingriffsnorm nach Art. 16 Rom II-VO zugrunde zu legen. Aus dem Normtext des Art. 16 Rom II-VO[138] lassen sich zwar auch die Kriterien *zwingender Charakter* und *internationaler*

---

133 Dies verdeutlichen auch die Einschätzungen zur Eingriffsthematik vor dem Hintergrund des Falls zum Israelboykott-Gesetzes von Kuawait Airways von *Mankowski*, RIW 2019, 180; *Thon*, IPRax 2019, 301 (302) weist vor dem Hintergrund des Falls auf die „Sprengkraft, die dem Problemkomplex [des Eingriffsrechts] innewohnt", hin.

134 *Sonnenberger*, IPRax 2003, 104 (105).

135 *Sonnenberger*, IPRax 2003, 104 (106).

136 Zum Ganzen *Thorn*, in: Rauscher EuZPR/EuIPR Band 3, Art. 9 Rom I-VO, Rn. 1ff.

137 Statt aller *Maultzsch*, in: BeckOGK, Rom I-VO Art. 9, Rn. 17; *Thorn*, in: Rauscher EuZPR/EuIPR Band 3, Art. 9 Rom I-VO, Rn. 7 fasst die Definition aus Abs. 1 als zwei Voraussetzungen aus: einem „internationale[n] Geltungsanspruch" und einer „überindividuelle[n] Zielsetzung".

138 Art. 16 Rom II-VO lautet: „Diese Verordnung berührt nicht die Anwendung der nach dem Recht des Staates des angerufenen Gerichts geltenden Vorschriften, die ohne Rücksicht auf das für das außervertragliche Schuldverhältnis maßgebende Recht den Sachverhalt zwingend regeln.".

Geltungsanspruch herauslesen. Allerdings findet sich keinerlei Hinweis auf das vom europäischen Gesetzgeber in Art. 9 Abs. 1 Rom I-VO aufgenommene Kriterium der Notwendigkeit des *Schutzes qualifizierter öffentlicher Interessen* durch die Vorschrift.[139] Art. 16 Rom II-VO selbst nimmt damit keine umfassende Begriffsdefinition vor; jedoch ist eine analoge Heranziehung des Art. 9 Abs. 1 Rom I-VO anerkannt.[140] Was im Einzelnen unter diesen Kriterien zu verstehen ist und welche Normen danach grundsätzlich als Eingriffsnormen in Betracht kommen können, soll nunmehr beleuchtet werden. Dabei wird das Augenmerk auf denjenigen Punkten liegen, die auch eine übergeordnete Relevanz für das Antidiskriminierungsrecht im kollisionsrechtlichen Gefüge entfalten.

Eine Eingriffsnorm muss eine *zwingende Vorschrift* (1.) sein. Hiermit ist gemeint, dass die Norm nach ihrer Heimatrechtsordnung, d. h. der Rechtsordnung, welcher sie entstammt, für die Vertragsparteien nicht disponibel sein darf. Demnach ist mit dem Kriterium zunächst die nationale Ebene angesprochen. Es bedarf auf einer ersten Stufe des Vorliegens einer *intern* zwingenden Norm und der Feststellung dieses Charakteristikums nach nationalen Auslegungsprämissen.[141] Sodann ist zu konstatieren, ob der Vorschrift darüber hinaus auch *internationaler* Geltungswille zukommt. Dies lässt sich jedoch nur in einer Zusammenschau mit der Frage nach den besonderen öffentlichen Regelungsinteressen, die der erlassende Gesetzgeber mit der konkreten Norm verfolgt haben könnte, beurteilen. Diese besonderen öffentlichen Regelungsinteressen können dazu führen, dass einer Norm über die *intern* zwingende Wirkung hinaus ein *internationaler* Geltungsanspruch zuteilwird bzw. zuteilwerden soll. Damit sind die Definitionsmerkmale (2.) und (3.) nicht losgelöst voneinander zu untersuchen. Die Erforderlichkeit einer internationalen Geltungsbeanspruchung bedingt sich durch die Natur der Thematik des Eingriffsrechts. Eingriffsnormen sollen „ungeachtet des nach Maßgabe [der Rom I-] Verordnung auf den Vertrag anzuwendenden Rechts“, Art. 9 Abs. 1 Rom I-VO, zwingend auf eine Sachverhaltskonstellation angewendet werden. Hierdurch sind solche Vorschriften beschrieben, die sich im Kollisionsrecht gegenüber einem objektiv nach den Art. 4 ff. Rom I-VO bestimmten Vertragsstatut durchsetzen.[142] Einige Eingriffsnormen ordnen ihren in-

---

139 Vgl. hierzu *Maultzsch*, in: BeckOGK, Rom II-VO Art. 16, Rn. 1, 9, 14.

140 Hierzu siehe vertiefend *Jakob/Picht*, in: Rauscher EuZPR/EuIPR Band 3, Art. 16 Rom II-VO, Rn. 4f.; *Maultzsch*, in: BeckOGK, Rom II-VO Art. 16, Rn. 15 ff.

141 *Martiny*, in: MüKoBGB, Rom I-VO Art. 9, Rn. 7; *Maultzsch*, in: BeckOGK, Rom I-VO Art. 9, Rn. 18.

142 Siehe auch *Martiny*, in: MüKoBGB, Rom I-VO Art. 9, Rn. 8 f. *Thorn*, in: Rauscher EuZPR/EuIPR Band 3, Art. 9 Rom I-VO, Rn. 8.

ternationalen Geltungsanspruch – unabhängig vom kollisionsrechtlich berufenen Sachrecht – ausdrücklich in ihrem Normtext an. Dies setzt zwangsläufig voraus, dass sie für ihre Anwendung auf die eigene Rechtsordnung als Vertragsstatut nicht angewiesen sind. Findet sich keine solche ausdrückliche Anordnung, ist der Sinn und Zweck hinter der Regelung durch deren Auslegung zu ermitteln, um hierdurch auf deren Geltungswillen schließen zu können. Es ist danach zu fragen, ob sich die in Rede stehende Norm über die Geltung im Rahmen der sie erlassenden Rechtsordnung als Vertragsstatut angewendet wissen will.[143] Bei der Beurteilung des Sinn und Zweckes ist der Querschnitt zu dem statuierten Kriterium der verfolgten besonderen öffentlichen Regelungsinteressen zu ziehen. *Maultzsch* beschreibt dies zutreffend wie folgt: „Je gewichtiger sich das öffentliche Interesse darstellt, das ein Normgeber mit einer Regelung verbindet, desto näher liegt es, dieser Regelung für Sachverhalte, die in ihren gegenständlichen Anwendungsbereich fallen, einen internationalen Geltungsanspruch beizumessen, der von der klassischen internationalprivatrechtlichen Anknüpfungssystematik i. S. d. Art. 3 ff. [Rom I-VO] unabhängig ist."[144]. Damit ist das letzte von Art. 9 Abs.1 Rom I-VO normierte Kriterium für das Vorliegen einer Eingriffsnorm ausdrücklich angesprochen: die besonderen öffentlichen Regelungsinteressen. Art. 9 Rom I-VO nimmt in seinem ersten Absatz eine nicht abschließende (vgl. „insbesondere", Art. 9 Abs. 1 Rom I-VO) Aufzählung relevanter Aspekte in diesem Bezug vor. Es werden beispielhaft die politischen, sozialen oder wirtschaftlichen Organisationen als entscheidend für die Wahrung des öffentlichen Interesses eines Staates benannt.[145] Darüber hinaus bleibt das Kriterium in großem Maße konkretisierungsbedürftig. Hierauf wird im weiteren Verlauf der Arbeit ausführlicher einzugehen sein.[146] An dieser Stelle soll lediglich veranschaulicht werden, dass es (im weit gefassten Sinne) öffentliche Interessen sind, die sich als Regelungsziel über die Einheitsanknüpfung aus der Warte der klassischen IPR-Verweisung, ausgehend vom zugrunde liegenden Lebenssachverhalt, stülpen. Damit ist auch die eingangs dieses Abschnittes aufgeworfene Frage danach beantwortet, wie Eingriffsnormen als Schutzgaranten bei mehrstaatlichen Diskriminierungssachverhalten unter Privaten fungieren können: Sollten durch diskriminierungsrechtlich relevante Normierungen einer nationalen Rechtsordnung besondere öffentliche

143 *Martiny*, in: MüKoBGB, Rom I-VO Art. 9, Rn. 9, 107.

144 *Maultzsch*, in: BeckOGK, Rom I-VO Art. 9, Rn. 22.

145 Statt aller *Thorn*, in: Rauscher EuZPR/EuIPR Band 3, Art. 9 Rom I-VO, Rn. 10.

146 Beispielsweise *Thorn*, in: Rauscher EuZPR/EuIPR Band 3, Art. 9 Rom I-VO, Rn. 7 bezeichnet die Definition aus Art. 9 Abs. 1 Rom I-VO als zirkulär und geht von einem nur bescheidenen Beitrag zur Rechtssicherheit aus.

Regelungsinteressen umgesetzt sein, käme es abhängig von dem jeweiligen Geltungsanspruch der Vorschrift in Betracht, dass diese als Eingriffsnormen im Kollisionsrecht entgegen der eigentlichen Verweisung – zwingend – durchgesetzt werden könnten. Insofern würde es zu dem oben beschriebenen ‚Hineingrätschen' staatlicher Antidiskriminierungsprogramme kommen.[147] Ob dies tatsächlich der Fall ist, wird noch zu untersuchen sein.

§ 3 Vereinheitlichtes Antidiskriminierungsrecht in Europa – causa finita?

Es wurde bereits angesprochen, dass die Umsetzung der Diskriminierungsschutzrichtlinien in den EU-Ländern auf unterschiedliche Regelungsweisen erfolgt ist und sich die so beeinflussten Benachteiligungsschutzregime zudem nicht in ihren Schutzumfängen entsprechen. Dies erfolgte bis hierhin noch ohne einen konkreten Fokus auf den von der Union gesetzten Rechtsrahmen. Nunmehr soll der Versuch unternommen werden, die europäische Antidiskriminierung, auf ihren gemeinsamen Nenner gestellt, darzulegen.[148] In welchem Umfang ist durch die Union ein Vereinheitlichungsmaß der Sachrechte (nicht mehr) erreicht worden, welches nunmehr Auswirkungen auf das kollisionsrechtliche Gefüge zu der englischen Rechtsordnung post-Brexit entfaltet?

A. Richtlinien determinierter Diskriminierungsschutz in der EU

Ausgangspunkt der Betrachtung müssen dabei denknotwendig die als solche bezeichneten und bereits erlassenen Antidiskriminierungsrichtlinien (hierzu folgend ***II.***) und die Entwicklung der unionalen ‚Idee' der Antidiskriminierung in Privatrechtsverhältnissen (hierzu folgend ***I.***) sein, die diesen überhaupt den Weg ebneten.

I. Entwicklung der unionalen Idee der Antidiskriminierung in Privatrechtsverhältnissen

Die unionale ‚Idee' der Forcierung von Antidiskriminierung in Privatrechtsverhältnissen findet ihren Ausgangspunkt in dem Diskriminierungsmerkmal

---

147 Zu der tatsächlichen ‚Anwendung' oder ‚Wirkungsverleihung', also dem Funktionieren von Eingriffsrecht im Einzelnen ***Kapitel 3 § 3 B.*** und ***Kapitel 3 § 4 A. III.***

148 Für die Zugehörigkeit des Themas zu dem ‚gemeinsamen Besitzstand' der Privatrechtsordnungen der EU-Mitgliedsländer, siehe die Ausführungen hierzu bei ***Kapitel 1 § 2*** und ***Kapitel 1 § 3.***

‚Geschlecht'. Dieses war das erste Merkmal, wofür ein Benachteiligungsschutz im Zivilrechtsverkehr durch die Gemeinschaft etabliert wurde. Im Jahr 1976 befand der EuGH die Entgeltgleichheit aus dem früheren Art. 119 EWG-Vertrag a. F. für unmittelbar auf Privatrechtsverhältnisse anwendbar[149] und ebnete damit den Weg für die Ausdehnung weiterer verbotener Differenzierungsmerkmale in den unionalen Zivilrechtsverkehr.[150] *Lehmann* hat insofern zutreffend „die Gleichheit von Mann und Frau [als] die Keimzelle des europäischen Antidiskriminierungsrechts“[151] bezeichnet. Es stellt sich jedoch die Frage, aus welchen Gründen der EuGH damals eine in diesem Ausmaß gesellschaftspolitisch anmutende Agenda einschlug (hierzu folgend ***1.***) und welche Diskurse sich heute an der Umsetzung dieser Agenda auftun (hierzu folgend **2.**).

1. Ausgangsprämissen

Hierfür bietet es sich an, mit *Basedow* zwischen binnenmarktbezogenen bzw. integrationspolitischen und demgegenüber gesellschaftspolitischen Diskriminierungsverboten innerhalb der Union zu differenzieren.[152] Diese Unterscheidung berücksichtigt die der wirtschaftlichen Integration dienende originäre Zielsetzung des Zusammenschlusses der EU-Staaten. Nach ihrem Ursprungsgedanken sollten sich im Rahmen der Europäischen Union die beteiligten Staaten in einen gemeinsamen Markt integrieren. Die Ausrichtung des gesamten Vorhabens war dementsprechend eine ökonomische und adressierte in erster Linie die Staaten. Die Verwirklichung dessen wurde in die Hände einer gemeinsamen, europäischen Gesetzgebung gelegt.[153] An erster Stelle stand historisch betrachtet die Integration in den gemeinsamen Binnenmarkt, sodass auch benachteiligungsrechtlich relevante Normierungen zuvorderst in dieser Hinsicht entstanden. Der bereits erwähnte Art. 119 EWG-Vertrag a. F. forderte die Mitgliedstaaten zur Beseitigung der geschlechtsspezifisch diskriminierenden Bemessung von Arbeitsentgelt auf. Die Vorschrift selbst war zwar im ‚Titel III' über ‚Sozialpolitik' verortet. Der Gedanke hinter dieser Normgebung war jedoch ein integrationspolitischer: Es sollte sich für diejenigen Mitgliedstaaten, deren Erwerbsbevölkerung sich zu einem

149 EuGH Urt. v. 08.04.1976 - 43/75, „Defrenne“.

150 Zum Ganzen *Lehmann*, in: *Schulze (Hrsg.),* New Features in Contract Law, S. 73 f., ausdrücklich auch mit Verweis auf die Rechtsprechung des EuGH.

151 *Lehmann*, in: *Schulze (Hrsg.),* New Features in Contract Law, S. 74.

152 Die Ausarbeitung dieser Unterscheidungsmerkmale geht zurück auf *Basedow*, ZEuP 2008, 230.

153 *Lauber*, Paritätische Vertragsfreiheit durch reflexiven Diskriminierungsschutz, S. 209-210.

großen Teil aus weiblichen Arbeitskräften speiste, kein ökonomischer Vorteil auf dem gemeinsamen Binnenmarkt aufgrund niedrigerer zu zahlender Löhne ergeben.[154] Antreiber dieser Regelung war Frankreich, wo bereits gleiches Entgelt für weibliche und männliche Arbeitskräfte zu zahlen war und daher die Angst vor Wettbewerbsnachteilen aufkam.[155] Der EuGH machte die Entgeltgleichheit der Geschlechter, und damit ‚das Geschlecht' zu einem *gesellschaftspolitisch* relevanten Diskriminierungsmoment in der Union, indem er diese Normierung auch unter Privaten für unmittelbar anwendbar erklärte. „Der Paukenschlag folgte in der Defrenne II-Entscheidung 1976[156]: Art. 119 EWG-Vertrag [a. F.] – eine vom Wortlaut her lediglich an die Mitgliedstaaten adressierte Norm – wurde zum Gemeinschaftsgrundrecht auf Gleichbehandlung von Mann und Frau in Entgeltfragen und zum subjektiven Recht der einzelnen Arbeitnehmerin."[157]

Mit der Konstituierung eines individuellen Diskriminierungsschutzrechts für die Entgeltgleichheit unter privaten Vertragsparteien ist *neben*[158] den bis dato für die Gemeinschaft entscheidenden Aspekt der Zugangsgerechtigkeit *zum* Markt die Verteilungsgerechtigkeit *am* Markt und damit eine sozialpolitische Komponente getreten.[159] Im Ganzen betrachtet kann diese Entwicklung als die „soziale Dimension des europäischen Einigungsprozesses" bezeichnet werden, aus der sich in den Folgejahren das „menschliche Gesicht der EU" als „Interessengemeinschaft mit gemeinsamen Werten" herausbildete.[160] Auf dem Verbot der Benachteiligung wegen des Geschlechts, das sich aus dem Anspruch auf Entgeltgleichheit auch in

---

154 Vgl. *Basedow*, Bitburger Gespräche (2008), 85 (100); ebenfalls *Basedow*, ZEuP 2008, 230 (236); *Lembke*, APuZ 2016, (11): „Hintergrund des Art. 119 war allerdings nicht, dass man sich um die Gleichberechtigung der Geschlechter verdient machen wollte."; *Wiemann*, Diskriminierungsverbote unter Privaten, S. 36 verweist ausdrücklich auf die Gefahr wettbewerblicher Vorteile für Akteure mit weniger strengen Vorschriften bei abweichenden nationalen Standards als Grund für unionsweite Antidiskriminierungsvorschriften.

155 Ausführlich *Grünberger*, Personale Gleichheit, S. 288f.

156 EuGH Urt. v. 08.04.1976 - 43/75, „Defrenne".

157 *Grünberger*, Personale Gleichheit, S. 289.

158 *Wiemann*, Diskriminierungsverbote unter Privaten, S. 36 spricht von einem verschobenen Schwerpunkt in der unionalen Antidiskriminierungsgesetzgebung, der jedoch nicht dazu führe, dass die Binnenmarktintegration keine Rolle (im Sinne eines Beweggrundes) mehr spiele. Vielmehr hätten sich die Ziele diversifiziert.

159 *Basedow*, Bitburger Gespräche (2008), 85 (100); *Lauber*, Paritätische Vertragsfreiheit durch reflexiven Diskriminierungsschutz, S. 210.

160 So *Lauber*, Paritätische Vertragsfreiheit durch reflexiven Diskriminierungsschutz, S. 210.

privaten Beschäftigungsverhältnissen ergeben hatte, bauten sodann alle späteren Gesetzgebungen im Diskriminierungsschutz auf Unionsebene auf.[161] Begleitet wurde diese Entwicklung von einer im Gesamten zunehmend sozial geprägten Agenda der Gemeinschaft.[162] Die Struktur von Benachteiligungen bestimmter (Diskriminierungs-)Merkmalsträger am Markt und der sich für sie ergebenden Teilhabedefizite wurde erkannt. Daneben zeigte sich die Unzulänglichkeit der reinen Marktmechanismen diesen zu begegnen.[163]

2. *Spannungsverhältnis zwischen Privatautonomie und dem Schutz vor Diskriminierung*

Der Schutz vor Benachteiligungen durch den unionalen Nichtdiskriminierungskatalog steht dabei in einem stetigen Spannungsverhältnis zu der marktrechtlich verbürgten Privatautonomie.[164] *Lauber* umschreibt dieses Verhältnis wie folgt: „Auf der einen Seite steht die Vertragsfreiheit als Kernstück mit symbolischer Kraft für die Entwicklung des Binnenmarktes und die Ökonomisierung der EU und auf der anderen Seite der Diskriminierungsschutz als Paradebeispiel für die Bedeutung der sozialen und fundamentalen Rechte und der Politisierung der EU“[165]. Im Zivilrechtsverkehr verwirklichter Diskriminierungsschutz und die Privatautonomie reiben sich aneinander, da die Privatautonomie gerade die Möglichkeit zu Diskriminierungen unter Privaten verbürgt: Eine vertragliche Verbindung kann mit einem beliebigen Vertragspartner eingegangen werden, dessen Auswahl andere Personen denknotwendig ausschließt und in diesem Sinne benachteiligen kann.[166] Das vorgezeichnete Antidiskriminierungsprogramm der

---

161 *Lehmann*, in: *Schulze (Hrsg.)*, New Features in Contract Law, S. 74.

162 Ausführlich die Entwicklung der gemeinsamen Sozialpolitik nachzeichnend *Lauber*, Paritätische Vertragsfreiheit durch reflexiven Diskriminierungsschutz, S. 211, die insbesondere auch auf die Rolle Großbritanniens eingeht, das sozialpolitische Themen auf Gemeinschaftsebene zunächst lieber ausgeklammert sehen wollte.

163 *Lauber*, Paritätische Vertragsfreiheit durch reflexiven Diskriminierungsschutz, S. 214; anders *Basedow*, Bitburger Gespräche (2008), 85 (104), der vom „funktionierende[n] Wettbewerb als Ausgleichsmechanismus“ spricht.

164 Nicht ohne Grund bezeichnet *Leible*, in: *Schulze (Hrsg.)*, Non-Discrimination in European Private Law 2011, S. 28 den zivilrechtlichen Diskriminierungsschutz in zwei direkt aufeinander folgenden Sätzen erst als „rechtspolitisches Minenfeld“ und unmittelbar im Anschluss als „juristisches Reizthema“; vgl. auch *Looschelders*, JZ 2012, 105 (105).

165 *Lauber*, Paritätische Vertragsfreiheit durch reflexiven Diskriminierungsschutz, S. 209.

166 *Looschelders*, JZ 2012, 105 (106) stellt die Privatautonomie als den freien Willen eines jeden entscheiden zu können, welche rechtlichen Regelungen er im Verhältnis zu anderen treffen möchte, heraus.

Union verhindert jedoch die Auswahlentscheidung des Vertragspartners anhand bestimmter verpönter Diskriminierungsmerkmale festzumachen.[167] Dies liegt daran, dass die Diskriminierungsverbote mittlerweile auch für allgemeine zivilrechtliche Verträge gelten und ihren ursprünglichen Anwendungsbereich des Arbeitslebens damit deutlich erweitert haben.[168] Die so entstehenden Spannungen sehen einige Stimmen im europäischen Privatrecht der Antidiskriminierung heutzutage in zu hohem Maße zu Lasten der Privatautonomie aufgelöst.[169] Nicht ohne Grund bezeichnet *Leible* den zivilrechtlichen Diskriminierungsschutz in zwei direkt aufeinander folgenden Sätzen erst als „rechtspolitisches Minenfeld“ und unmittelbar im Anschluss als „juristisches Reizthema“[170]. Der Zugewinn an Einfluss des Grundsatzes der Nichtdiskriminierung im unionalen Zivilrecht habe über die vergangenen Jahrzehnte zu einer immer weitreichenderen Beschneidung der Auswahlmöglichkeiten – im Sinne einer subjektiven Kriterien Gewichtung – bei der Vertragspartnerwahl geführt.[171] Hieran anknüpfend wird teilweise die Berechtigung des Bestehens eines Diskriminierungsschutzes im Vertragsrecht der Gemeinschaft *gänzlich* in Abrede gestellt.[172] Der Diskurs zu der Daseinsberechtigung von Diskriminierungsverboten im Zivilrechtsverkehr[173] zeigt deutlich die

---

167 *Lehmann*, in: *Schulze (Hrsg.),* New Features in Contract Law, S. 68.

168 *Basedow*, Bitburger Gespräche (2008), 85 (104).

169 In diesem Sinne kritisch *Basedow*, Bitburger Gespräche (2008), 85 (104); auch *Looschelders*, JZ 2012, 105 (106) verweist darauf, dass eine Gleichbehandlungspflicht unter Privaten nur in sehr engen Grenzen gerechtfertigt werden könne. Vgl. ebenfalls dort für weitere Nachweise.

170 *Leible*, in: *Schulze (Hrsg.),* Non-Discrimination in European Private Law 2011, S. 28.

171 Siehe nur *Basedow*, ZEuP 2008, 230 (230), der ausführt: „Wer einen Vertrag abschließt, tut dies im eigenen Interesse und nicht, um Gerechtigkeit gegenüber anderen walten zu lassen.“.

172 Siehe die Ausführungen hierzu bei *Lehmann*, in: *Schulze (Hrsg.),* New Features in Contract Law, S. 67; *Basedow*, Bitburger Gespräche (2008), 85 (104) führt aus, dass eine Anwendung von Diskriminierungsverboten die marktwirtschaftlichen Grundlagen der EU gefährde und daher nur ausnahmsweise in Betracht kommen dürfe; a. A. dagegen *Looschelders,* JZ 2012, 105 (106f.) der danach fragt, inwieweit sich die Bindung der Privatrechtssubjekte an Diskriminierungsverbote nicht doch in die Vertragsfreiheit integrieren lässt.

173 Ausführlich hierzu *Mörsdorf*, Ungleichbehandlung als Norm, S. 5; *Neuner*, ERCL 2006, 35 (42) sieht die Möglichkeit das Bestehen von privatrechtlichen Diskriminierungsverboten aus drei Perspektiven zu rechtfertigen: aus dem Blickwinkel des Individuums, aus dem Blickwinkel der Gruppe und aus dem Blickwinkel der Allgemeinheit; *Looschelders*, JZ 2012, 105 (106) untersucht im Einzelnen die Funktionen der Diskriminierungsverbote im Privatrecht und stellt dabei die Bedeutung für die

verschiedenen Verständnisse von zu verwirklichender Freiheit und Gleichheit auf dem gemeinsamen Markt und insbesondere in der Union als Wertegemeinschaft selbst.[174] Dabei wird jedenfalls einer pauschalisierten Generalablehnung von Diskriminierungsverboten im Privatrecht (aufgrund attestierter Unvereinbarkeit von Benachteiligungsschutz und Privatautonomie) mit dem Argument entgegengetreten werden können, dass eine fortschreitende Diversifizierung und Differenzierung der Antidiskriminierungsschutzmechanismen der privatrechtlichen Autonomie (zunehmend) Rechnung trägt.[175] Nicht überzeugen kann allerdings, als Auflösung *dieses*[176] Konflikts auf die Umsetzungen der Antidiskriminierung in einigen osteuropäischen Ländern zu verweisen, die sich für eine nicht abschließende Aufzählung von Diskriminierungsgründen entschieden haben. Die Vorteile, die sich für die Wahrung der Privatautonomie daraus ergeben, dass „möglicherweise zu eng gefasste Regelungen [weg]fallen […]", überwiegen nicht pauschal die damit einhergehenden Nachteile, z. B. in Form unzureichender Abwägung zwischen „Diskriminierungsgrund und Rechtfertigung"[177].[178]

II. Die einschlägigen Richtlinien (Sekundärrecht)

Nachdem die unionale ‚Idee' der Antidiskriminierung in Privatrechtsverhältnissen mitsamt der Entwicklung der gesellschaftspolitischen Diskriminierungsverbote und der sich an diesen aufhängenden Diskussion zum Spannungsverhältnis mit der Privatautonomie dargestellt wurde, soll nunmehr ein vertiefender Blick

---

Absicherung der materiellen Vertragsfreiheit neben der Unterbindung von Persönlichkeitsrechtsverletzungen und der Überführung gesellschaftspolitischer Normen in das Privatrecht heraus.

174 So *Mörsdorf*, Ungleichbehandlung als Norm, S. 4; ebenfalls diesen Konflikt herausstellend *Looschelders*, JZ 2012, 105 (105).

175 So zutreffend *Lehmann*, in: *Schulze (Hrsg.)*, New Features in Contract Law, S. 84.

176 An den feststehenden Diskriminierungskategorien gibt es - ganz grundsätzlich - berechtigte Kritik. Mit dieser setzt sich eingehend *Hartmann*, EuZA 2019, 24 (26ff.) auseinander. Dabei werden Perspektiven für die Entwicklung des unionalen Antidiskriminierungsrechts aufgezeigt, die sich von der bisherigen Merkmalsorientierung abkehren (vgl. explizit hierzu S.40). Bei diesen Überlegungen steht jedoch die Ausweitung des Diskriminierungsschutzes im Mittelpunkt der Überlegungen (und nicht die Vereinbarkeit mit der Privatautonomie), sodass für weiterführende Hinweise auf die dortigen Ausführungen und aufgelisteten weiteren Nachweise verwiesen sei.

177 *Benecke*, Rechtsvergleich der europäischen Systeme zum Antidiskriminierungsrecht, S. 68.

178 Zum Ganzen *Benecke*, Rechtsvergleich der europäischen Systeme zum Antidiskriminierungsrecht, S. 68.

auf die einschlägigen Richtlinien – dem Sekundärrecht der EU – gerichtet werden.[179] Der bisherige Diskriminierungsschutz unter Privaten in den Unionsmitgliedstaaten ist in entscheidendem Maß durch die sog. Antidiskriminierungsrichtlinien geprägt.[180] Zwar bestanden in einigen EU-Ländern bereits vor deren Erlass – zurückgehend auf jeweilig verfassungsrechtlich verbürgte Gleichbehandlungsgebote – teilweise einfachgesetzliche Regelungen zum Schutz vor Benachteiligungen. Diese begrenzten sich, bestanden sie überhaupt, jedoch auf einen stark eingegrenzten Katalog verpönter Merkmale. Beispielsweise sei hier der Benachteiligungsschutz für Menschen mit Behinderung oder die bereits erwähnte Geschlechtergleichstellung im Arbeitswesen herausgestellt. Damit haben die Richtlinien die Antidiskriminierungssysteme der einzelnen Unionsstaaten maßgeblich geprägt. Aufgrund des durch sie ausgelösten Anpassungsbedarfes wurden zahlreiche neue Gesetzgebungen auf diesem Gebiet initiiert und bestehende Regelungen grundlegend überarbeitet.[181]

Der Erlass der Antidiskriminierungsrichtlinien geht maßgeblich zurück auf den durch den ‚Vertrag von Amsterdam zur Änderung des Vertrags über die Europäische Union, der Verträge zur Gründung der Europäischen Gemeinschaften sowie einiger damit zusammenhängender Rechtsakte‘[182] (Vertrag von Amsterdam) geschaffenen Art. 6a, später Art. 13 im ‚Vertrag zur Gründung der Europäischen

---

179 Die vorliegenden Ausführungen begrenzen sich mit wenigen Ausnahmen auf das Sekundärrecht der Union. Hier soll der durch die Antidiskriminierungsrichtlinien determinierte Diskriminierungsschutz in den Sachrechten der Unionsmitgliedstaaten im Fokus stehen. Für Ausführungen zu den heutigen primärrechtlichen Implikationen für den Diskriminierungsschutz sei auf *Mörsdorf*, Ungleichbehandlung als Norm, S. 73ff., 76, 138ff. verwiesen. Diese vertiefend darzustellen kann und soll nicht Gegenstand dieser Arbeit sein. Damit bleiben die diskriminierungsrelevanten Aspekte des europäischen Primärrechts hier in den Ausführungen ausgeklammert, soweit sie nicht im Rahmen der ohnehin erfolgenden Ausführungen denknotwendig mitangesprochen werden.

180 *Sponholz*, Die unionsrechtlichen Vorgaben zu den Rechtsfolgen von Diskriminierungen im Privatrechtsverkehr, S. 122f. stellt dar: Ansprüche in Diskriminierungssachverhalten können sich für das Privatrecht ansonsten nur aus dem mittelbar über die Richtlinienauslegung zu berücksichtigenden Charta-Grundrechten als Primärrecht ergeben. Über das Gebot der richtlinienkonformen Auslegung und Fortbildung würden die unionsgrundrechtlichen Rechtsfolgenvorgaben so schließlich auch in das Privatrechtsverhältnis einwirken.

181 Zum Ganzen siehe *Benecke*, Rechtsvergleich der europäischen Systeme zum Antidiskriminierungsrecht, S. 8.

182 Abgedruckt in: Amtsblatt der Europäischen Gemeinschaft C 340: Informationsnummer 97/C 340/01 Vertrag von Amsterdam zur Änderung des Vertrags über die Euro-

Gemeinschaft'[183] (EG-Vertrag)[184], welcher konkrete Handlungsperspektiven für eine gemeinsame Antidiskriminierungspolitik in Zivilrechtsverhältnissen auf Unionsebene eröffnete.[185] Mit Inkrafttreten des Vertrags am 01. Mai 1999 erhielt der Rat die Ermächtigung, im Rahmen der Gemeinschaftszuständigkeiten Maßnahmen zur Eindämmung von Benachteiligungen wegen der in Art. 13 Abs.1 EG-Vertrag[186] aufgezählten Diskriminierungsmerkmale zu erlassen.[187] Die so neu geschaffene Handlungsmöglichkeit für die Gemeinschaft resultierte aus der Erkenntnis, dass „die Diskriminierung von Menschen wegen bestimmter Merkmale, insbesondere aufgrund der Zugehörigkeit zu einer Gruppe, die sie sich nicht ausgesucht haben, [...] nicht nur ungerecht und ein Verstoß gegen den allgemeinen Gleichheitsgrundsatz [ist], sondern [...] auch wirtschaftliche und soziale Kosten mit sich [bringt]. Diese werden nicht nur von den Betroffenen selbst, sondern auch von den Staaten, den Kommunen, den Sozialsystemen und den Unternehmen getragen, weil Menschen, die diskriminiert werden, häufig nicht in gleichem Maße am Wohlstand teilhaben wie andere und auf Hilfe angewiesen sind. Ferner ist Diskriminierung ein Störfaktor im Gemeinsamen Markt, weil sie die Ausübung

---

päische Union, der Verträge zur Gründung der Europäischen Gemeinschaften sowie einiger damit zusammenhängender Rechtsakte.

183 Vormals ‚Vertrag zur Gründung der Europäischen Wirtschaftsgemeinschaft', umbenannt und wesentlich verändert durch den Vertrag von Maastricht, abgedruckt in: Amtsblatt der Europäischen Gemeinschaft C 191: Informationsnummer 92/C 191/01 Vertrag über die Europäische Union, unterzeichnet zu Maastricht am 07. Februar 1992.

184 Der EG-Vertrag wiederum ist mit Inkrafttreten des Vertrags von Lissabon zum 01.12.2009 im Vertrag über die Arbeitsweise der Europäischen Union (AEUV) - mit abweichender Artikelabfolge - aufgegangen, vgl. die tabellarische Gegenüberstellung im: Amtsblatt der Europäischen Union C 83: Informationsnummer 2010/C 83/01 Konsolidierte Fassungen des Vertrags über die Europäische Union und des Vertrags über die Arbeitsweise der Europäischen Union, S. C/366ff. Art. 19 AEUV entspricht nunmehr ex-Art. 13 EG-Vertrag.

185 *Loutridou/Butt*, Reihe „Soziale Angelegenheiten" - Europäisches Parlament 2000.

186 Art. 13 Abs. 1 EG-Vertrag in der bis zum 30.11.2009 geltenden Fassung lautete: „Unbeschadet der sonstigen Bestimmungen dieses Vertrags kann der Rat im Rahmen der durch den Vertrag auf die Gemeinschaft übertragenen Zuständigkeiten auf Vorschlag der Kommission und nach Anhörung des Europäischen Parlaments einstimmig geeignete Vorkehrungen treffen, um Diskriminierungen aus Gründen des Geschlechts, der Rasse, der ethnischen Herkunft, der Religion oder der Weltanschauung, einer Behinderung, des Alters oder der sexuellen Ausrichtung zu bekämpfen."

187 *Loutridou/Butt*, Reihe „Soziale Angelegenheiten" - Europäisches Parlament 2000.

der Grundfreiheiten, insbesondere der Personenverkehrsfreiheiten, behindert."[188] Die Notwendigkeit einer Politik der Nichtdiskriminierung aufgrund von *Rasse*[189], ethnischer Herkunft, Religion oder Weltanschauung, Behinderung, Alter oder sexueller Ausrichtung war damit erkannt. Mit der Ermächtigungsgrundlage in Art. 13 EG-Vertrag wurde der Weg geebnet für einen Diskriminierungsschutz der Gemeinschaft, der über das Merkmal ‚Geschlecht' und insbesondere den Bereich des Arbeitswesens im Privatrecht hinausgeht.[190]

So erklärt es sich auch, dass bereits im November desselben Jahres ein Richtlinienentwurf vorlag, der als Diskriminierungsmomente erstmals ausdrücklich *Rasse* und ethnische Herkunft gegenständlich regeln sollte. Es folgte der Erlass von (bisher) vier Richtlinien, den bereits erwähnten sog. Antidiskriminierungsrichtlinien. Die Richtlinien betreffen dabei gegenständlich sowohl die Arbeitswelt als auch den allgemeinen zivilrechtlichen Rechtsverkehr.[191] Dabei handelt es sich im Einzelnen um:

1. Die **Richtlinie 2000/43/EG** des Rates vom 29. Juni 2000 zur Anwendung des Gleichbehandlungsgrundsatzes ohne Unterschied der Rasse oder der ethnischen Herkunft, **sog. Antirassismusrichtlinie**

188 *Loutridou/Butt*, Reihe „Soziale Angelegenheiten" - Europäisches Parlament 2000.

189 Zu der Kritik an dem Merkmal *Rasse* und den Forderungen an die Gesetzgebung den Begriff zu überprüfen und sprachlich anzupassen, siehe nur die Ausführungen des Deutschen Instituts für Menschenrechte unter: https://www.institut-fuer-menschenrechte.de/themen/rassistische-diskriminierung/begriff-rasse (zuletzt abgerufen am 14.11.2022) m. w. N. Um die Kritik an der Begrifflichkeit hervorzuheben, wird *Rasse* hier in den eigenen Ausführungen der Verfasserin kursiv gesetzt.

190 *Basedow*, Bitburger Gespräche (2008), 85 (100); *Mörsdorf*, Ungleichbehandlung als Norm, S. 81 geht so weit festzustellen, dass „[die Einführung des späteren Art. 13 EG-Vertrag] nicht der Bekämpfung von Diskriminierungen zur Förderung der Binnenmarktintegration oder zur Erreichung sonstiger ökonomischer Ziele [diente]". Dem ist in dieser Absolutheit nicht zuzustimmen. Zuzustimmen ist jedoch der Feststellung, dass diese Vertragsänderung „integraler Bestandteil des Paradigmenwechsels in Bezug auf die Zielkonzeption der Union" dargestellt hat; siehe *Sponholz*, Die unionsrechtlichen Vorgaben zu den Rechtsfolgen von Diskriminierungen im Privatrechtsverkehr, S. 125f. zur Überwindung des ‚Geschlechtes' als bis dato einzig anerkanntem Diskriminierungsmerkmal und der Erweiterung der Antidiskriminierungspolitik auf den allgemeinen Zivilrechtsverkehr.

191 *Sponholz*, Die unionsrechtlichen Vorgaben zu den Rechtsfolgen von Diskriminierungen im Privatrechtsverkehr, S. 126.

2. Die **Richtlinie 2000/78/EG** des Rates vom 27. November 2000 zur Festlegung eines allgemeinen Rahmens für die Verwirklichung der Gleichbehandlung in Beschäftigung und Beruf, **sog. Rahmenrichtlinie Beschäftigung**
3. Die **Richtlinie 2002/73/EG** des Europäischen Parlaments und des Rates vom 23. September 2002 zur Änderung der Richtlinie 76/207/EWG des Rates zur Verwirklichung des Grundsatzes der Gleichbehandlung von Männern und Frauen hinsichtlich des Zugangs zur Beschäftigung, zur Berufsbildung und zum beruflichen Aufstieg sowie in Bezug auf die Arbeitsbedingungen, **sog. Gender Richtlinie**

→ mittlerweile neugefasst durch die **Richtlinie 2006/54/EG** des Europäischen Parlaments und des Rates vom 5. Juli 2006 zur Verwirklichung des Grundsatzes der Chancengleichheit und Gleichbehandlung von Männern und Frauen in Arbeits- und Beschäftigungsfragen

4. Die **Richtlinie 2004/113/EG** des Rates vom 13. Dezember 2004 zur Verwirklichung des Grundsatzes der Gleichbehandlung von Männern und Frauen beim Zugang zu und bei der Versorgung mit Gütern und Dienstleistungen

Die Union hat den Mitgliedstaaten durch die Richtlinien einen verbindlich umzusetzenden Schutzrahmen aufgegeben, der vor Benachteiligungen in verschiedenen, rechtlich relevanten Lebenssituationen unter Privaten schützen soll.[192] Während dies in einigen Ländern im Zuge des Umsetzungsprozesses zu der erstmaligen Implementierung von Antidiskriminierungsmechanismen für den zivilrechtlichen Bereich führte, wurden an anderen Stellen – wie bereits erwähnt – die jeweiligen Benachteiligungsschutzmechanismen lediglich ergänzt oder entsprechend den Vorgaben adaptiert.[193]

Für den allgemeinen Zivilrechtsverkehr sind dabei die Richtlinien 2000/43/EG und 2004/113/EG von Bedeutung, da sie sich gem. Art. 3 Abs. 1 lit. h der Richtlinie 2000/43/EG auf den diskriminierungsfreien Zugang zu und die Versorgung mit Gütern und Dienstleistungen, die der Öffentlichkeit zur Verfügung stehen, einschließlich Wohnraum und gem. Art. 3 Abs. 1 der Richtlinie 2004/113/

---

192 Vgl. *Hartmann*, EuZA 2019, 24 (24): „Das europäische Antidiskriminierungsrecht hat in den letzten zwei Jahrzehnten eine rasante Entwicklung genommen: Ein ausdifferenziertes System verschiedener Gleichbehandlungsrichtlinien erfasst viele Lebensbereiche […].“; zum sekundärrechtlichen Normbestand im unionalen Diskriminierungsrecht im Einzelnen *Mörsdorf*, Ungleichbehandlung als Norm, S. 92ff.

193 *Chopin/Germaine*, A comparative analysis of non-discrimination law in Europe 2020, S. 9; ebenso *Sponholz*, Die unionsrechtlichen Vorgaben zu den Rechtsfolgen von Diskriminierungen im Privatrechtsverkehr, S. 145.

EG auf Güter und Dienstleistungen beziehen, die der Öffentlichkeit ohne Ansehen der Person zur Verfügung stehen.[194] Damit ist vom Anwendungsbereich der beiden Richtlinien „ein Großteil aller zivilrechtlichen Verträge"[195] betroffen. Den Inhalt der Richtlinien stellen die bereits angesprochenen *gesellschaftspolitischen* Diskriminierungsverbote dar.[196] Auf welche Art und Weise diese von den Mitgliedstaaten einzuführen sind, ist nicht festgeschrieben. Jedoch sieht sich der Umsetzungsspielraum durch den jeweiligen Regelungsauftrag beschränkt.[197] *Benecke* hat zutreffend herausgestellt, dass gerade die Anknüpfung an bestimmte Diskriminierungsgründe (= Diskriminierungsmerkmale) für die Antidiskriminierungsrichtlinien kennzeichnend sei. Den erfassten Merkmalen komme daher zentrale Bedeutung für den Anwendungsbereich der die Richtlinien umsetzenden Gesetze und damit den Umfang des Benachteiligungsschutzes selbst zu.[198] Als zu unterbindende Benachteiligungsmerkmale betreffen die beiden benannten Richtlinien für den allgemeinen Zivilrechtsverkehr die *Rasse*, die ethnische Herkunft (beides Art. 1 RL 2000/43/EG) und das Geschlecht (Art. 1 RL 2004/113/EG).[199] Die weiteren Diskriminierungsmerkmale Religion oder Weltanschauung, Behinderung, Alter und sexuelle Orientierung werden von der Union lediglich für den Bereich Beschäftigung und Beruf zwingend als zu unterbindend vorgegeben (vgl. Art. 1 RL 2000/78/EG). Die länderweise unterschiedliche Implementierung der Sanktionierung von Verstößen von Privatrechtssubjekten gegen die Verbote sind bereits angesprochen wurden.[200] Im Wege einer überobligatorischen Umsetzung hat eine beachtliche Anzahl an Mitgliedsländern die weiteren Diskriminierungsmerkmale auch ausdrücklich für den allgemeinen zivilrechtlichen Verkehr, den die Richtlinien 2000/43/EG und 2004/113/EG betreffen, übernommen.[201] In

---

194 *Sponholz*, Die unionsrechtlichen Vorgaben zu den Rechtsfolgen von Diskriminierungen im Privatrechtsverkehr, S. 127.

195 *Basedow*, Bitburger Gespräche (2008), 85 (100); siehe auch *Sponholz*, Die unionsrechtlichen Vorgaben zu den Rechtsfolgen von Diskriminierungen im Privatrechtsverkehr, S. 127ff.

196 *Basedow*, ZEuP 2008, 230 (237).

197 *Mörsdorf*, Ungleichbehandlung als Norm, S. 19-20.

198 *Benecke*, Rechtsvergleich der europäischen Systeme zum Antidiskriminierungsrecht, S. 21.

199 *Hoffmann/Bierlein*, ZEuP 2020, S. 47 (48).

200 Siehe oben; zum englischen Sachrecht der Antidiskriminierung siehe ***Kapitel 2 § 1***; zum deutschen Sachrecht der Antidiskriminierung siehe ***Kapitel 2 § 2***.

201 Vgl. *Benecke*, Rechtsvergleich der europäischen Systeme zum Antidiskriminierungsrecht, S. 64; *Hoffmann/Bierlein*, ZEuP 2020, S. 47 (48) mit Verweis auf die deutsche Umsetzung durch § 19 Abs. 1 AGG, der alle Merkmale des § 1 AGG erfasst.

einigen Nationen ist dies nicht durch eine abschließende Aufzählung der möglichen Diskriminierungsmerkmale, sondern über einen offenen Merkmalskatalog erfolgt.[202] Neben den Diskriminierungs*merkmalen* sind auch die erfassten Diskriminierungs*formen* und die *Rechtfertigungsmöglichkeiten* von Ungleichbehandlungen nur in einem Mindestschutzumfang von den Richtlinien vorgezeichnet. Die erfolgten Umsetzungen hier unterscheiden sich ebenfalls. Teilweise bestehen auch hinsichtlich des zu implementierenden Schutzumfangs Unklarheiten.[203]

Festzuhalten gilt es, dass ein ‚technischer' Angleichungserfolg der Sachrechte der einzelnen Mitgliedstaaten damit nur in dem Rahmen erreicht wurde, der durch den Regelungsauftrag zwingend vorgeschrieben war.[204] Darüber hinaus ist angesichts der „Variationsbreite"[205] ‚nur' von einer gesellschaftspolitischen Annäherung im Verständnis von Diskriminierungssachverhalten auszugehen, die sich im Zuge der Auseinandersetzung mit bestimmten Gründen und Formen der Ungleichbehandlung ergeben hat.[206] Wie bereits angesprochen sind einige Ländern in ihren Umsetzungen teilweise deutlich über das von den europäischen Vorgaben vorgezeichnete Diskriminierungsschutzprogramm hinausgegangen. Die überobligatorischen Umsetzungen sowohl in den Gründen als auch den Formen und Rechtfertigungsmöglichkeiten haben dabei – trotz der unionalen Vorgaben – zu einem sehr durchmischten Feld der Antidiskriminierung in den EU-Mitgliedstaaten geführt.[207] Dementsprechend ist *Hoffmann und Bierlein* zuzustimmen, dass auch bei grenzüberschreitenden Sachverhalten *innerhalb* der Gemeinschaft die kollisionsrechtliche Anknüpfung des Diskriminierungsschutzes weiterhin von entscheidender Bedeutung ist.[208]

---

202 Auf die Auseinandersetzung von *Hartmann*, EuZA 2019, 24 mit Möglichkeiten der Loslösung von den feststehenden Diskriminierungskategorien auf gesamteuropäischer Ebene sei aus diesem Anlass erneut hingewiesen. Vor- und Nachteile eines kategorialen Diskriminierungsschutzes werden dort - im Interesse eines noch umfassenderen Schutzes - ausführlich gegeneinander abgewogen.

203 *Benecke*, Rechtsvergleich der europäischen Systeme zum Antidiskriminierungsrecht, S. 33 spricht die relevante Frage danach an, ob die Umsetzungen der Richtlinien auch die vermutete und die assoziierte Diskriminierung mitumfassen.

204 *Chopin/Germaine*, A comparative analysis of non-discrimination law in Europe 2020, S. 9.

205 Bezeichnung nach *Benecke*, Rechtsvergleich der europäischen Systeme zum Antidiskriminierungsrecht, S. 8.

206 *Basedow*, ZEuP 2008, 230 (239).

207 Siehe bereits ***Kapitel 1 § 1 A. I.***

208 Vgl. *Hoffmann/Bierlein*, ZEuP 2020, S. 47 (48).

B. Die 5. Antidiskriminierungsrichtlinie

Das Vorhaben einer das Gesamtbild in den Blick nehmenden Untersuchung der Grundpfeiler des Antidiskriminierungsrechts in Europa sieht sich dabei der besonderen Schwierigkeit ausgesetzt, seit mehr als einem Jahrzehnt auf einer Warteposition verhaftet zu sein. Grund hierfür ist die geplante Neustrukturierung und weitergehende Vereinheitlichung des Schutzprogramms durch eine neue Richtlinie.[209] Durch die sog. ‚5. Antidiskriminierungsrichtlinie'[210] sollte das Maß des einheitlichen Schutzes vor Benachteiligungen in den Unionsstaaten zu einem weitgehenden Teil auf denselben Stand gebracht werden (hierzu folgend ***I.***). Es wird zu erörtern sein, welche Bedeutung der nicht mehr erfolgte Erlass dieser Richtlinie vor dem Brexit für das kollisionsrechtliche Verhältnis zu der englischen Rechtsordnung haben wird. Es drängt sich in diesem Zusammenhang insbesondere die Frage auf, ob eine letzte Chance zur Einflussnahme auf das Antidiskriminierungssachrecht der Insel verpasst ist, indem ein weitgehendes Vereinheitlichungsmaß aus den Händen gegeben wurde (hierzu folgend ***II.***).

I. Kommissionsentwurf von 2008

Einen Vorschlag des Rates der Europäischen Union für eine Richtlinie zur Anwendung des Grundsatzes der Gleichbehandlung ungeachtet der Religion oder der Weltanschauung, einer Behinderung, des Alters oder der sexuellen Ausrichtung über den Beschäftigungsbereich hinaus, hat die Europäische Kommission am 02.Juli 2008 angenommen.[211] Hiervon neuerfasst wurden als ausgewählte Regelungsbereiche der Sozialschutz einschließlich Sozialversicherung und Gesundheitsversorgung, Bildung sowie Zugang zu Gütern und Dienstleistungen

---

209 Vgl. *Basedow*, Bitburger Gespräche (2008), 85 (100): „Weitere Rechtsakte zur Bekämpfung der Diskriminierung befinden sich in Vorbereitung." Angesprochen ist damit: KOM(2008) 426 endgültig - Vorschlag für eine Richtlinie des Rates zur Anwendung des Grundsatzes der Gleichbehandlung ungeachtet der Religion oder der Weltanschauung, einer Behinderung, des Alters oder der sexuellen Ausrichtung; auch *Lembke*, APuZ 2016, (16) verweist darauf, dass „seit vielen Jahren [...] auf europäischer Ebene über einen einheitlichen Schutz durch eine horizontale Richtlinie für alle Diskriminierungsmerkmale diskutiert [werde]."

210 Oder auch ‚5. Gleichbehandlungsrichtlinie', diese Bezeichnung wählt *Mörsdorf*, Ungleichbehandlung als Norm, S. 95.

211 Siehe auch bei *Lembke*, APuZ 2016, (16).

einschließlich Wohnraum.[212] Die hinter dem Vorschlag für die neue Richtlinie stehenden Überlegungen lassen sich dem Erwägungsgrund (8) entnehmen: „Mit der Richtlinie 2000/78/EG [wird] ein allgemeiner Rahmen gegen Ungleichbehandlung aus Gründen der Religion oder Weltanschauung, einer Behinderung, des Alters oder der sexuellen Ausrichtung in den Bereichen Beschäftigung und Beruf festgelegt. Allerdings sind Umfang und Art des Schutzes vor derartiger Diskriminierung außerhalb dieser Bereiche in den Mitgliedstaaten [noch] unterschiedlich geregelt."[213] Diese unterschiedlichen Regelungen zu harmonisieren und auf ein einheitliches Schutzniveau anzuheben, war das Ziel des Ratsvorschlages.[214] Ein im Sekundärrecht der Union ankernder Schutz vor Benachteiligungen sollte sich einheitlich in entsprechenden gesellschaftspolitischen Diskriminierungsverboten in den Unionsstaaten niederschlagen und damit die seit dem Vertrag von Amsterdam verfolgte Strategie zur Verhinderung von Diskriminierung komplettieren.[215] *Mörsdorf* hat den Richtlinienentwurf insofern zutreffend als „fehlende[n] Baustein" bezeichnet.[216] Zu dem Vorschlag des Rates hat das Europäische Parlament im Rahmen des Kon-

---

212 Die Version des Vorschlages Stand 26. Juni 2019, abgedruckt in: *Generalsekretariat des Rates*, Interinstitutionelles Dossier 2008/0140(COD), Vermerk - Dokument 10740/19, (6), lautet in Erwägungsgrund 9: „Mit dieser Richtlinie sollen daher in Bezug auf die in ihren Geltungsbereich fallenden Gründe Umfang und Art des Schutzes vor Diskriminierung über die Bereiche der Beschäftigung hinaus auf die in dieser Richtlinie aufgeführten Einzelbereiche ausgedehnt werden. Daher sollten die Rechtsvorschriften der Union Diskriminierung aus Gründen der Religion oder Weltanschauung, einer Behinderung, des Alters oder der sexuellen Ausrichtung in einer Reihe von Bereichen außerhalb des Arbeitsmarkts verbieten, und zwar insbesondere in den Bereichen Zugang zu Sozialschutz, Zugang zu Bildung sowie Zugang zu und Versorgung mit Gütern und Dienstleistungen, einschließlich Wohnraum."; zum Ganzen siehe auch ergänzend *Vorsitz des Rates der Europäischen Union*, Interinstitutionelles Dossier 2008/0140(COD), Fortschrittsbericht - Dokument 9567/1/19, 27. Mai 2019, (1); auch *Lauber*, Paritätische Vertragsfreiheit durch reflexiven Diskriminierungsschutz, S. 240f. stellt die Entwicklung nochmals anschaulich dar.

213 Version des Vorschlages Stand 26. Juni 2019, abgedruckt in: *Generalsekretariat des Rates*, Interinstitutionelles Dossier 2008/0140(COD), Vermerk - Dokument 10740/19, (6).

214 *Lüttringhaus*, Grenzüberschreitender Diskriminierungsschutz, S. 291; Vgl. *Lauber*, Paritätische Vertragsfreiheit durch reflexiven Diskriminierungsschutz, S. 241 zu den vorgesehenen einzelnen Inhalten von KOM(2008) 426 endg.

215 *Lauber*, Paritätische Vertragsfreiheit durch reflexiven Diskriminierungsschutz, S. 241; so auch *Mörsdorf*, Ungleichbehandlung als Norm, S. 95.

216 *Mörsdorf*, Ungleichbehandlung als Norm, S. 95.

sultationsverfahrens am 02. April 2009 seine notwendige Stellungnahme abgegeben.[217] Anschließend hätte gem. Art. 19 AEUV im Rat Einstimmigkeit über den Kommissionsentwurf erzielt werden müssen. Hiergegen regte und regt sich weiterhin jedoch aus verschiedenen Mitgliedstaaten Widerstand, sodass eine flächendeckende Zustimmung bis heute nicht erreicht werden konnte.[218] Insbesondere in Deutschland wird der Richtlinienentwurf sehr kritisch betrachtet.[219] Die Kritik wird dabei an mehreren – hier nur exemplarisch anzusprechenden – Aspekten festgemacht:[220] So wurde im Bundesrat formuliert, dass die unterschiedlichen Schutzumfänge in den Unionsstaaten keine Harmonisierung auf EU-Ebene und damit eine Rechtsangleichung auf höchstem Niveau fordern würden. Vielmehr sollte die teilweise erfolgte überobligatorische Umsetzung einiger Staaten nicht zu einem Zwang der anderen Rechtsordnungen, eine Umsetzung in diesem Umfang nunmehr ebenfalls vorzunehmen, führen.[221] Des Weiteren wird sich auf vermeintliche Kostenbelastungen für die Wirtschaft bezogen und stattdessen eine umfassende Kommunikationsstrategie für die Bekämpfung von Diskriminierungen vorgeschlagen.[222] Auch die Kompetenz des Rates zum Erlass der Richtlinie wurde wegen Art. 13 EG-Vertrag aufgrund der begrenzten Regelungsberechtigungen im Bereich Bildung und Soziales in Abrede gestellt.[223] Diese Erklärungen entsprechen den bereits am 08. Septem-

217 Ebenfalls bereits am 14. Januar 2009 hat der Europäische Wirtschafts- und Sozialausschuss eine ergänzende Stellungnahme veröffentlicht, in der Verbesserungs- und Umformulierungsvorschläge zu dem Kommissionsentwurf unterbreitet wurden. Damit sollten drohende Schutzlücken gegenüber dem bereits erreichten Niveau der bisher erlassenen Richtlinien aufgedeckt werden. Hierzu sei auf das entsprechende Dokument SOC/326 verwiesen.

218 *Vorsitz des Rates der Europäischen Union*, Interinstitutionelles Dossier 2008/0140(COD), Fortschrittsbericht - Dokument 9567/1/19, 27. Mai 2019, (2).

219 *Lembke*, APuZ 2016, (16) geht sogar so weit und macht Deutschland als die treibende Kraft dahinter aus, die Richtlinie zu verhindern; genereller *Mörsdorf*, Ungleichbehandlung als Norm, S. 95.

220 Ausführlicher hierzu auch *Lauber*, Paritätische Vertragsfreiheit durch reflexiven Diskriminierungsschutz, S. 241f.; ebenfalls *Mörsdorf*, Ungleichbehandlung als Norm, S. 96.

221 Bundesrat Plenarprotokoll 847 - Stenografischer Bericht 2008, (313) Anlage 20 - Erklärung von Minister Andreas Krautscheid.

222 Bundesrat Plenarprotokoll 847 - Stenografischer Bericht 2008, (313) Anlage 20 - Erklärung von Minister Andreas Krautscheid.

223 Bundesrat Plenarprotokoll 847 - Stenografischer Bericht 2008, (314) Anlage 21 - Erklärung von Staatsministerin Christa Stewens.

ber 2008 noch vor der 847. Plenarsitzung des Bundesrates am 19. September 2008 von den betroffenen Ausschüssen abgegebenen Empfehlungen, die sowohl allgemeine Anmerkungen als auch eine kritische Auseinandersetzung mit den Regelungen im Einzelnen enthielten.[224] Der Bundesrat hat entsprechend des Abstimmungsverhaltens im Rahmen der Plenarsitzung eine Stellungnahme mit ablehnender Haltung beschlossen. Darin hält der Bundesrat weitere Initiativen im Bereich des Antidiskriminierungsschutzes angesichts eines bereits ausreichenden Rechtsrahmens der Union für nicht erforderlich und lehnt diese ab.[225] Die Rechtssysteme müssten aufgrund ihrer Verschiedenheiten selbst darüber entscheiden können, wie sie Diskriminierungsschutz (weiter) verwirklicht sehen wollen. Hierfür solle auf überzogene Gesetzgebungen verzichtet werden.[226] Wegen des bereits hohen Schutzniveaus in vielen Mitgliedstaaten wurde eine weitere europäische Rechtsetzung im Jahr 2008 vom Bundesrat zudem als nicht verhältnismäßig empfunden.[227] Diese Wertung ist jedoch aus heutiger Perspektive vor dem Hintergrund der erst kurze Zeit zuvor überhaupt mittels des AGG in das nationale Recht umgesetzten Vorgängerrichtlinien zu verstehen.[228] Auch im Bundestag wurde kritisch über die Richtlinie debattiert. Die Kritik bezog sich unter anderem auf eine mögliche Beschneidung der Vertragsfreiheit.[229] Dabei wurden Notwendigkeit und Berechtigung des Richtlinienvorhabens in Frage gestellt.[230]

Im Jahr 2018 hat die Bundestagsabgeordnete und Sprecherin für Behindertenpolitik der Grünen-Bundestagsfraktion *Rüffer* eine schriftliche Frage an die Bundesregierung zu dem aktuellen Verhandlungsstand des Vorschlages für die ‚5. Antidiskriminierungsrichtlinie' gerichtet. Dabei wollte sie auch die Position

---

224 BR-Drs. 499/1/08 – Empfehlungen der Ausschüsse zu Punkt 65 der 847. Sitzung des Bundesrates am 19. September 2008. Die einzelnen Kritikpunkte sind dort ausführlich nachzulesen.

225 BR-Drs. 499/08, S.1, 2. Gliederungspunkt.

226 BR-Drs. 499/08, S. 2, 3. Gliederungspunkt.

227 BR-Drs. 499/08, S. 2, 4. Gliederungspunkt.

228 Vgl. BR-Drs. 499/08, S. 2, 4. Gliederungspunkt: „[…] *zum jetzigen Zeitpunkt* neue Anforderungen und damit *erneuten Anpassungsbedarf* […]" (Hervorhebungen von der Verfasserin hinzugefügt).

229 *Lauber*, Paritätische Vertragsfreiheit durch reflexiven Diskriminierungsschutz, S. 242 mit Verweis auf eine Stellungnahme von Boesche zu dem Entwurf einer weiteren Antidiskriminierungsrichtlinie und zum Vertragsverletzungsverfahren im Rahmen einer Anhörung vor dem Rechtsausschuss des Deutsches Bundestags am 15. Oktober 2008.

230 Zum Ganzen siehe auch *Lembke*, APuZ 2016, (16).

der Bundesregierung in den Verhandlungen dargestellt wissen. Hierauf antwortete der Parlamentarische Staatssekretär *Zierke* am 27. Dezember 2018,[231] dass ein substanzieller Fortschritt oder eine Einigung über grundsätzliche Fragen im Rahmen des Rates nach wie vor nicht erzielt werden konnten. Die Mitgliedstaaten würden an ihren grundsätzlichen Positionen festhalten. Lediglich Malta hätte inzwischen seinen Parlamentsvorbehalt aufgehoben. Deutschland vertrete mit Polen weiterhin einen allgemeinen Vorbehalt und habe sich an den Beratungen zu der Richtlinie dementsprechend nicht beteiligt. Schließlich verweist *Zierke* auf das Einstimmigkeitserfordernis, welches, unabhängig von der Haltung Deutschlands, angesichts der bestehenden Vorbehalte auch anderer Staaten das ‚Aufdenwegbringen' der Richtlinie weiterhin verhindere.[232] Am 05. März 2021 beschäftigte die ‚5. Antidiskriminierungsrichtlinie' auch den Bundesrat in seiner 1001. Plenarsitzung. Hintergrund dessen war ein Entschließungsantrag des Landes Berlin, dem sich das Land Bremen anschloss, der Bundesrat solle sich für die Stärkung des Diskriminierungsschutzes in Europa einsetzen, daher die Bundesregierung um Zustimmung für den Kommissionsentwurf von 2008, KOM(2008) 426 endg., ersuchen und im Rat der Europäischen Union für einen zeitnahen Beschluss des Vorschlages werben.[233] Der Entschließungsantrag wurde als Tagesordnungspunkt 14b von der Tagesordnung abgesetzt und im Rahmen der 1001. Plenarsitzung nicht behandelt. Dies erfolgte erst im Rahmen der 1005. Plenarsitzung am 28. Mai 2021.[234] Interessant sind in diesem Zusammenhang die bereits zuvor abgegebenen Ausschussempfehlungen[235]. Während im Jahr 2008 die damit befassten Ausschüsse[236] geschlossen eine ablehnende Stellungnahme dem Bundesrat empfahlen, sprachen sich nunmehr der Ausschuss für Arbeit, Integration und Sozialpolitik, der Ausschuss für Frauen und Jugend und der Ausschuss für

231 BT-Drs. 19/6961 – Schriftliche Fragen mit den in der Woche vom 07. Januar 2019 eingegangenen Antworten der Bundesregierung.

232 Zum Ganzen BT-Drs. 19/6961, S. 86, 112. Gliederungspunkt.

233 BR-Drs. 714/20 – Antrag des Landes Berlin Entschließung des Bundesrates - Den Diskriminierungsschutz europaweit unterstützen - Verabschiedung der 5. EU-Antidiskriminierungsrichtlinie, S.2, Gliederungspunkte 4, 5.

234 Vgl. Bundesrat Plenarprotokoll 1005 - Stenografischer Bericht 2021, (242f.) Tagesordnungspunkt 76c.

235 BR-Drs. 714/1/20 – Empfehlungen der Ausschüsse zu Punkt 14b der 1001. Sitzung des Bundesrates am 05. März 2021.

236 Der federführende Ausschuss für Fragen der Europäischen Union, der Ausschuss für Arbeit und Sozialpolitik, der Ausschuss für Frauen und Jugend, der Finanzausschuss, der Ausschuss für Kulturfragen, der Rechtsausschuss und der Wirtschaftsausschuss, vgl. BR-Drs. 499/1/08.

Familien und Senioren *für* die von den Ländern Berlin und Bremen unterbreitete Entschließung aus. Zwar verblieben der Rechtsausschuss und der federführende Ausschuss für Fragen der Europäischen Union bei ihrer ablehnenden Haltung. Nichtsdestotrotz zeigt sich kein geschlossen einheitlich ablehnendes Bild mehr. Im Rahmen der 1005. Plenarsitzung hat der Bundesrat am 28. Mai 2021 jedoch beschlossen, die Entschließung nicht zu fassen.[237] Damit erscheint der weitere Werdegang des Kommissionsvorschlages auf *nationaler* Ebene wiederum für die nahe Zukunft unklar.

Soweit aus der Öffentlichkeitsarbeit des Rates nachvollziehbar,[238] wurde auf Unionsebene letztmalig am 04. Juni 2021 ein Sachstandsbericht zu dem Kommissionsvorschlag veröffentlicht.[239] Dieser Sachstandsbericht betrifft Beratungen des Vorbereitungsgremiums ‚Sozialfragen', das am 28. Mai 2021 einen vom portugiesischen Vorsitz neu vorgelegten umfassenden „Kompromissvorschlag"[240] der Richtlinie erörtert hat. Im Rahmen des durch den portugiesischen Vorsitz vorgelegten Kompromissvorschlages wurden neue Formulierungen präsentiert, die zentrale offene Fragen des Richtlinienentwurfes auflösen sollten. Konkret handelt es sich bei diesen Punkten um Subsidiaritätsbedenken (1), Zweifeln an der Kostentragung für die Umsetzung betreffend der Bestimmungen hinsichtlich des Diskriminierungsmerkmals Behinderung (2) und Rechtssicherheitserwägungen (3).[241] Mit dem neuen Kompromissvorschlag hat der portugiesische Vorsitz zumindest den Versuch unternommen, den bestehenden Stillstand hinsichtlich der ‚5. Antidiskriminierungsrichtlinie' zu überwinden.[242] Teile der an den Beratungen beteiligten Delegationen und auch die Vertretung der Kommission warnten

---

237 BR-Drs. 440/21 – Beschluss des Bundesrates sich nicht zu der Grunddrucksache 714/20 zu entschließen.

238 Der jeweils aktuelle Verfahrensstand hinsichtlich ‚KOM(2008) 426 endg.' auf Unionsebene lässt sich nachvollziehen unter: https://eur-lex.europa.eu/legal-content/de/HIS/?uri=CELEX:52008PC0426 #2021-11-23_DIS_byCONSIL (zuletzt abgerufen am 14.11.2022).

239 *Vorsitz des Rates der Europäischen Union*, Interinstitutionelles Dossier 2008/0140(COD), Sachstandsbericht - Dokument 9109/21, 04. Juni 2021.

240 Bezeichnung nach: *Vorsitz des Rates der Europäischen Union*, Interinstitutionelles Dossier 2008/0140(COD), Sachstandsbericht - Dokument 9109/21, 04. Juni 2021, (3).

241 Der Beratungsbedarf geht jedoch über diese Punkte hinaus, vgl. *Vorsitz des Rates der Europäischen Union*, Interinstitutionelles Dossier 2008/0140(COD), Sachstandsbericht - Dokument 9109/21, 04. Juni 2021, (6): „Eine Reihe weiterer Fragen wird ebenfalls weiter erörtert werden müssen.".

242 Zum Ganzen *Vorsitz des Rates der Europäischen Union*, Interinstitutionelles Dossier 2008/0140(COD), Sachstandsbericht - Dokument 9109/21, 04. Juni 2021, (3).

jedoch insbesondere „vor einer ungebührlichen Verringerung des Ambitionsniveaus der Richtlinie“ durch den Kompromissvorschlag.[243] Am 23. November 2021 ist ein an den Sachstandsbericht vom Juni anknüpfender Fortschrittsbericht veröffentlicht worden. Gegenstand des Fortschrittsberichtes ist eine Sitzung der Gruppe ‚Sozialfragen', in welcher Fragen des slowenischen Vorsitzes zu dem im Mai 2021 neu vorgelegten Kompromissvorschlag des portugiesischen Vorsitzes zur Beantwortung standen.[244] Der Fortschrittsbericht schließt mit dem Fazit, dass „bei den Beratungen auf der Grundlage der jüngsten Textfassung [...] zwar gewisse Fortschritte erzielt [wurden], [...] es [jedoch] eindeutig weiterer Arbeiten [bedarf], bevor die erforderliche Einstimmigkeit im Rat erreicht werden kann.“[245] Da Deutschland und Polen aufgrund ihres allgemeinen Vorbehalts weiterhin nicht mal an den Beratungen zu der Richtlinie beteiligt sind,[246] erscheint diese Einstimmigkeit im Rat in weiter Ferne. Ob und wann sich das Antidiskriminierungsrecht weiterentwickeln wird, steht damit in den die EU-Flagge so schön schmückenden Sternen.[247]

II. Entfall der Relevanz für das kollisionsrechtliche Verhältnis zur englischen Rechtsordnung

Wohin die Bemühungen um die doch noch zu erreichende Verabschiedung der ‚5. Antidiskriminierungsrichtlinie' führen werden, ist – wie soeben bereits festgestellt – nicht sicher.[248] Jedenfalls für das kollisionsrechtliche Verhältnis zu England

---

243 Die Anmerkungen, Bedenken und Kritik hinsichtlich der einzelnen Punkte ist ausführlich nachzulesen beim *Vorsitz des Rates der Europäischen Union*, Interinstitutionelles Dossier 2008/0140(COD), Sachstandsbericht - Dokument 9109/21, 04. Juni 2021, (3ff.).

244 Zu der Sitzung im Einzelnen: *Vorsitz des Rates der Europäischen Union*, Interinstitutionelles Dossier 2008/0140(COD), Fortschrittsbericht - Dokument 14046/21, 23. November 2021.

245 *Vorsitz des Rates der Europäischen Union*, Interinstitutionelles Dossier 2008/0140(COD), Fortschrittsbericht - Dokument 14046/21, 23. November 2021, (7).

246 Hierfür sei erneut auf: BT-Drs. 19/6961, S. 86, 112. Gliederungspunkt verwiesen.

247 *Thüsing*, in: MüKoBGB, 7. Aufl. 2015, [Vorbemerkungen] vor § 19 AGG, Rn. 8 hat zumindest 2015 die Überlegung angestellt, ob „in den bisherigen europäischen Regelungen erst [der] Anfang einer Entwicklung zu sehen [sei], die auf ein weit umfassenderes, eher der US-amerikanischen Rechtstradition entsprechendes Antidiskriminierungsrecht abziel[e]“.

248 2019 hat bereits *Hartmann*, EuZA 2019, 24 (42) ganz grundsätzlich konstatiert, dass das Antidiskriminierungsrecht in der EU „am Scheideweg“ stehe.

wird der Richtlinie keine herausragende Bedeutung mehr zukommen können. Aus welchen Gründen?

Eine Angleichung der Sachrechte wird im Verhältnis zu der englischen Rechtsordnung aufgrund des vollzogenen Brexits nicht (mehr) erfolgen. Selbst wenn der Richtlinienvorschlag ‚KOM(2008) 426 endg.' noch umgesetzt werden sollte, wäre die englische Rechtsordnung von einer Umsetzungspflicht nicht betroffen. Das Antidiskriminierungsprogramm hätte sich nicht an dem vom europäischen Sekundärrecht vorgegebenen Schutzkatalog zu orientieren. Die nationale Antidiskriminierungsgesetzgebung in England ist *zukünftig* vollständig unabhängig von unionalen Vorgaben. Während der Benachteiligungsschutz in den EU-Mitgliedsländern sich durch die ‚5. Antidiskriminierungsrichtlinie' bis auf graduelle Unterschiede angleichen würde und somit auch die Frage nach der zwingenden Durchsetzung von Eingriffsnormen innerhalb der Gemeinschaft unter ganz anderen Vorzeichen stünde,[249] wäre im Verhältnis zu der englischen Rechtsordnung ein anderer Maßstab anzulegen. Zwar finden sich – zum jetzigen Zeitpunkt – noch sämtlich die Überbleibsel der vier ersten Antidiskriminierungsrichtlinien in ihren Umsetzungen im englischen Recht. Was das Rechtssystem auf der Insel hieraus allerdings zukünftig macht, bleibt einzig ihm überlassen.

Bisher betreffen die zwingenden Vorgaben des Richtlinien-Unionsrechts nur den Schutz vor sexistischen und *rassistischen* Diskriminierungen im allgemeinen Zivilrechtsverkehr.[250] Der gemeinsame Besitzstand der Unionsstaaten *mit* der englischen Rechtsordnung ist hierauf beschränkt. Und auch dies nur insoweit, wie nicht England hiervon, losgelöst von der Einbindung in die Gemeinschaft, zukünftig abweicht.[251] Für das Kollisionsrecht folgt hieraus die weitere Relevanz von Sonderanknüpfungen. Mangels weiterbestehender

---

249 Nach *Lüttringhaus*, Grenzüberschreitender Diskriminierungsschutz, S. 291 gebühre dann wegen der nur noch graduell unterschiedlichen nationalen Regelungsstandards dem Ziel des innergemeinschaftlichen Entscheidungseinklangs grundsätzlich Vorrang vor den Interessen der Mitgliedstaaten an der international zwingenden Durchsetzung ihrer eigenen Normen.

250 Siehe *Lüttringhaus*, Grenzüberschreitender Diskriminierungsschutz, S. 280.

251 Zur ‚Nicht-Rückschrittsklausel', auch ‚Rückschrittsverbot' oder ‚Nichtrückschrittsverpflichtung' des Handels- und Kooperationsabkommens, abgedruckt im: Amtsblatt der Europäischen Union L 149: Informationsnummer 2021/L 149/10 Abkommen über Handel und Zusammenarbeit zwischen der Europäischen Union und der Europäischen Atomgemeinschaft einerseits und dem Vereinigten Königreich Großbritannien und Nordirland andererseits, siehe bei Kapitel 2 § 3 B.

Zugehörigkeit Englands zu der EU wird es kein weitgehend einheitliches, weiterhin richtliniengeprägtes Antidiskriminierungsschutzprogramm (mehr) geben,[252] dem sowohl die englische als auch die Gemeinschaftsrechtsordnungen verschrieben sind.[253]

252 Vorbehaltlich von Rechtsvereinheitlichungsbemühungen, die nicht konkret abzusehen sind in diesem Bereich.

253 Hierin liegt ein ganz entscheidender Unterschied zu der noch angestellten Überlegung von *Lüttringhaus*, Grenzüberschreitender Diskriminierungsschutz, S. 280, der freilich mangels Kenntnis der zukünftigen Geschehnisse nicht explizit auf das Herausfallen der englischen Rechtsordnung aus dem Gemeinschaftskontext blicken konnte, sondern sich vielmehr auf die Unionsmitgliedstaaten als Ganze bezog.

Kapitel 2: Die nationalen (Antidiskriminierungs-)Sachrechte

Vor dem Hintergrund der vorstehenden Darstellung der in der Vergangenheit erfolgten unionsrechtlichen Prägung des Antidiskriminierungsrechts in den Mitgliedstaaten, sollen im Rahmen diesen Kapitels die konkreten nationalen Antidiskriminierungssachrechte der englischen (hierzu ***§ 1***) und deutschen (hierzu ***§ 2***) Rechtsordnung dargestellt werden.

§ 1 Englisches Sachrecht

Den Beginn macht das englische Sachrecht. Es soll nunmehr zunächst das Zusammenwirken von europäischer Integration und englischem Diskriminierungsschutz (sogleich bei ***A.***) und anschließend das englische Antidiskriminierungsrecht als einzelnem, von der Unionseinkleidung *noch* (siehe hierzu sogleich bei ***B.***) und *zukünftig nicht mehr* (siehe hierzu sogleich bei ***C.***) betroffenem Sachrecht, in den Blick genommen werden.

A. Europäische Integration und englischer Diskriminierungsschutz

Welche Bedeutung und Veränderungsdynamik ist der europäischen Integration für das englische Antidiskriminierungsrecht zugekommen? Dies nachzuvollziehen erscheint notwendig, um ein zukünftiges – nach dem Herausfallen der englischen Rechtsordnung aus dem Regelungsgefüge der Union – Verständnis für das nationale Sachrecht leisten zu können. Dabei wird auch darauf einzugehen sein, dass die das Brexit-Votum ummantelnde Atmosphäre wenig inklusiv und in Teilen sogar diskriminierungsfreundlich geprägt gewesen ist.[254]

Bis noch unmittelbar nach dem Zweiten Weltkrieg[255] galt es in der englischen Rechtsordnung als allgemeines Rechtsparadigma, innerhalb von Privatrechtsverhältnissen zu einem diskriminierungsfreien Verhalten grundsätzlich

---

254 Vgl. nur *Ahmed*, European Law Review 2019, 515 (523) „einwanderungsfeindliche Atmosphäre rund um das Brexit-Votum".

255 Umfassende (und hier nicht im Einzelnen zu rezipierende) Darstellung des „Aufstieg[es] und Fall[es] des Nichtdiskriminierungsrechts im 19. Jahrhundert" S. 149 ff. und der anschließenden „Renaissance der Diskriminierungsverbote" ab S. 190ff. für das US-amerikanische Recht bei *Grünberger*, Personale Gleichheit.

nicht verpflichtet zu sein. Selbstverständlich wurde das ‚*right to exclude*' als elementarer Bestandteil der geltenden Vertragsfreiheit aufgefasst.[256] Dennoch erkannten die englischen Gerichte bereits damals einen (Ausnahme-)Rechtsgrundsatz an, wonach in bestimmten Lebensbereichen eine Verpflichtung zum Vertragsabschluss bestehen konnte, und zwar unterschiedslos mit welchem Vertragswilligen. Als prominentestes Beispiel lässt sich das Hotel- und Beherbergungsgewerbe anführen.[257] Bei einem Angebot an die breite Öffentlichkeit sollten nach dem Verdikt der Gerichte einzelne Mitglieder der Gesellschaft nicht ohne Weiteres ausgeschlossen werden dürfen.[258] Weit verbreitet praktizierten englische Hotels und Beherbergungsbetriebe unter dem Eindruck von *Rassen*vorurteilen zu dieser Zeit eine ungleiche Behandlung von Menschen mit nicht-weißer Hautfarbe (‚*the colour bar*'). Zwar existierte (noch) kein allgemeines Gesetz, welches Diskriminierungsverbote wegen der *Rasse* aufstellte. Allerdings fand sich innerhalb der Gerichtsbarkeit der bereits angesprochene Rechtsgrundsatz zur unterschiedslosen Zugangsberechtigung bei Angeboten, die sich an die Allgemeinheit richteten. Als 1943 einem schwarzen Profi-Cricketspieler mit dessen Familie deren gebuchter Aufenthalt in einem Hotel in London aufgrund ihrer Hautfarbe verwehrt wurde, stellten englische Gerichte hier ausdrücklich eine Rechtsverletzung durch dieses Verhalten fest.[259] Obwohl solche Fälle auch weiterhin auftraten, wurde erst der ‚Race Relations Act 1965'[260] zur Premiere der Diskriminierungsschutz*gesetzgebung*.[261] Neben

---

256 Ausführlich *Lauber*, Paritätische Vertragsfreiheit durch reflexiven Diskriminierungsschutz, S. 160 m. w. N.

257 *Lauber*, Paritätische Vertragsfreiheit durch reflexiven Diskriminierungsschutz, S. 161 zählt des Weiteren das Transport- und Hafengewerbe, Hufschmiede, Chirurgen und Schneider als von diesem Rechtsgrundsatz „betroffen" auf.

258 Zum Ganzen *Lauber*, Paritätische Vertragsfreiheit durch reflexiven Diskriminierungsschutz, S. 160f. hierzu ebenfalls mit m. w. N.

259 Die Entscheidung im Einzelnen: Court of Appeal, Constantine v. Imperial Hotels Ltd [1944] K.B. 693.

260 Race Relations Act 1965 (1965 c. 73): An Act to prohibit discrimination on racial grounds in places of public resort; to prevent the enforcement or imposition on racial grounds of restrictions on the transfer of tenancies; to penalise incitement to racial hatred; and to amend section 5 of the Public Order Act 1936.

261 Zum Race Relations Act von 1965 *Grünberger*, Personale Gleichheit, S. 270: „Diskriminierungen waren zunächst vor den Race Relations Board zu bringen, bevor zivilrechtliche Schritte dagegen unternommen werden konnten, die bis hin zu einer injunction des diskriminierenden Verhaltens – und damit zum Kontrahierungszwang – reichten."; In diesem Zusammenhang ist ausdrücklich auf die besondere Bedeutung

den in Einzelfällen judizierten Schadenskompensationen reicht die *allgemeine Gesetzgebung* auf dem Gebiet der Antidiskriminierung *im Privatrecht*[262] damit bis in die 1960er Jahre zurück.[263] Während der Diskriminierungsschutz in Kontinentaleuropa eng mit den Benachteiligungsschutzkonzepten der Union und deren historischer Entwicklung verwoben ist (hierzu sogleich), hat die englische Rechtsordnung in diesem Bezug damit einen länger zurückreichenden eigenen Ursprung.[264] Zumindest die primäre Quelle für den privatrechtlichen Diskriminierungsschutz in England liegt damit nicht in der europäischen Integration.[265] Die Tatsache, dass bereits vor EWG- und EU-Beitritt Antidiskriminierungsgesetze erlassen wurden, lässt sich auf zwei wesentliche Faktoren zurückführen. Zum einen auf Bemühungen der Labour-Partei bzw. -Regierung mit entsprechenden Kampagnen auf die weit verbreiteten,

---

einer tatsächlichen Gesetzgebung in der englischen Rechtsordnung hinzuweisen. Während das Instrument ‚Gesetze' in Kontinentaleuropa die zentrale Rolle in der Rechtssetzung übernahm, fand Rechtssetzung auf der Insel durch die Gerichte statt. Die Entwicklung des Antidiskriminierungsrechts findet damit bereits gleichwertig in den Gerichtsentscheidungen seinen Anfang. Erst mit der Integration in EWG bzw. EU und dem zur Umsetzung unionaler Rechtsakte notwendig werdenden Erlass von Gesetzen, haben statutes überhaupt die Rolle erlangt, welche ihnen fortan in der englischen Rechtsordnung zukam. Davor dienten diese nur in Einzelfällen dazu Ungerechtigkeiten ausgleichen, wo die Gerichte an ihre Grenzen kamen, vgl. dazu in Teilen auch *Lauber*, Paritätische Vertragsfreiheit durch reflexiven Diskriminierungsschutz, S. 161.

262 In der englischen Rechtsordnung gibt es keine relevante rechtliche Unterscheidung zwischen dem öffentlich- und dem privatrechtlichen Bereich, so dass die antidiskriminierungsrechtlichen Vorschriften jeweils für beide gelten, vgl. *Vickers*, Country report Non-discrimination United Kingdom 2021, S. 28. Aus Gründen einer besseren Vergleichbarkeit wird hier trotzdem weiterhin explizit vom „privatrechtlichen" Diskriminierungsschutz gesprochen.

263 *Hepple*, Equality: The New Legal Framework, S. 35ff. teilt die Gesetzgebung Großbritanniens auf dem Gebiet des Antidiskriminierungsrechts ab diesem Zeitpunkt in fünf Generationen ein; *Vickers*, Country report Non-discrimination United Kingdom 2021, S. 6.

264 *Lüttringhaus*, Grenzüberschreitender Diskriminierungsschutz, S. 20; *Schiek/Fanning*, Equality Law After 'Brexit' – Perverse or Reverse 'Repatriation'?, S. 1.

265 *McColgan*, COUNSEL August 2017: Während einige Gesetzesinitiativen in der Zeit ab den beginnenden 70er Jahren von dem bevorstehenden Beitritt zur EWG geprägt waren, gab es jedoch auch weiterhin noch Bestrebungen, welche losgelöst von (Umsetzungszwängen) der Unionseinkleidung verfolgt wurden. Insofern lässt sich als Beispiel auf den Sex Discrimination Act von 1975 verweisen.

offenen Diskriminierungen gegenüber Neueinwanderern aus den ehemaligen britischen Kolonialstaaten zu reagieren bzw. diese gesellschaftlich zu handhaben.[266] Und zum anderen auf den ‚hinüber schwappenden' Eindruck einer solchen Gesetzgebung in Nordamerika, die sich dort als Resultat von Massenprotesten gegen die in den 1960er Jahren verfolgte *Rassen*trennung zeigte.[267] Zeitgleich darf jedoch nicht verkannt werden, dass die frühen Gesetzesbestrebungen auf der Insel zwar von den Erfolgen der Bürgerrechtsbewegungen in Nordamerika inspiriert wurden, der politischen Realität nach diese jedoch im britischen Kontext insbesondere (auch) der Integrationspolitik dienen sollten.[268] Vor diesem Hintergrund fügt es sich auch ein, zu erwähnen, dass die einsetzende Legislatur zunächst nur als gesetzgeberische Antwort auf die spezifischen sozialen Probleme durch Diskriminierungen wegen ‚*Race*' (und später ‚*Sex*') erfolgte und gerade nicht bereits gesetzlicher Ausdruck eines allgemeinen Rechtsgrundsatzes der Antidiskriminierung war.[269]

---

266 *Hepple*, Equality: The New Legal Framework, S. 35; *O'Cinneide/Liu*, International Journal of Discrimination and the Law 2015, 80 (82).

267 *Hepple*, Equality: The New Legal Framework, S. 36 zeichnet insofern den Druck eines von der Regierung bei Professor Harry Street, Sir Geoffrey Howe QC und Geoffrey Bindman in Auftrag gegebenen Berichtes nach (Street Report [1967]), der die Antidiskriminierungsgesetzgebung in den USA und Kanada zum Gegenstand hatte und in seinen Folgewirkungen maßgeblich die Übernahme der dortigen Schutzmodelle in das britische Recht prägte; zu der Historie in den USA ausführlich *Mangold*, Demokratische Inklusion durch Recht § 3 ab S. 98; vgl. ebenfalls zum Einfluss der Bürgerrechtsgesetzgebung in den Vereinigten Staaten *O'Cinneide/Liu*, International Journal of Discrimination and the Law 2015, 80 (82); zusammenfassend *Schiek/Fanning*, Equality Law After 'Brexit' – Perverse or Reverse 'Repatriation'?, S. 2.

268 *Hepple*, Equality: The New Legal Framework, S. 36 verweist weitergehend darauf, dass als Gegenstück dieser Politik der Commonwealth Immigrants Act von 1968 zu sehen sei, welcher aus Ostafrika geflohenen britischen Personen asiatischer Herkunft de facto das Recht auf die Staatsbürgerschaft verweigerte.

269 So zutreffend *O'Cinneide/Liu*, International Journal of Discrimination and the Law 2015, 80 (82f.), die darauf hinweisen, dass die nachfolgenden Regierungen es sogar explizit ablehnten neue Antidiskriminierungsgesetze zum Schutz zusätzlicher Diskriminierungsgründe wie Alter und sexueller Ausrichtung zu erlassen, mit der Begründung, dass andere politische Instrumente (wie freiwillige Verhaltenskodizes) dem „stumpfen Instrument" der Gesetzgebung vorzuziehen seien. Dahinter stehend identifizieren sie den damaligen, pragmatischen Wunsch, die regulatorischen Belastungen zu begrenzen und die potenziell störenden Auswirkungen der Antidiskriminierung auf bestehende soziale Praktiken zu minimieren.

Zumindest der die gesellschaftlichen Zustände bzw. Protestbewegungen zum Anlass nehmende zivilrechtliche Diskriminierungsschutz in England[270] steht im eindeutigen Gegensatz zu der ursprünglichen Herkunft der Antidiskriminierungsagenda der EU. Auf die Entwicklung der unionalen ‚Idee' der Antidiskriminierung in Privatrechtsverhältnissen mitsamt deren Ausgangsprämissen ist bereits ausführlich bei ***Kapitel 1 § 3 A. I.*** eingegangen worden. Wie dort ausgeführt, zielte die Benachteiligungsschutzagenda der Union zunächst nur auf die Verwirklichung des Binnenmarkts ab. Der Integration in den forcierten ‚gemeinsamen Markt' sollten Benachteiligungsschutzmechanismen für den Beschäftigungsbereich unter dem Gesichtspunkt ‚Geschlecht' dienen. Die zunächst noch gesellschaftspolitisch anmutende Agenda war damit im Kern eine *wirtschaftliche.*[271] Zudem richteten sich die Normierungen originär an die Mitgliedstaaten und betrafen ihrer Grundidee nach keine Privatrechtsverhältnisse. Erst mit zunehmender Zeit setzte sich eine *soziale* Idee davon durch, dass eine Gleichbehandlung in der Arbeitswelt denknotwendig eine Gleichstellung auch in anderen Lebensbereichen erforderte.[272] Damit standen die benachteiligungsrechtlich relevanten Regelungen zwar weiterhin im Interesse der Marktintegration. Allerdings verschob sich der Fokus zugunsten der Idee einer Wertegemeinschaft. In diesem Zusammenhang ist auch die Konstituierung eines individuellen Diskriminierungsschutzrechts für die Entgeltgleichheit unter privaten Vertragsparteien durch den EuGH zu sehen.[273] Flankiert wurde diese Entwicklung von den ab den 1980er Jahren parallel einsetzenden Frauen- und Behindertenrechtsbewegungen, welche Antidiskriminierungspolitik zusätzlich in den Fokus Kontinentaleuropas und der EU rückten.[274]

Die Bemühungen zur Diskriminierungsbekämpfung auf Unionsebene erreichten mit dem durch den Vertrag von Amsterdam ab dem 01. Mai 1999 in den EG-Vertrag eingeführten Art. 6a bzw. später Art. 13 EG-Vertrag, welcher sich heutzutage in Art. 19 AEUV findet, eine neue Stufe. Der Europäische Rat erhielt mit Art. 13 EG-Vertrag eine Ermächtigung zum Erlass von Rechtsakten zur Bekämpfung von Diskriminierungen aufgrund der Merkmale Geschlecht, *Rasse,*

---

270 *Schiek/Fanning*, Equality Law After 'Brexit' – Perverse or Reverse 'Repatriation'?, S. 3.

271 Hierzu bereits ausführlich bei ***Kapitel 1 § 3 A. I.*** m. w. N.

272 *Slowe*, BREXIT FAQ: Non-Discrimination Law in the UK under the EU Charter, S. 3.

273 Vgl. nur *Basedow*, Bitburger Gespräche (2008), 85 (100).

274 *Hepple*, Equality: The New Legal Framework, S. 36 begreift die feministischen und die Behindertenrechtsbewegungen für das englische Antidiskriminierungsrecht als die „dritte Generation"; Mit Blick auf die Union *Schiek/Fanning*, Equality Law After 'Brexit' – Perverse or Reverse 'Repatriation'?, S. 4.

ethnische Herkunft, Religion oder Weltanschauung, Behinderung, Alter oder sexuelle Ausrichtung übertragen.[275] Mit der Normierung des Art. 13 EG-Vertrag sollte die bereits angesprochene, sich als Grundidee *neben* der Marktintegration verfestigende Agenda der Union als soziale Wertegemeinschaft weiter verfolgt werden. Dabei wäre es allerdings durchaus denkbar gewesen, dass Art. 13 EG-Vertrag auch als leeres Versprechen in der Bedeutungslosigkeit hätte versinken können. Das Wahlgeschehen in Österreich im Jahr 2000, wo die Freiheitliche Partei Österreichs *(FPÖ)* als rechtspopulistische Partei an die Macht gelangte, wussten dies jedoch zu verhindern. Die Machtverschiebung in Österreich zu dieser Zeit zum Anlass nehmend, zeigten sich die EU-Staaten bemüht, ihre weltoffene, antirassistische Agenda geschlossen nach außen zu tragen und forcierten dementsprechend eine Umsetzung von Art. 13 EG-Vertrag.[276] Der damalige Art. 13 EG-Vertrag stellt damit den Ausgangspunkt für die sodann erlassenen Antidiskriminierungsrichtlinien dar.[277] Ambitionen in diesem Bereich sahen sich jedoch zunächst mit dem übergeordneten Staatsziel kontinentaler Wohlfahrtsstaaten in Konflikt, das nach einer sozialen Klassengleichheit strebte. Die mit der Idee der Implementierung eines Antidiskriminierungsprogramms einhergehende *Anerkennung von Unterschieden zwischen Individuen* – aufgrund von Diskriminierungsmerkmalen – widersprach dieser Idealvorstellung.[278] Hierin ist auch ein Grund dafür zu sehen, weshalb das unionale Antidiskriminierungsrecht in seiner einsetzenden Entstehung zwar teilweise Anlehnung an der britischen bzw. nordamerikanischen Gesetzgebung nahm.[279] Der Widerstreit zwischen dem staatspolitischen Ziel sozialer Gleichheit und der rechtlichen Würdigung

275 Vgl. den Wortlaut des heutigen Art. 19 Abs. 1 AEUV: „Unbeschadet der sonstigen Bestimmungen der Verträge kann der Rat im Rahmen der durch die Verträge auf die Union übertragenen Zuständigkeiten gemäß einem besonderen Gesetzgebungsverfahren und nach Zustimmung des Europäischen Parlaments einstimmig geeignete Vorkehrungen treffen, um Diskriminierungen aus Gründen des Geschlechts, der Rasse, der ethnischen Herkunft, der Religion oder der Weltanschauung, einer Behinderung, des Alters oder der sexuellen Ausrichtung zu bekämpfen."

276 Zum Ganzen *Hepple*, Equality: The New Legal Framework, S. 37.

277 Für diese Antidiskriminierungsrichtlinien bildeten wiederum der Equal Pay Act 1970, der Sex Discrimination Act 1975 und der Race Relation Act 1976 teilweise die Vorlage, vgl. *O'Cinneide/Liu*, International Journal of Discrimination and the Law 2015, 80 (82).

278 *Schiek/Fanning*, Equality Law After 'Brexit' – Perverse or Reverse 'Repatriation'?, S. 5.

279 *Grünberger*, Personale Gleichheit, S. 220; *Malik*, in: *Rudolf/Mahlmann (Hrsg.)*, Gleichbehandlungsrecht, S. 135: „British anti-discrimination law was imported from the United States. It has now been exported to Europe through its influence on the directives that regulate discrimination in the European Union.".

diskriminierenden Verhaltens aufgrund individueller Merkmale führte jedoch – im Interesse der Bewahrung kontinentaleuropäischer Rechtstraditionen – zu einer Herausbildung spezifisch unionaler Benachteiligungsschutzelemente.[280] Eben jene kontinentaleuropäisch geprägten, spezifischen Aspekte des unionalen Antidiskriminierungsprogramms, die aufgrund der diesbezüglich geschaffenen Ermächtigungsgrundlagen[281] ergehen konnten, fanden über die Umsetzungspflicht[282] sodann Eingang in das englische Sachrecht.

Bei der Frage, welche Bedeutung und Veränderungsdynamik der europäischen Integration für das englische Antidiskriminierungsrecht zugekommen ist, muss für die Zeit vor der Jahrtausendwende ausdrücklich von einer wechselseitigen Beeinflussung zwischen dem englischen Sachrecht und dem später auch von der EU forcierten Benachteiligungsschutz in Privatrechtsverhältnissen gesprochen werden.[283] Insbesondere Vorabentscheidungsgesuche der Gerichte aus dem Vereinigten Königreich (mit ihrem vergleichsweise frühen nationalen Antidiskriminierungsrecht) hatten dem EuGH schon seit den 1970er Jahren Inspiration geliefert und die Gelegenheit gegeben, sich damit auseinanderzusetzen, welchen Aspekten auch für die unionale Agenda der Nichtdiskriminierung in Privatrechtsverhältnissen eine Schlüsselrolle zukommen sollte.[284] Mit zunehmender Zeit emanzipierte sich das EU-Antidiskriminierungsprogramm allerdings von seinen äußeren Einflüssen,[285] weshalb in der Konsequenz vermehrt auch originär englisches Recht aufgrund von Unionsrechtsakten oder EuGH-Entscheidungen

---

280 Hierzu umfassend *Schiek/Fanning*, Equality Law After 'Brexit' – Perverse or Reverse 'Repatriation'?, S. 5.

281 Heute in Art. 19 und 157 AEUV.

282 Heute aus Art. 288 Abs. 3 AEUV.

283 *Schiek/Fanning*, Equality Law After 'Brexit' – Perverse or Reverse 'Repatriation'?, S. 1, 7, die darauf hinweisen, dass sich der Brexit aufgrund der wechselseitigen Beeinflussung potenziell sowohl auf das englische als auch auf das EU-Antidiskriminierungsrecht auswirkt.

284 *O'Cinneide/Liu*, International Journal of Discrimination and the Law 2015, 80 (82); *Schiek/Fanning*, Equality Law After 'Brexit' – Perverse or Reverse 'Repatriation'?, S. 15; *Suk*, Fordham International Law Journal 2017, 1535 (1536).

285 *Schiek/Fanning*, Equality Law After 'Brexit' – Perverse or Reverse 'Repatriation'?, S. 14 weisen allerdings berechtigterweise darauf hin, dass noch während des sich an den Brexit anschließenden Übergangszeitraums Fälle des Antidiskriminierungsrechts durch britische Gerichte an den EuGH vorgelegt worden sind, die es ermöglichten, wichtige Leitlinien betreffend die einzelnen Fälle für die Unionsebene herauszuarbeiten. Mit dem Ende des Übergangszeitraums ist diese Vorlage- und damit Weiterentwicklungsmöglichkeit für das EU-Antidiskriminierungsrecht weggefallen.

weichen bzw. geändert werden musste. Bestimmte Diskriminierungsaspekte gelangten nur durch die Unionsmitgliedschaft überhaupt auf das nationale Regelungsprogramm.[286] Erst aus dem Dialog und Widerstreit der Mitgliedstaaten[287] ergaben sich – auch vor dem Hintergrund unterschiedlicher Lebensrealitäten innerhalb der EU – teilweise gänzlich neue Ansatzpunkte für einen *notwendigen* Diskriminierungsschutz.[288] Dabei hat die Union für das von ihr in Privatrechtsverhältnissen verfolgte Antidiskriminierungsprogramm denjenigen Ansatz gewählt, einen zu schützenden Merkmalskatalog aufzustellen und sich damit auf spezifische Diskriminierungsaspekte zu beschränken.[289] Dadurch ist in den vergangenen Jahrzehnten eine Mindestharmonisierung auf Ebene der EU-Mitgliedstaaten im Bereich des privatrechtlichen Diskriminierungsschutzes erreicht worden.[290] Darüber hinaus stand und steht es den Mitgliedstaaten frei, einen überobligatorischen Schutz durch die Aufnahme weiterer Merkmale oder die Ausdehnung des Anwendungsbereiches der bereits notwendig erfassten Merkmale zu schaffen. Zahlreiche Rechtsordnungen haben diese Möglichkeit wahrgenommen und ihren Schutzkatalog erweitert oder – was besonders hervorzuheben ist – die Gelegenheit zur Beibehaltung eigener Schutzideen genutzt.[291] Großbritannien hat ebenso wie Deutschland Regelungen aus dem EU-richtlinienbasierten Antidiskriminierungsrecht auf Bereiche erweitert, für die ein Benachteiligungsschutz nicht (zwingend) vorgeschrieben ist. Beispielsweise erfährt die sexuelle Orientierung nach dem Equality Act 2010 in der englischen Rechtsordnung als Diskriminierungsmerkmal auch im allgemeinen Zivilrechtsverkehr Schutz, vgl. Art. 29 Equality Act 2010.[292]

---

286 *McColgan*, COUNSEL August 2017.

287 Zur fortwährenden Bedeutung der Vorabentscheidungsersuche *Suk*, Fordham International Law Journal 2017, 1535 (1540).

288 Als Beispiel sei nur die spezifisch nordirische Unterdrückung der Katholiken benannt.

289 *Hepple*, Equality: The New Legal Framework, S. 48.

290 Das *Chopin/Germaine*, A comparative analysis of non-discrimination law in Europe 2020, S. 127 stellt zutreffend heraus, dass in den letzten Jahren die meisten der verbliebenen Mängel bzw. Lücken der nationalen Umsetzungen – entweder durch Einwirken der Europäischen Kommission über Vertragsverletzungsverfahren oder alternativ durch den Druck zivilgesellschaftlicher Organisationen – geschlossen wurden.

291 *Lehmann*, in: *Schulze (Hrsg.)*, New Features in Contract Law, S. 71 verweist in diesem Zusammenhang auf die (u. a.) in der englischen Rechtsordnung schon lange währende Besonderheit des besonderen Schutzes vor Geschlechterdiskriminierungen im Immobiliengeschäft (Verkauf, Vermietung etc.).

292 Zum Ganzen siehe nur *Hoffmann/Bierlein*, ZEuP 2020, S. 47 (49).

B. Status quo des englischen Antidiskriminierungsregimes

Im Equality Act 2010 zeigt sich besonders anschaulich die Veränderungsdynamik, die der europäischen Integration für das englische Antidiskriminierungsrecht zugekommen ist.[293] Während sich zuvor privatrechtliche Diskriminierungsverbote aufgesplittet in verschiedensten statutes fanden,[294] und jeweils unterschiedliche Bereiche betrafen, wurde mit dem Equality Act 2010 eine einheitliche Zusammenfassung derselben erreicht.[295] Davor herrschte ein zersplittertes Regelungsfeld, das einen einheitlichen Ansatz nicht erkennen ließ. Die einzelnen Regelungen standen für sich und fügten sich in kein Gesamtbild ein. Als Resultat von Kampagnenarbeit, die sich jeweils nur auf einzelne Diskriminierungsmerkmale konzentriert hatte,[296] waren über die Jahrzehnte zwar politische Siege eingefahren worden, diese schlugen sich jedoch in einer lückenhaften und zersplitterten Rechtslandschaft nieder. Partielle Regelungserfolge hatten sich oftmals nur als spezifische Reaktionen auf die geleistete Kampagnenarbeit ergeben. Eine innere Logik bestand aus diesem Grund innerhalb der Antidiskriminierungsgesetzgebung nicht.[297] Dies zeigt sich besonders anschaulich daran, dass *Lüttringhaus* in seinem zum 01. Januar 2010 erschienenen Werk noch davon sprach, dass „das englische Common Law [...] kein umfassendes, mit bestimmten Rechtsbehelfen durchsetzbares Diskriminierungsverbot [kennt]".[298] Dem konnte mit dem Equality Act 2010 zumindest insofern begegnet werden, als sich nunmehr das bestehende Diskriminierungsrecht zusammengefasst innerhalb *eines* Regelungswerks

293 *Hepple*, Equality: The New Legal Framework, S. 35 sieht im Equality Act 2010 den Kern der fünften von fünf Generation des Antidiskriminierungsrechts in Großbritannien.

294 Einiger der wichtigsten statutes in diesem Bezug finden sich aufgezählt bei *Lauber*, Paritätische Vertragsfreiheit durch reflexiven Diskriminierungsschutz, S. 162. Beispielhaft können hier der Sex Discriminiation Act 1975 und der Race Relations Act 1976 benannt werden.

295 *Hoffmann/Bierlein*, ZEuP 2020, S. 47 (49 bei Fn.4) sprechen zutreffend von einer erreichten Zusammenführung der verschiedenen gesetzlichen Regelungen.

296 Z. B. in den 1960er Jahren auf die Diskriminierung wegen ‚*Race*', in den 1970er Jahren auf die Diskriminierung wegen ‚*Sex*', in den 1970er und 1980er Jahren auf Diskriminierung wegen ‚*Disability*'.

297 Vgl. *Hepple*, Equality: The New Legal Framework, S. 129.

298 *Lüttringhaus*, Grenzüberschreitender Diskriminierungsschutz, S. 21f., der als letzte wesentliche Erweiterung des Diskriminierungsschutzes nur noch den Equality Act 2006 in seine Ausführungen einbeziehen konnte.

findet.[299] Neben der Zersplitterung des Diskriminierungsrechts machten es jedoch auch andere Aspekte erforderlich, die Gesetzeslage zu reformieren: Das umzusetzende Harmonisierungslevel der Benachteiligungsschutzrichtlinien der Europäischen Union führte zu der Notwendigkeit von Neuerlassen und Überarbeitungen. Zwischen dem von der Union vorgeschriebenen Antidiskriminierungsrahmen und der Umsetzung desselben in innerstaatliche Gesetzesnormen hatten sich vor dem Equality Act 2010 Schutzlücken ergeben, welche es zu schließen galt.[300]

Damit ergibt sich ein Bild des englischen Antidiskriminierungsprogramms, das in seiner Entstehung von zwei Seiten konstituiert worden ist: Zum einen ‚von unten' als Erfolge der von der Zivilgesellschaft geprägten Kampagnenarbeit und zum anderen aufgrund der unionalen Umsetzungsverpflichtungen ‚von oben'. Der Ursprung des heutigen zivilrechtlichen Antidiskriminierungsregimes der englischen Rechtsordnung, betrachtet man es als (vorübergehendes) Endprodukt, ist damit nicht auf einen *zentralen Grundsatz* der Nichtdiskriminierung zurückzuführen, sondern Kompromissprodukt wechselseitiger Einwirkungen.[301] Der heutige Geltungsbereich des Gleichstellungsgesetzes im Einzelnen findet sich ausführlich dargestellt bei *Vickers*.[302] Für den hier interessierenden Rahmen sei lediglich darauf hingewiesen, dass – *summa summarum* – die Bestimmungen des Equality Act 2010 den Antidiskriminierungsrichtlinien der Union dort entsprechen, wo sie nicht sogar über sie hinausgehen.[303]

---

299 Vgl. *Chopin/Germaine*, A comparative analysis of non-discrimination law in Europe 2020, S. 11.

300 Siehe *Hepple*, Equality: The New Legal Framework, S. 33.

301 *Fredman u. a.*, The Impact of Brexit on Equality Law, S. 3; ebenso *O'Cinneide/Liu*, International Journal of Discrimination and the Law 2015, 80 (85); *Hepple*, Equality: The New Legal Framework, S. 33 verweist darauf, dass auch wiederum der Equality Act 2010 (und nicht lediglich dessen Inhalt) Ergebnis von Kampagnenarbeit sei: „Das Gesetz ist das Ergebnis von mehr als 13 Jahren Kampagnenarbeit von Gleichstellungsexperten und Menschenrechtsorganisationen." [aus dem Englischen übersetzt].

302 Als „grounds covered" werden aufgezählt: sex (incl. gender reassignment, married/civilly partnered status/pregnancy), colour, nationality (including citizenship), ethnic origins, national origins, disability, sexual orientation, religion or belief, age. Für den material scope werden zudem die Bereiche: employment (broadly defined to include occupation, vocational training etc.), education, housing (except for age), provision of goods, facilities and services, membership organisations und functions of public authorities von *Vickers*, Country report Non-discrimination United Kingdom 2021, S. 6ff. benannt.

303 Vgl. tiefergreifend *Bell*, in: *Schulze (Hrsg.)*, Non-Discrimination in European Private Law, S. 209ff., der ein „overall picture" des Equality Act 2010 unmittelbar im An-

C. Was bleibt?

Entspricht der Schutz vor zivilrechtlichen Diskriminierungen in der englischen Rechtsordnung zum jetzigen Zeitpunkt zwar dem Mindestharmonisierungsmaß des unionalen Antidiskriminierungsprogramms, stellt sich vor dem Hintergrund des Brexits die Frage nach möglichen, zukünftigen Entwicklungen auf nationaler Ebene, deren Bestandsaufnahme sich schon heute anbietet (hierzu sogleich bei ***I.***). Des Weiteren sollen auch Überlegungen zu einer zukünftig verbleibenden unionsrechtlichen Prägung des englischen Antidiskriminierungsrechts angestellt werden (siehe hierzu bei ***II.***).

I. Austritt des Vereinigten Königreichs aus der Europäischen Union

Wintemute hat fragend formuliert, ob weniger Frauen und Angehörige von Minderheiten für den Austritt aus der EU gestimmt hätten, wenn sie die möglichen Folgen für das britische Antidiskriminierungsrecht gesehen hätten.[304] Begründet liegt diese Frage in der Erkenntnis, dass außerhalb des Rechtsrahmens und der Gerichtsbarkeit der Europäischen Union die Entwicklung des Antidiskriminierungsrechts zukünftig unberechenbarer wird.[305] Anders formuliert: Mit dem Verlassen der EU hat die englische Rechtsordnung auch den ‚gesetzten Statuts' des unionalen Benachteiligungsschutzrechts hinter sich gelassen. In die Pflicht (einerseits der Aufrechterhaltung und andererseits der zukünftigen Umsetzung) von Mindestharmonisierungen ist die nationale Rechtsordnung nicht mehr eingebunden.[306] Es erscheint allerdings nur schwer vorhersagbar, ob zukünftige Regierungen an dem bestehenden englischen Antidiskriminierungsprogramm negativen Anstoß nehmen werden. Zwar mutet es mehr als unwahrscheinlich an, dass das gesamte Antidiskriminierungsregime in Zweifel gezogen werden könnte. Festzuhalten bleibt jedoch: Der Brexit entzieht den nationalen Benachteiligungsschutzgesetzen ihre unional geprägte Grundlage.[307] Für das britische Parlament bestünden wegen

---

schluss an dessen Erlass nachzeichnet; *Vickers*, Country report Non-discrimination United Kingdom 2021, S. 6.

304 *Wintemute*, King's Law Journal 2016, 387 (387) [hier sinngemäß aus dem Englischen übersetzt].

305 Vgl. *Malleson*, Modern Law Review 2018, 598 (616); so sinngemäß auch *Wintemute*, King's Law Journal 2016, 387 (397).

306 *Schiek/Fanning*, Equality Law After 'Brexit' – Perverse or Reverse 'Repatriation'?, S. 8 verweisen auf die verbindlichen Auswirkungen des unionalen Diskriminierungsschutzrechts, deren rechtlicher Schutz nunmehr mit Blick auf die englische Rechtsordnung entfalle; außerdem *Wintemute*, King's Law Journal 2016, 387 (388).

307 Siehe *McColgan*, COUNSEL August 2017; auch *Vickers*, Country report Non-discrimination United Kingdom 2021, S. 71 verweist auf mögliche Probleme in der Drei-

der weggefallenen EU-Rechtsbindung (grundsätzlich) keine Hindernisse gegen Teile des Equality Act 2010 vorzugehen bzw. diese aufzuheben (‚*to repeal*‘).[308] Realistisch in Betracht zu ziehen ist beispielsweise ein Umschwenken des zivilrechtlichen Benachteiligungsschutzes von der gesetzgeberischen zu einer (eher) auf freiwilligen Verhaltenskodizes beruhenden Handhabung desselben.[309] Ansporn hierfür könnte die grundverschiedene Handhabungs- und Gesetzgebungsweise des Unionsapparates gegenüber der traditionellen Herangehensweise des englischen Common Law liefern. Während der Ansatz des EU-Rechtsapparates im Grundsatz von einer methodenstringenten und prinzipientreuen Ausrichtung geprägt ist, haben englische Gesetzgeber und Rechtsprechungsorgane seit jeher eher eine pragmatische Veranlagung. Durch den unionalen Einfluss auf das englische Antidiskriminierungsrecht hat sich dort ein Spannungsverhältnis zwischen diesen beiden Ansätzen ergeben: Prinzip und Pragmatismus. Aufgrund der Einbindung in die EU ist die englische Rechtsordnung in diesem Bezug dazu verpflichtet gewesen, einen prinzipielleren Ansatz mit umfassender Gesetzgebung zu verfolgen, als ihre pragmatischen Instinkte angezeigt hätten.[310] Daneben könnte ein (möglich gewordener) Abbau des Diskriminierungsschutzes auch durch populistische und einwanderungsfeindliche Stimmungen in der Gesellschaft, wie sie teilweise bereits im Zuge der Brexit-Kampagne sichtbar geworden sind, angetrieben werden.[311] Genauso als Möglichkeit in Betracht zu ziehen ist allerdings eine zukünftige Erweiterung des Antidiskriminierungsprogramms jenseits der europarechtlichen Wege. Hierfür kämen sowohl eine Erweiterung des Katalogs der geschützten Diskriminierungsmerkmale[312] als auch eine gänzliche Umgestaltung in Betracht. Einzig die Zeit wird zeigen können, wo der Weg hinführt.[313]

---

eckskonstellation Brexit, britischem Antidiskriminierungsrecht und der Prägung durch die EU-Richtlinien in diesem Bezug.

308 *Vickers*, Country report Non-discrimination United Kingdom 2021, S. 71.

309 Vgl. *Wintemute*, King's Law Journal 2016, 387 (388, 397).

310 Zum Ganzen zutreffend *O'Cinneide/Liu*, International Journal of Discrimination and the Law 2015, 80 (82).

311 *Schiek/Fanning*, Equality Law After ‘Brexit’ – Perverse or Reverse ‘Repatriation’?, S. 7, 16 sprechen von einer weitgehend fremdenfeindlichen und populistischen Brexit-Kampagne, die die konservative britischen Regierung geführt habe.

312 Beispiele für Diskriminierungsmerkmale, welche zukünftig zu bedenken sein könnten, finden sich aufgezählt bei *Hepple*, Equality: The New Legal Framework, S. 130: genetische Merkmale, Geburt, soziale Herkunft, politische Meinung etc.

313 Vgl. *Schiek/Fanning*, Equality Law After ‘Brexit’ – Perverse or Reverse ‘Repatriation’?, S. 16; nach *Slowe*, BREXIT FAQ: Non-Discrimination Law in the UK under the EU Charter, S. 4 bleibe abzuwarten, wie die englische Gerichtsbarkeit zukünftig die

II. *Verbleibende unionale Prägung des englischen (Antidiskriminierungs-) Rechts*

Die Europäische Union und die englische Rechtsordnung im engeren bzw. das Vereinigte Königreich im weiteren Sinne bilden heute wieder zwei getrennte Märkte.[314] Diejenigen Bereiche, welche in der Vergangenheit vereinheitlicht worden sind, wirken zwar zunächst fort. Wie bereits ausgeführt, bestehen für das britische Parlament wegen der weggefallenen EU-Rechtsbindung allerdings keine Hindernisse, gegen den Equality Act 2010 vorzugehen.[315] Hinzu kommt, dass im Vereinigten Königreich der Schutz des Rechts auf Gleichbehandlung keiner verfassungsmäßigen Garantie untersteht. Das Parlament ist somit nicht in seinem Handlungsspielraum zur Veränderung, Reduzierung oder Abschaffung gleichbehandlungsrechtlicher Belange beschränkt.[316] Die rechtliche Freiheit zur Änderung oder (teilweisen) Aufhebung ist daher gegeben; sowohl Rechte als auch Rechtsbehelfe könnten zukünftig abgeschafft werden.[317] Jedenfalls ergibt sich dieser Rechtszustand, sofern die ‚Nicht-Rückschrittsklausel' aus dem ‚Abkommen über Handel und Zusammenarbeit zwischen der Europäischen Union und der Europäischen Atomgemeinschaft einerseits und dem Vereinigten Königreich Großbritannien und Nordirland andererseits'[318] (Handels- und Kooperationsabkommen) außer Betracht gelassen wird.[319] Ausdrücklich greift das Handels- und Kooperationsabkommen den Antidiskriminierungsschutz an keiner Stelle auf.[320]

Nichtdiskriminierungsgesetzte auslegen und frühere Präzedenzfälle anwenden werde, die unter Bezugnahme auf die Anforderungen des Unionsrechts entschieden worden sind.

314 *Eberhardt*, RIW 2021, 292 (292).

315 *Vickers*, Country report Non-discrimination United Kingdom 2021, S. 71.

316 Statt aller *Fredman u. a.*, The Impact of Brexit on Equality Law, S. 3 mit dem Hinweis darauf, dass vor dem Brexit dem EU-Recht eine ähnliche Funktion wie einer verfassungsmäßigen Garantie zugekommen sei.

317 Ausführlich hierzu *Slowe*, BREXIT FAQ: Non-Discrimination Law in the UK under the EU Charter, S. 4.

318 Abgedruckt in: Amtsblatt der Europäischen Union L 149: Informationsnummer 2021/L 149/10 Abkommen über Handel und Zusammenarbeit zwischen der Europäischen Union und der Europäischen Atomgemeinschaft einerseits und dem Vereinigten Königreich Großbritannien und Nordirland andererseits.

319 Zu der ‚Nicht-Rückschrittsklausel' ebenfalls *Vickers*, Country report Non-discrimination United Kingdom 2021, S. 71.

320 Im Vorfeld des Abkommens war (zumindest) im juristischen Diskurs darüber diskutiert worden, wie der Diskriminierungsschutz bzw. das Gleichstellungsrecht in ein Freihandelsabkommen hätte eingebettet werden können, vgl. *Fredman u. a.*, The Im-

Die angesprochene ‚Nicht-Rückschrittsklausel' findet sich unter dem ‚Titel XI – Gleiche Wettbewerbsbedingungen für einen offenen und fairen Wettbewerb und eine nachhaltige Entwicklung' im ‚Kapitel 6 – Arbeits- und sozialrechtliche Normen':[321]

Art. 387 Rückschrittsverbot beim Schutzniveau

(2) Eine Vertragspartei darf ihr Arbeits- und Sozialschutzniveau nicht in einer Weise, die sich auf den Handel oder die Investitionen zwischen den Vertragsparteien auswirkt, schwächen oder unter das am Ende des Übergangszeitraums geltende Niveau senken, auch nicht dadurch, dass sieihre Rechtsvorschriften und Standards nicht wirksam durchsetzt.

Zu dem damit angesprochenen „Arbeits- und Sozialschutzniveau“[322] könnten dem Wortlaut nach auch die allgemein-zivilrechtlichen Antidiskriminierungsregelungen zählen, die nicht herabgesenkt oder nur unwirksam durchgesetzt werden dürften. Allerdings gilt es zu beachten, dass Art. 386 des Handels- und Kooperationsabkommens eine Begriffsbestimmung vornimmt:[323]

Art. 386 Begriffsbestimmung

(1) Für die Zwecke dieses Kapitels bezeichnet der Ausdruck „Arbeits- und Sozialschutzniveau“ das Schutzniveau, das insgesamt in den Rechtsvorschriften und Normen einer Vertragspartei in jedem der folgenden Bereiche vorgesehen ist:

a) Grundlegende Rechte bei der Arbeit;
b) Gesundheit und Sicherheit bei der Arbeit;
c) faire Arbeitsbedingungen und Beschäftigungsstandards;
d) Informations- und Konsultationsrechte auf Unternehmensebene; oder
e) Umstrukturierung von Unternehmen

---

pact of Brexit on Equality Law, S. 14; zum Grundsätzlichen *Schiek/Fanning*, Equality Law After ‘Brexit’ – Perverse or Reverse ‘Repatriation’?, S. 12.

321 Amtsblatt der Europäischen Union L 149: Informationsnummer 2021/L 149/10 Abkommen über Handel und Zusammenarbeit zwischen der Europäischen Union und der Europäischen Atomgemeinschaft einerseits und dem Vereinigten Königreich Großbritannien und Nordirland andererseits, S. L 149/494ff.

322 Vgl. den Wortlaut der Norm.

323 Amtsblatt der Europäischen Union L 149: Informationsnummer 2021/L 149/10 Abkommen über Handel und Zusammenarbeit zwischen der Europäischen Union und der Europäischen Atomgemeinschaft einerseits und dem Vereinigten Königreich Großbritannien und Nordirland andererseits, S. L 149/493; vgl. *Ares u. a.*, The UK-EU Trade and Cooperation Agreement: Level Playing Field, S. 42: „There are several points that should be noted about this provision. […] The term ‚labour and social levels of protection' has a specific definition.“

Durch diese Begriffsbestimmung ergibt sich eine Eingrenzung auf den arbeitsrechtlichen Bereich im weiteren Sinne. Das Rückschrittsverbot kann nur dann greifen, wenn das Niveau solcher (Antidiskriminierungs-)Schutzmechanismen betroffen ist, die von der Legaldefinition des Art. 386 Abs. 1 Handels- und Kooperationsabkommen erfasst werden. Damit ist ein Herabsenken des Benachteiligungsschutzes lediglich für den Beschäftigungsbereich i. S. d. lit. a) bis e) „verboten“[324]. Auf eine Gewährleistung darüber hinaus wurde sich nicht geeinigt.[325] Eine vollumfängliche Verpflichtung zur Aufrechterhaltung des allgemeinzivilrechtlichen Antidiskriminierungsprogramms auf dem Niveau, welches es zum Ende des Übergangszeitraumes hatte, besteht damit weder für die EU noch für das Vereinigte Königreich. Eine auch zukünftig bestehende Gleichwertigkeit wird für die von dem Rückschrittsverbot erfassten Bereiche zudem nur für solche Aspekte geschützt, die sich potenziell „auf den Handel oder die Investitionen zwischen den Vertragsparteien auswirk[en]“[326]. Hierin ist eine empfindliche Beschränkung des Anwendungsbereiches zu sehen.[327] Selbst Rückschritte im beschäftigungsbezogenen Antidiskriminierungsrecht können daher nicht ohne Weiteres die Mechanismen der Art. 386 und 387 Handels- und Kooperationsabkommen auslösen. Es bedarf einer nachweislichen Auswirkung auf Handel oder Investitionen.[328] *Schiek* und *Fanning* haben vor dem Hintergrund dieser Ausführungen auch bereits berechtigterweise in Zweifel gezogen, dass die Aufhebung von Antidiskriminierungsgesetzen jemals diese hohe Schwelle überschreiten wird.[329]

324 Vgl den Titel des Art. 387 Handels- und Kooperationsabkommen ‚Rückschritts*verbot* beim Schutzniveau‘ (Hervorhebung von der Verfasserin hinzugefügt).

325 Auch *Ares u. a.*, The UK-EU Trade and Cooperation Agreement: Level Playing Field, S. 42 sprechen zusammenfassend vom Schutz der „labour protections“ und sehen den Anwendungsbereich damit auf den arbeitsrechtlichen Bereich im weiteren Sinne begrenzt.

326 Vgl. den Wortlaut der Norm.

327 Wenn auch darauf hingewiesen wird, dass dies „similar to other EU and international FTAs [Free Trade Agreements]“ sei, vgl. *Ares u. a.*, The UK-EU Trade and Cooperation Agreement: Level Playing Field, S. 42.

328 Zum Ganzen *Schiek/Fanning*, Equality Law After ‘Brexit’ – Perverse or Reverse ‘Repatriation’?, S. 16.

329 Vgl. *Schiek/Fanning*, Equality Law After ‘Brexit’ – Perverse or Reverse ‘Repatriation’?, S. 13. Anders verhält es sich – hierauf ist der Vollständigkeit halber hinzuweisen – im Verhältnis zu Nordirland. Das Vereinigte Königreich ist nach Art. 2 des Protokoll Irland/Nordirland einseitig verpflichtet, sicherzustellen, dass es zu keiner Verschlechterung im Besitzstand der Gleichstellung und des Diskriminierungsschutzes in Nordirland kommt. Dies ist im Protokoll Irland/Nordirland als Bestandteil (vgl. Art. 182

§ 2 Deutsches Sachrecht

In Fortführung der Idee aus ***§ 1*** soll an dieser Stelle das deutsche Sachrecht dargestellt werden. Nach einem – für den Gesamtzusammenhang erforderlich erscheinenden – Blick auf die Hintergründe der deutschen Antidiskriminierung in Privatrechtsverhältnissen (sogleich bei ***A.***), wird auf das allgemein-zivilrechtliche Benachteiligungsverbot des AGG (dazu bei ***B.***) und auf zivilrechtliche Diskriminierungsverbote außerhalb des AGG (***C.***) einzugehen sein. Diese Darstellungen dienen (ebenso wie diejenigen zum englischen Sachrecht) dem vorgelagerten Verständnis des nationalen Antidiskriminierungsschutzes in der Bundesrepublik,[330] bevor der Antidiskriminierungsschutz der deutschen und englischen Rechtsordnung in ***Kapitel 3*** in den Kontext der Eingriffsnormen gestellt wird.

A. Hintergründe der deutschen Antidiskriminierung in Privatrechtsverhältnissen

Mit dem Jahr 1945 und dem Ende des Zweiten Weltkriegs hatte in der deutschen Rechtsordnung „ein neues Kapitel [, dieses Mal] der Gleichheit“[331], zu beginnen.[332] Die Entwicklungen der unmittelbaren Nachkriegszeit sahen sich aus diesem Grund der „Betonung von Gleichheit im Recht [verschrieben, welche auch] vor dem Privatrecht nicht halt [machte]“[333]. Die Schaffung des Art. 3 GG a. F.[334] in

BrexitAbk) des Austrittsabkommens ausdrücklich festgehalten. Siehe hierzu S. 1, 8, 9. Diese gesonderten Regelungen erklären sich aus der besonderen Rolle der Nichtdiskriminierung und Gleichstellung für die Aussöhnung im Nordirland-Konflikt, vgl. S. 11, 16.

330 Wobei der Fokus ganz eindeutig auf die relevanten Aspekte des Privatrechts gelegt ist, während die Vielzahl der weiteren, miteinander verschränkten Rechtsquellen, vgl. hierzu die Aufzählung bei *Mangold*, Demokratische Inklusion durch Recht, S. 223, lediglich umrahmend Erwähnung finden werden.

331 *Grünberger*, Personale Gleichheit, S. 222.

332 Einen umfassenden Abriss zur historischen Entwicklung des Antidiskriminierungsrechts (insbes. zum völkerrechtlichen Rahmen) und der Erforderlichkeit zivilrechtlicher Diskriminierungsverbote explizit mit Blick auf die deutsche Rechtsordnung nimmt *Stork*, Das Anti-Diskriminierungsrecht der Europäischen Union und seine Umsetzung in das deutsche Zivilrecht, S. 31ff. vor, auf dessen Ausführungen hiermit zusätzlich verwiesen wird.

333 *Grünberger*, Personale Gleichheit, S. 223.

334 Art. 3 GG a. F. vom 24. Mai 1949 – 15. November 1994 lautete: „(1) Alle Menschen sind vor dem Gesetz gleich. (2) Männer und Frauen sind gleichberechtigt. (3) Niemand darf wegen seines Geschlechtes, seiner Abstammung, seiner Rasse, seiner Spra-

der neu (zunächst für die westlichen drei Besatzungszonen) geschaffenen (Teil-) Verfassung in Form des Grundgesetzes für die Bundesrepublik Deutschland vom 23. Mai 1949 beschrieb den damaligen Höhepunkt der Idee, die Gleichheit im Recht zu implementieren.[335] Vor dem Hintergrund der nationalsozialistischen Instrumentalisierungen des Rechts und der damit gemachten Erfahrungen stellte sich relativ schnell die Frage danach, ob und wie ein Hineinwirken der Diskriminierungsverbote aus Art. 3 Abs. 3 GG a. F. auch in das Privatrecht, also das Verhältnis der Bürger untereinander, zu erfolgen habe.[336] Sollte sich das ab Ende des Zweiten Weltkriegs neu bzw. wiedergewonnene Kernanliegen der Gleichbehandlung auch auf private Rechtsbeziehungen erstrecken?

Im Gegensatz zum Grundgesetz ist das Bürgerliche Gesetzbuch kein Kind der Nachkriegsgeschichte und hielt dennoch bereits seit jeher das passende „Vehikel [bereit], um die mittelbare Drittwirkung der [neu geschaffenen] Grundrechte im Privatrecht zu verwirklichen“[337]: Zumindest über die Generalklausel der Sittenwidrigkeit (§§ 138 Abs. 1, 826 BGB) und den Grundsatz von Treu und Glauben (§ 242 BGB) war bereits *ein* Weg geebnet, die Willkür des Einzelnen im Interesse des Diskriminierungsschutzes zu begrenzen.[338] Die entsprechende Auffassung, dass einem Privatrechtsgeschäft, welches gegen die Diskriminierungsmerkmale des Art. 3 Abs. 3 GG a. F. verstieß, zumindest über das Verdikt der Sittenwidrigkeit

che, seiner Heimat und Herkunft, seines Glaubens, seiner religiösen oder politischen Anschauungen benachteiligt oder bevorzugt werden.“.

335 Zum Ganzen *Grünberger*, Personale Gleichheit, S. 222ff., der diese Entwicklung nachzeichnet und insbesondere auf die Proklamation Nr. 2 des Kontrollrats der Besatzungsmächte vom 20.09.1945 und Proklamation Nr. 3 vom 20.10.1945 und deren Rolle für einen allgemeinen Gleichheitssatz eingeht.

336 *Mangold*, Demokratische Inklusion durch Recht, S. 181: „Eine konzeptionelle Grundfrage des Antidiskriminierungsrechts betrifft [...] die Reichweite des Gleichheitsversprechens: Gewährt es Schutz nur gegen den Staat oder auch gegen Private?“ ; als Beispiel für die nationalsozialistischen Instrumentalisierungen sei nur an die auch von *Repgen*, in: *Isensee (Hrsg.)*, Vertragsfreiheit und Diskriminierung, S. 82 angeführte negative Diskriminierung der Juden (Ausschluss von Teilhabe) im Privatrecht in den Jahren ab 1933 in Form der Zurückweisung aus Geschäften, Theatern etc. erinnert.

337 *Looschelders*, JZ 2012, 105 (106).

338 *Looschelders*, JZ 2012, 105 (106); auch *Mangold*, Demokratische Inklusion durch Recht, S. 196 stellt (allerdings ohne konkreten Blick auf die deutsche Rechtsordnung) fest, dass „Diskriminierungsmacht historisch keineswegs immer Fremdkörper im Zivilrecht“ gewesen sei und Ansätze, um entsprechenden Verhalten zu begegnen, bereits bis in das 19. Jahrhundert zurückreichten; *Stork*, Das Anti-Diskriminierungsrecht der Europäischen Union und seine Umsetzung in das deutsche Zivilrecht, S. 3 will diesen Vorschriften einen lediglich „theoretischen Schutz“ zusprechen.

nach § 138 Abs. 1 BGB im Regelfall begegnet werden konnte, setzte sich relativ zügig durch.[339] Sein Bewenden hatte es damit jedoch nicht. Zwar wurde der allgemeine Gleichbehandlungsgrundsatz als übergeordnete Privatrechtsfigur akzeptiert.[340] Es drängte sich gleichzeitig jedoch die *Auflösung des prinzipiellen (Widerstreit-)Verhältnisses* der durch Art. 3 GG a. F. gewährleisteten Gleichheit und den sich hieraus ergebenden Freiheitsbeschränkungen für das privatautonome Handeln auf.[341] Gefunden wurde hierfür zunächst eine ausschließlich freiheitsrechtliche Lösung, die ihren Ansatz in der Persönlichkeitsrechtsverletzung des Diskriminierten fand: Die Beschränkungen der eigenen Freiheit schienen durch die zu gewährleistenden Freiheitsrechte des anderen, mit dem allgemeinen Persönlichkeitsrecht als äußerstem, nicht verhandelbarem Bestandteil, legitimiert.[342] So bildete sich eine Rechtspraxis heraus, die „Diskriminierungen regelmäßig primär über das allgemeine Persönlichkeitsrecht [sanktionierte]“[343], das über die verschiedenen Generalklauseln in das Privatrecht hineinwirkte.[344] Die Sanktionierung knüpfte dabei nicht an eine zu unterbindende Differenzierungspraxis selbst, sondern die Verletzung der Personenwürde des Diskriminierten an.[345] Wurde durch Diskriminierungen das allgemeine Persönlichkeitsrecht oder

339 *Grünberger*, Personale Gleichheit, S. 223, 265f. sieht hierin das erste, der von ihm zwei ausgemachten Gleichheitsprobleme im deutschen Recht aufgetreten; bereits damals blieb das Verdikt der Sittenwidrigkeit nach §§ 138, 826 BGB aber auf Ausnahmefälle begrenzt, vgl. *Looschelders*, JZ 2012, 105 (106).

340 *Grünberger*, Personale Gleichheit, S. 267.

341 *Grünberger*, Personale Gleichheit, S. 268: „Der Konflikt zwischen Freiheit und Gleichheit wurde zur Existenzfrage des Privatrechts: In der Pflicht zur Gleichbehandlung, auch in Form von Diskriminierungsverboten, sah man letztlich eine Negation […] der Freiheit. [...] Man musste daher einerseits das Privatrecht vor den Zumutungen der Gleichbehandlungsgebote schützen und war zugleich gezwungen, das diskriminierende Element in Ungleichbehandlungen aufgrund der vom GG vorgeschriebenen ‚Wertordnung‘ auch privatrechtlich zu sanktionieren.“

342 *Grünberger*, Personale Gleichheit, S. 268; hier zeigt sich, dass als Grund für privatrechtlichen Diskriminierungsschutz zu diesem Zeitpunkt noch keine gleichwertige Anerkennung sämtlicher Mitglieder des demokratischen Gemeinwesens, wie dies bei *Mangold*, Demokratische Inklusion durch Recht, S. 203 ausgeführt wird, anerkannt war, sondern lediglich der Schutz der äußersten freiheitsrechtlichen Grundrechtspositionen (Menschenwürde und APR) der Mitglieder der demokratischen Organisation.

343 *Grünberger*, Personale Gleichheit, S. 307.

344 Vgl. zur diesbezüglichen Handhabung bis 2000 die bei *Repgen*, in: *Isensee (Hrsg.)*, Vertragsfreiheit und Diskriminierung, S. 83 angeführten Quellen.

345 *Grünberger*, Personale Gleichheit, S. 309 mit Verweis auf; *Repgen*, in: *Isensee (Hrsg.)*, Vertragsfreiheit und Diskriminierung, S. 89: „Es bleibt […] zu betonen, dass der

gar die Menschenwürde betroffen, setzte sich die Ansicht durch, dass der Staat dem auch „mit den Mitteln des Privatrechts entgegenzutreten [hatte]“[346]. Damit hatte sich zunächst auf nationaler deutscher Ebene ein Weg durchgesetzt, der (nur) über die zivilrechtlichen Generalklauseln eine (lediglich) mittelbare Berücksichtigung der grundrechtlichen Implikationen des Diskriminierungsschutzes über das Vehikel des allgemeinen Persönlichkeitsrechts ermöglichte.[347]

Eine hierzu gegensätzliche Konzeption hat sich seit den 1970er Jahren auf Unionsebene entwickelt. Zurück geht diese auf Judikate des Europäischen Gerichtshofs, in welchen dieser eine unmittelbare Anwendbarkeit des Gleichbehandlungsgrundsatzes der Geschlechter innerhalb der Privatgesellschaft annahm.[348] Zur effektiven Durchsetzung der Gleichbehandlung von Mann und Frau erachtete der EuGH es als unerlässlich, diesen Grundsatz auch unmittelbar auf das Verhältnis der einzelnen Privatrechtssubjekte zu übertragen.[349] Zwar zog in Folge der europarechtlichen Vorgaben damit schon 1980 § 611a BGB a. F. als erstes geschlechtsbezogenes Diskriminierungsverbot unter Privatsubjekten in das BGB ein. Mit *Grünberger* lässt sich dennoch zutreffend feststellen, dass „der Kontrast zum zeitgenössischen Verständnis in Deutschland [nicht] größer [hätte sein

---

rechtliche Anknüpfungspunkt der Auslegung ein anderer ist als im Antidiskriminierungsprogramm der Richtlinien und des Allgemeinen Gleichbehandlungsgesetzes. Dort sanktioniert man die Differenzierung selbst, hier die Missachtung der Person des Erklärungsempfängers.“

346 *Looschelders*, JZ 2012, 105 (106).

347 Gerade zu diesem (Entwicklungs-)Zeitpunkt wird sichtbar, dass - wie *Mangold*, Demokratische Inklusion durch Recht, S. 94 festgestellt hat - der Diskriminierungsbegriff damit „auf der Grenze zwischen öffentlichem und privatem Recht [operiert, und es dabei] von Anfang an um die Reichweite [geht]. Ob nämlich auch Privaten diskriminierendes Verhalten in privatrechtlicher Form gesetzlich untersagt werden darf und soll.“; *Stork*, Das Anti-Diskriminierungsrecht der Europäischen Union und seine Umsetzung in das deutsche Zivilrecht, S. 31 zum Schutz vor Diskriminierungen ausschließlich über die Auslegung der vorhandenen Generalklauseln aufgrund der nur eingeschränkten Grundrechtsbindung von Privatrechtssubjekten und bis dato fehlender, spezieller Antidiskriminierungsgesetzgebung.

348 Siehe ausführlich dazu bereits die Ausführungen in ***Kapitel 1 § 3 A. I.*** zur Entwicklung der unionalen ‚Idee‘ der Antidiskriminierung in Privatrechtsverhältnissen.

349 *Grünberger*, Personale Gleichheit, S. 291; vertiefend auch *Stork*, Das Anti-Diskriminierungsrecht der Europäischen Union und seine Umsetzung in das deutsche Zivilrecht, S. 34 mit wichtigem Hinweis darauf, dass „zumindest zu Beginn der europäischen Integration […] weniger die höheren Ziele einer umfassenden Gleichstellung von Männern und Frauen die gemeinschaftliche Politik [bestimmten], als vielmehr die Angst vor Wettbewerbsnachteilen.“

können]"[350]. § 611a BGB a. F. beschränkte sich in seinem Anwendungsbereich auf das Verhältnis zwischen Arbeitgeber und Arbeitnehmer und ließ den allgemeinen Zivilrechtsverkehr im Übrigen von expliziten Diskriminierungsverboten weiterhin unberührt.[351] Entwicklungen sowohl auf nationaler[352] als auch supranationaler Ebene spitzten den Reaktionsbedarf der deutschen Rechtsordnung betreffend der eigenen Handhabung von Diskriminierungen im Privatrecht zwischen den 1990er Jahren und der Jahrtausendwende so zu, dass diese schließlich ab dem Jahr 2000 nicht länger bestehen konnte.[353] Die Grenzen der Gleichbehandlungspflichten

350 *Grünberger*, Personale Gleichheit, S. 291.

351 Siehe *Stork*, Das Anti-Diskriminierungsrecht der Europäischen Union und seine Umsetzung in das deutsche Zivilrecht, S. 33.

352 Parallel hatten seit (ebenfalls) circa den 1970er Jahren allerdings auch zwei Entwicklungen auf nationaler Ebene eingesetzt: Zunehmend erfolgte ein rechtsvergleichender Blick auf ausländische Rechtsordnungen und deren Zugang zum Problem von privatrechtlichen Diskriminierungen. Diesen ausländischen Rechtsordnungen lag eine gleichheitsrechtliche Konzeption zugrunde. Dies stand im Konflikt mit der ausschließlich freiheitsrechtlichen Handhabung in der deutschen Rechtsordnung. Katalysator für den nach auswärts erfolgenden Blick war die Entwicklung der Gesellschaftsstruktur in Deutschland. Während sich die Frage nach einer diskriminierungsfreien Zivilgesellschaft in den USA und Großbritannien bereits mehrere Jahrzehnte früher aufgedrängt hatte, wurde dieser Zeit auch die weitgehend homogene Bevölkerungsstruktur in Deutschland zunehmend aufgebrochen. Die Anwerbung ausländischer Arbeitskräfte brachte Heterogenität in die deutsche Privatrechtsgesellschaft und damit auch einen Blick der Privatrechtswissenschaften in die Welt. Des Weiteren drängte auch das Internationale Übereinkommen zur Beseitigung jeder Form von rassistischer Diskriminierung (International Convention on the Elimination of All Forms of Racial Discrimination, ICERD), welches am 04. Januar 1969 in Kraft getreten war, in Richtung eines umfassenden Nichtdiskriminierungsrechts. Es erschien zunehmend fraglich, ob die in der deutschen Rechtsordnung gefundene Lösung den völkerrechtlichen Anforderungen genügte. Zum Ganzen *Grünberger*, Personale Gleichheit, S. 269 ff., insbes. S. 271f., S. 282, S. 286f., auf dessen Ausführungen hier vollumfänglich Bezug genommen wird; zu den völkerrechtlichen Verpflichtungen der Bundesrepublik ebenfalls *Mangold*, Demokratische Inklusion durch Recht, S. 85ff.; auch der massive Anstieg fremdenfeindlicher Gewalt und die Wahlerfolge rechtsextremer Parteien haben seit Anfang der 90er Jahre zu einem umfassenderen Bewusstsein der Gesellschaft für das Problem der Diskriminierung durch Private beigetragen, vgl. *Stork*, Das Anti-Diskriminierungsrecht der Europäischen Union und seine Umsetzung in das deutsche Zivilrecht, S. 33.

353 Vgl. *Grünberger*, Personale Gleichheit, S. 282, 306 und die zutreffende Zusammenfassung auf S. 288: „Die Rechtsvergleichung hat eine Dachluke im deutschen Recht geöffnet, das Völkerrecht ein Fenster. Es war jedoch das […] Gemeinschaftsrecht, das

von Privatpersonen verschoben sich vor dem Hintergrund des beginnenden Erlasses der unionalen Antidiskriminierungsrichtlinien und der die Mitgliedstaaten – so auch Deutschland – treffenden Umsetzungspflichten. Dadurch wurde der Grundstein für das (noch zu erlassende) Allgemeine Gleichbehandlungsgesetz gelegt.[354] Mit dem AGG hat der deutsche Gesetzgeber die auf nationaler Ebene bis dato ausschließlich freiheitsrechtliche hin zu einer gleichheitsrechtlichen Lösung von privatrechtsbezogenen Diskriminierungen verschoben.[355] Seit seinem Inkrafttreten am 18. August 2006 stellt das Allgemeine Gleichbehandlungsgesetz das *zentrale*[356] Regelwerk in der deutschen Rechtsordnung dar, um Diskriminierungen unter Privatrechtssubjekten einfachgesetzlich zu begegnen. Die Umsetzungsverpflichtungen aus den vier EU-Antidiskriminierungsrichtlinien haben das Zustandekommen des AGG entscheidend veranlasst.[357] Mit Erfüllung dieser

---

dem Prinzip der Gleichbehandlung und Nichtdiskriminierung die Tore zum deutschen Privatrecht endgültig aufstieß."

354 *Grünberger*, Personale Gleichheit, S. 287, 313.

355 Dies zeigt sich anschaulich im Rahmen der Begründung von: BT Drs. 16/1780, S. 22: „Zivilgesellschaften sind auf das vor allem durch Verträge in freier Selbstbestimmung gesetzte private Recht angewiesen. Bei den hiermit verbundenen Unterscheidungen, die auf unterschiedlichsten Gründen beruhen, kann es sich allerdings teilweise auch um sozial verwerfliche Diskriminierungen handeln. Zu dem durch Artikel 3 GG dokumentierten Grundkonsens der Bundesrepublik Deutschland gehört es, dass bestimmte Unterscheidungen auch im Bereich des Privatrechts als unerwünscht gelten können."; seitdem wird „durch privatrechtliche Diskriminierungsverbote [...] die gleiche gegenseitige Anerkennung [sämtlicher] Mitglieder des demokratischen Gemeinwesens sichergestellt.", *Mangold*, Demokratische Inklusion durch Recht, S. 203.

356 Vgl. die Ausführungen in BT Drs. 16/1780, S. 2: „Die vier EU-Antidiskriminierungsrichtlinien werden durch ein einheitliches Gesetz für alle Diskriminierungsmerkmale umgesetzt. Dadurch wird ein in sich stimmiger Schutz vor Diskriminierungen verwirklicht."

357 BT Drs. 16/1780, S. 1: „Die [vier] EU-Richtlinien [machen] eine Umsetzung im zivilrechtlichen Bereich erforderlich.", S. 23f. Die Gesetzgebungsgeschichte des AGG im Einzelnen ist nachzulesen bei *Mangold*, Demokratische Inklusion durch Recht, S. 224ff., auf deren Darstellungen hier gewinnbringend verwiesen werden soll. Vgl. auch dort für zahlreiche weitere Nachweise und Ausführungen zur Systematik des AGG auf S. 227; siehe auch *Mörsdorf*, Ungleichbehandlung als Norm, S. 179; *Thüsing*, in: MüKoBGB, 7. Aufl. 2015, [Vorbemerkungen] vor § 19 AGG, Rn. 4: „Diesen Richtlinien ist gemein, dass sie die Verhinderung von Benachteiligungen, die an bestimmte Differenzierungsmerkmale anknüpfen, zum Ziel haben. Unterscheidungen finden sich in den Richtlinien hinsichtlich der dort geschützten Merkmale, ihrer sachlichen Anwendungsbereiche und der darin vorgesehenen Rechtfertigungsmöglichkeiten."

Umsetzungspflichten einher ist auch eine wesentliche Ausweitung des *positiv normierten* zivilrechtlichen Diskriminierungsschutzes gegangen.[358] Obwohl das Allgemeine Gleichbehandlungsgesetz bereits vor mehr als 15 Jahren in Kraft getreten ist, zeigen sich noch heute Schwierigkeiten in der Handhabung bzw. Abgrenzung des AGG gegenüber dem ursprünglich forcierten Weg über die im Deliktsrecht zu schützende Personenwürde. Der normative Benachteiligungsschutz des AGG steht auf gänzlich unterschiedlichem Fundament als das in das zivilrechtliche Verhältnis der Parteien über das Deliktsrecht ausstrahlende allgemeine Persönlichkeitsrecht. Die Grundidee ist eine andere.[359] Exemplarisch für die benannten Schwierigkeiten kann eine Entscheidung des LG Frankfurt a.M. herangezogen werden:[360]

Das LG Frankfurt a.M. hat mit Urteil vom 03. Dezember 2020 in einer Sache entschieden, in der eine Person mit nicht-binärer Geschlechtsidentität Unterlassung und Geldentschädigung wegen einer nicht geschlechtsidentitätsgerechten Anrede begehrte.[361] Das Landgericht sah lediglich die Möglichkeit, den Fall über das Deliktsrecht zu lösen; danach sei zwar ein Unterlassungsanspruch bezüglich der binären Anrede, nicht jedoch eine Geldentschädigung zuzusprechen.[362] Begründet liegt diese (falsche) Entscheidung darin, dass das LG die Voraussetzungen für eine Anwendbarkeit der §§ 19 und 21 AGG verkannte[363] und anschließend für einen Anspruch auf Geldentschädigung an den strengeren Voraussetzungen des

358 *Gather*, KJ 2021, 302 (305) mit weiteren Hinweisen zu damaliger (zeitgenössischer) Literatur bzw. entsprechenden Quellen; *Looschelders*, JZ 2012, 105 (106).

359 Durch dieses Umdenken wurde die Reduzierung des Diskriminierungsschutzes auf Würdeschutz aufgegeben. Es geht nicht mehr nur um Integritätsschutz, sondern darum, die Parteien in eine „qualifizierte Anerkennungsbeziehung zu setzen", vgl. *Gather*, KJ 2021, 302 (307, 311).

360 *Gather*, KJ 2021, 302 (309): „die Erwägungen des LG Frankfurt a.M. [offenbaren] ein grundlegendes Missverständnis sowohl des Benachteiligungsbegriffs des AGG als auch der dogmatischen Funktion der §§ 19 ff. AGG."

361 LG Frankfurt a.M. Urt. v. 03.12.2020 – 2-13 O 131/20, juris. Zum Gegenstand der Entscheidung im Einzelnen *Gather*, KJ 2021, 302 (302f.). Hier wird auf den Sachverhalt nur insofern eingegangen, wie es für das übergeordnete Verständnis notwendig erscheint.

362 LG Frankfurt a.M. Urt. v. 03.12.2020 – 2-13 O 131/20, juris, Rn. 31: „Der Unterlassungsanspruch folgt [...] nicht aus § 21 Abs. 1 S. 2 AGG", Rn. 39: „Der klagenden Person steht ein Unterlassungsanspruch aus den §§ 823 Abs. 1, 1004 Abs. 1 S. 2 BGB analog zu", Rn. 63: „Auf eine Entschädigung in Geld hat die klagende Person keinen Anspruch.".

363 Vgl. LG Frankfurt a.M. Urt. v. 03.12.2020 – 2-13 O 131/20, juris, Rn. 32ff., 37.

Deliktsrechts scheiterte. Das LG hat die Verletzung durch die nicht geschlechtsidentitätsgerechte Anrede im konkreten Fall nicht als hinreichend schwerwiegend angesehen, um nur durch Zahlung einer Geldentschädigung aufgefangen werden zu können.[364] In dieser Erwägung des Gerichts zeigt sich der wesentliche Unterschied zwischen der Handhabung immaterieller Geldentschädigungen nach dem AGG und der Möglichkeit, solche über den Weg des verletzten Persönlichkeitsrechts im Deliktsrecht zu erlangen. Während für den Weg über die rechtswidrige Persönlichkeitsrechtsverletzung eine Abwägung mit den widerstreitenden Interessen des Diskriminierenden zu erfolgen hat, verbietet das AGG „Benachteiligungen im schuldvertraglichen Bereich grundsätzlich, ohne dass es darauf ankäme, dass die Benachteiligung besondere Persönlichkeitsrelevanz aufweist und ohne dass eine Abwägung mit den entgegenstehenden Rechtsgütern der diskriminierenden Person vorzunehmen wäre“[365]. Auch der mögliche Ersatz von Nichtvermögensschäden nach Art. 21 Abs. 2 S. 3 AGG erfolgt vor dem Hintergrund dieser reduzierten Voraussetzungen, während die Zubilligung von Schmerzensgeld in Persönlichkeitsrechtsverletzungsfällen der Feststellung eines besonders schwerwiegenden Eingriffs im Rahmen der anzustellenden Rechtsgüterabwägung bedarf.[366] Besonders einschneidend erscheint es aus diesem Grund, dass das Landgericht Frankfurt a.M. (unzutreffend) die Anwendbarkeit des AGG im vorliegenden Fall verkannt und aufgrund der Rechtsgüterabwägung im Rahmen des § 823 Abs. 1 BGB sodann die Geldentschädigung abgelehnt hat. Gegen das Benachteiligungsverbot des § 19 Abs. 1 Nr. 1 AGG als Voraussetzung für einen Anspruch aus § 21 AGG sei nach Auffassung des LG durch die Beklagte nicht verstoßen worden, da es bei der nicht geschlechtsidentitätsgerechten Ansprache an jedem Zusammenhang mit der vertraglichen Leistung fehle.[367] Hierin zeigt sich ein schwerwiegendes systematisches Missverständnis des Regelungsgehalts des AGG. Es kommt gerade nicht darauf an, ob eine Benachteiligung bei der Begründung des Schuldverhältnisses dazu geführt hat, dass dieses in der Folge nicht oder nur zu abweichenden Konditionen zustande gekommen ist.[368] Der durch die §§ 19 ff. AGG gewährte Benachteiligungsschutz enthält keine Voraussetzung, nach der ein Vertrag als Konsequenz des diskriminierenden Verhaltens zwingend mit ungünstigerem Leistungsinhalt zustande gekommen sein muss.[369]

364 Vgl. LG Frankfurt a.M. Urt. v. 03.12.2020 – 2-13 O 131/20, juris, Rn. 69.
365 *Gather*, KJ 2021, 302 (305).
366 Vgl. *Gather*, KJ 2021, 302 (307).
367 Vgl. LG Frankfurt a.M. Urt. v. 03.12.2020 – 2-13 O 131/20, juris, Rn. 32, 37.
368 So aber LG Frankfurt a.M. Urt. v. 03.12.2020 – 2-13 O 131/20, juris, Rn. 34.
369 Dies herausstellend auch *Gather*, KJ 2021, 302 (308).

Das Urteil des LG wurde, wie bereits von *Gather* prognostiziert,[370] im Zuge der Berufung zwar mit Urteil vom 21. Juni 2022 vom OLG Frankfurt a.M. zutreffend abgeändert und teilweise aufgehoben.[371] Dies vermag den durch die Entscheidung des LG hinterlassenen Eindruck der Schwierigkeiten in der rechtlichen Handhabung des AGG jedoch nur bedingt zu schmälern. Begrüßenswert sind die Richtigstellungen des OLG dennoch. Eine Benachteiligung i. S. d. §§ 3, 19 AGG aus Gründen des Geschlechts und der sexuellen Identität wird für die Begründung und Durchführung eines zivilrechtlichen Massengeschäfts i. S. d. AGG nunmehr angenommen.[372] Richtiggestellt hat das OLG[373] in diesem Zuge, dass es nicht darauf ankommt, ob sich der abgeschlossene Vertrag inhaltlich von mit anderen Kunden geschlossenen Verträgen unterscheidet.[374] Das OLG weist vielmehr zutreffend darauf hin, dass „ – anders als bei Personen mit binärem Geschlecht – der Kaufvertrag von der klagenden Person nicht geschlossen werden [kann], ohne eine falsche Angabe in dem vorgesehenen Eingabefeld zu machen, welche der eigenen geschlechtlichen Identität nicht entspricht. Diese objektive Ungleichbehandlung stellt im Vergleich zu Menschen mit binärer Geschlechtszugehörigkeit eine weniger günstige Behandlung bei der Begründung des Schuldverhältnisses dar, für die allein entscheidend ist, ob die Person irgendwelche Nachteile erleidet oder erlitten hat, gleich ob sie materieller oder immaterieller Natur sind."[375]

B. Allgemein-zivilrechtliches Benachteiligungsverbot des AGG

Aufgrund der Unklarheiten in der Handhabung des AGG, wie sie sich bereits vor dem Hintergrund der Entstehung von Diskriminierungsverboten zwischen

---

370 *Gather*, KJ 2021, 302 (311): „Es ist davon auszugehen, dass das Urteil – jedenfalls in Bezug auf die Erwägungen zum AGG – keinen Bestand haben wird."

371 OLG Frankfurt a.M. Urt. v. 21.06.2022 – 9 U 92/20, juris, Rn. 69f.: „Soweit das Landgericht die begehrten Unterlassungsansprüche der klagenden Person bejaht hat, ist dies im Ergebnis zutreffend. Allerdings folgt dieser Anspruch bereits aus § 21 Abs. 1 S. 2 AGG. Vor diesem Hintergrund bedarf es keines Rückgriffs auf den vom Landgericht bejahten Anspruch aus §§ 823 Abs. 1, 1004 Abs. 1 S. 2 BGB analog.", Rn. 90: „Der klagenden Person steht wegen der dargelegten Verletzung des Benachteiligungsverbots aus § 21 Abs. 2 S. 1, 3 i.V.m. §§ 249 Abs. 2 S. 1, 253 BGB ein Anspruch auf eine angemessene Entschädigung in Geld zu."

372 OLG Frankfurt a.M. Urt. v. 21.06.2022 – 9 U 92/20, juris, Rn. 72.

373 Unter Hinweis auf OLG Karlsruhe, Urt. v. 14.12.2021, 24 U 19/21.

374 OLG Frankfurt a.M. Urt. v. 21.06.2022 – 9 U 92/20, juris, Rn. 76.

375 OLG Frankfurt a.M. Urt. v. 21.06.2022 – 9 U 92/20, juris, Rn. 78. So bereits zuvor zutreffend *Gather*, KJ 2021, 302 (307).

Privaten in der deutschen Rechtsordnung im vorhergehenden Abschnitt angedeutet haben, soll nunmehr auf das allgemein-zivilrechtliche Benachteiligungsverbot des AGG eingegangen werden.[376] Das AGG stellt das zentrale einfachgesetzliche Normgefüge zum Schutz vor Diskriminierungen in Privatrechtsbeziehungen in der Bundesrepublik Deutschland dar. Regelungsgegenstand sind sowohl Diskriminierungen im Erwerbsleben als auch in allgemein-zivilrechtlichen Vertragsverhältnissen.[377] Diese Zweispurigkeit spiegelt sich auch im Aufbau des AGG. An den ‚Allgemeinen Teil' (§§ 1-5 AGG) anschließend gliedert sich das Gesetz zunächst in die zwei Abschnitte ‚Schutz der Beschäftigten vor Benachteiligungen' (§§ 6-18 AGG) und ‚Schutz vor Benachteiligungen im Zivilrechtsverkehr' (§§ 19-21 AGG).[378]

Der – hier zu fokussierende – Diskriminierungsschutz in Privatrechtsverhältnissen wird in den relevanten Normen „persönlich und sachlich auf bestimmte Lebensbereiche und Konstellationen beschränkt."[379] Hieran zeigt sich, dass eine allgemeine Gleichbehandlungspflicht im Vertragsrecht der deutschen Rechtsordnung gerade nicht besteht: Es wird nur die Anknüpfung an *bestimmte* Unterscheidungsmerkmale in *bestimmten* Arten von Verträgen von den besonderen Regelungen des dritten Abschnittes für den allgemeinen Zivilrechtsverkehr missbilligt.[380] Auch das vorgesehene Anspruchsregime knüpft mit seinen Rechtsfol-

---

376 Die vorliegende Arbeit vermag keinen umfassenden Blick auf das Normgefüge des allgemein-zivilrechtlichen Teils des AGG zu vermitteln. Die hier erfolgenden Ausführungen sollen lediglich bzw. insbesondere den Blick schärfen dafür, dass die jeweiligen nationalstaatlichen Umsetzungen – trotz ihrer im Ansatzpunkt gegebenen Harmonisierung – zahlreiche Eigenheiten aufweisen und in ihren Herangehensweisen unterschiedlich sind. Dem dient der überblicksartige Abriss zum allgemein-zivilrechtlichen Benachteiligungsverbot des AGG. Eine ausführliche Abhandlung zum allgemein-zivilrechtlichen Teil des AGG leistet *Armbrüster*, in: *Rudolf/Mahlmann (Hrsg.)*, Gleichbehandlungsrecht, S. 257ff.

377 Zum Ganzen siehe auch *Mörsdorf*, Ungleichbehandlung als Norm, S. 179.

378 Dies ebenfalls feststellend, *Beigang u. a.*, Möglichkeiten der Rechtsdurchsetzung des Diskriminierungsschutzes bei der Begründung, Durchführung und Beendigung zivilrechtlicher Schuldverhältnisse, S. 57; *Mörsdorf*, Ungleichbehandlung als Norm, S. 181 identifiziert in dieser Untergliederung die für „deutsche Kodifikationen typische AT/BT-Struktur".

379 *Beigang u. a.*, Möglichkeiten der Rechtsdurchsetzung des Diskriminierungsschutzes bei der Begründung, Durchführung und Beendigung zivilrechtlicher Schuldverhältnisse, S. 57.

380 BT Drs. 16/1780, S. 2 spricht von der Verankerung „spezifische[r] zivilrechtliche[r] Benachteiligungsverbote". Missverständlich und in dieser Form nicht zutreffend ist, dass auf S. 40 von der Verankerung eines allgemeinen Diskriminierungsverbots in

gen an diese Ausdifferenzierung an. Auf die wichtigsten Regelungen des dritten Abschnittes ist nunmehr einzugehen. Als erste Vorschrift findet sich das ‚Zivilrechtliche Benachteiligungsverbot' in § 19 AGG:

§ 19 AGG Zivilrechtliches Benachteiligungsverbot

(1) Eine Benachteiligung aus Gründen der Rasse oder wegen der ethnischen Herkunft, wegen des Geschlechts, der Religion, einer Behinderung, des Alters oder der sexuellen Identität bei der Begründung, Durchführung und Beendigung zivilrechtlicher Schuldverhältnisse, die

1. typischerweise ohne Ansehen der Person zu vergleichbaren Bedingungen in einer Vielzahl von Fällen zustande kommen (Massengeschäfte) oder bei denen das Ansehen der Person nach der Art des Schuldverhältnisses eine nachrangige Bedeutung hat und die zu vergleichbaren Bedingungen in einer Vielzahl von Fällen zustande kommen oder

2. eine privatrechtliche Versicherung zum Gegenstand haben, ist unzulässig.

(2) Eine Benachteiligung aus Gründen der Rasse oder wegen der ethnischen Herkunft ist darüber hinaus auch bei der Begründung, Durchführung und Beendigung sonstiger zivilrechtlicher Schuldverhältnisse im Sinne des § 2 Abs. 1 Nr. 5 bis 8 unzulässig.

(3)-(5)[381]

Anhand des § 19 Abs. 1 und Abs. 2 AGG zeigt sich, dass der Schutz vor Diskriminierungen in Privatrechtsverhältnissen in seiner Intensität differenziert ist, dementsprechend eine sog. „Gleichbehandlungshierarchie"[382] herrscht. Die einzelnen Diskriminierungsmerkmale sind – im Gegensatz zu denen des arbeitsrechtlichen Teils – in ihrem Wirkungsumfang nicht gleichgestellt.[383] Hinsichtlich der uni-

---

der Privatrechtsordnung durch § 19 Abs. 1 AGG gesprochen wird; vertiefend *Ebert*, in: Handkommentar BGB, AGG § 20 Zulässige unterschiedliche Behandlung, Rn. 1; ebenfalls *Looschelders*, JZ 2012, 105 (107).

381 § 19 Abs. 3 AGG enthält einen speziellen Rechtfertigungsgrund für die Vermietung von Wohnraum, § 19 Abs. 4 und 5 AGG enthalten Ausnahmen des sachlichen Anwendungsbereiches, vgl. *Thüsing*, in: MüKoBGB, 7. Aufl. 2015, [Vorbemerkungen] vor § 19 AGG, Rn. 1.

382 Bezeichnung nach *Thüsing*, in: MüKoBGB, 7. Aufl. 2015, [Vorbemerkungen] vor § 19 AGG, Rn. 2.

383 Zum Ganzen siehe nur *Thüsing*, in: MüKoBGB, 7. Aufl. 2015, [Vorbemerkungen] vor § 19 AGG, Rn. 2, der auch auf die Hintergründe dieser hierarchischen Struktur eingeht; in neuerer Auflage ebenfalls hierauf hinweisend *Thüsing*, in: MüKoBGB, AGG § 19, Rn. 135.

onsrechtlichen Veranlassung durch die bereits angesprochenen Antidiskriminierungsrichtlinien ist zu unterscheiden. Teilweise ist der deutsche Gesetzgeber über die unionsrechtlichen Vorgaben hinausgegangen. Die Merkmale Religion, Behinderung, Alter und sexuelle Identität waren unionsrechtlich für den allgemeinen Zivilrechtsverkehr nicht determiniert und wurden vom deutschen Gesetzgeber autonom hinzugefügt.[384] In puncto der (allgemein-zivilrechtlichen) Lebensbereiche, welche von den pönalisierten Diskriminierungsmerkmalen betroffen werden, liegt der Gesetzessystematik eine Unterscheidung zugrunde: Während sich der Anwendungsbereich für die Merkmale *Rasse* und ethnische Herkunft aus den Feldern des § 2 Nr. 5 bis 8 AGG speist und damit sehr umfassend ausgestaltet ist, sind die übrigen Diskriminierungsmerkmale in ihrer Ausstrahlungswirkung auf Massengeschäfte, massenähnliche Geschäfte und private Versicherungsverträge beschränkt.[385] Im Anschluss an § 19 AGG hat § 20 AGG Gründe zum Gegenstand, weshalb eine unterschiedliche Behandlung aufgrund der in § 19 Abs. 1 und 2 AGG aufgezählten Diskriminierungsmerkmale zulässig sein kann:[386]

§ 20 GG Zulässige unterschiedliche Behandlung

(1) Eine Verletzung des Benachteiligungsverbots ist nicht gegeben, wenn für eine unterschiedliche Behandlung wegen der Religion, einer Behinderung, des Alters, der sexuellen

384 Vgl. BT Drs. 16/1780, S. 2; hierzu ausführlich *Mörsdorf*, Ungleichbehandlung als Norm, S. 179f., der in diesem Zusammenhang auf die in der Warteschleife steckende ‚5. Antidiskriminierungsrichtlinie' hinweist; *Thüsing*, in: MüKoBGB, 7. Aufl. 2015, [Vorbemerkungen] vor § 19 AGG, Rn. 5.

385 Dies im Einzelnen zu vertiefen, würde den Rahmen der vorliegenden Arbeit überstrapazieren. Aus diesem Grund sei vertiefend auf einschlägige Quellen verwiesen, u. a. *Beigang u. a.*, Möglichkeiten der Rechtsdurchsetzung des Diskriminierungsschutzes bei der Begründung, Durchführung und Beendigung zivilrechtlicher Schuldverhältnisse, S. 57f.; *Looschelders*, JZ 2012, 105 (108, 110): „Die strikte Ausformung des Diskriminierungsverbots [hinsichtlich der Merkmale Rasse und ethnische Herkunft] wird […] dadurch legitimiert, dass die Merkmale […] einen besonders engen Bezug zur Menschenwürde und zum Allgemeinen Persönlichkeitsrecht haben."; *Wiemann*, Diskriminierungsverbote unter Privaten, S. 64.

386 Nach BT Drs. 16/1780, S. 40 trage § 20 Abs. 1 AGG den differenzierten Anforderungen von sozial erwünschten bzw. akzeptieren Ungleichbehandlungen, z. B. in Form der Rabattierung für Ältere, Rechnung, die nicht per se diskriminierend seien. *Ebert*, in: Handkommentar BGB, AGG § 20 Zulässige unterschiedliche Behandlung, Rn. 1ff., bei Rn. 4 außerdem zu dem besonderen Rechtfertigungsgrund des § 19 Abs. 3 AGG für die Vermietung von Wohnraum; *Thüsing*, in: MüKoBGB, 7. Aufl. 2015, [Vorbemerkungen] vor § 19 AGG, Rn. 1.

Identität oder des Geschlechts ein sachlicher Grund vorliegt. Das kann insbesondere der Fall sein, wenn die unterschiedliche Behandlung […].

(2) Kosten im Zusammenhang mit Schwangerschaft und Mutterschaft dürfen auf keinen Fall zu unterschiedlichen Prämien oder Leistungen führen. Eine unterschiedliche Behandlung wegen der Religion, einer Behinderung, des Alters oder der sexuellen Identität ist im Falle des § 19 Abs. 1 Nr. 2 nur zulässig, wenn diese auf anerkannten Prinzipien risikoadäquater Kalkulation beruht, insbesondere auf einer versicherungsmathematisch ermittelten Risikobewertung unter Heranziehung statistischer Erhebungen.

Für die Merkmale *Rasse* und ethnische Herkunft fehlt es an einer Rechtfertigungsmöglichkeit. Dies „korrespondiert mit dem Gedanken, dass eine sachliche Rechtfertigung für Benachteiligungen wegen der Rasse oder der ethnischen Herkunft ohnehin [nur] selten in Betracht kommen wird“[387]. Liegt eine *unzulässige* unterschiedliche Behandlung vor, wird § 21 AGG relevant, der die Ansprüche und Rechtsfolgen eines Verstoßes gegen das allgemein-zivilrechtliche Diskriminierungsverbot des AGG zum Regelungsgegenstand hat:[388]

§ 21 GG Ansprüche

(1) Der Benachteiligte kann bei einem Verstoß gegen das Benachteiligungsverbot unbeschadet weiterer Ansprüche die Beseitigung der Beeinträchtigung verlangen. Sind weitere Beeinträchtigungen zu besorgen, so kann er auf Unterlassung klagen.

(2) Bei einer Verletzung des Benachteiligungsverbots ist der Benachteiligende verpflichtet, den hierdurch entstandenen Schaden zu ersetzen. Dies gilt nicht, wenn der Benachteiligende die Pflichtverletzung nicht zu vertreten hat. Wegen eines Schadens, der nicht Vermögensschaden ist, kann der Benachteiligte eine angemessene Entschädigung in Geld verlangen.

(3)-(5)

§ 21 AGG liegt die Idee einer individuellen Rechtsdurchsetzung zugrunde. Dies stellt den gewöhnlich eingeschlagenen Regelungsweg der deutschen Rechtsordnung dar.[389] Die Abs. 1 und 2 des § 21 AGG lassen sich dabei in vorgesehene

---

387 *Looschelders*, JZ 2012, 105 (110).

388 Vgl. nur *Thüsing*, in: MüKoBGB, AGG § 21, Rn. 1.

389 *Beigang u. a.*, Möglichkeiten der Rechtsdurchsetzung des Diskriminierungsschutzes bei der Begründung, Durchführung und Beendigung zivilrechtlicher Schuldverhältnisse, S. 94 unter Bezugnahme auch der Art und Weise der Einbindung von Antidiskriminierungsverbänden in § 23 Abs. 2 AGG und der fehlenden Möglichkeit einer Prozessstandschaft durch kollektive Akteure in der deutschen Rechtsordnung.

Primär- und Sekundäransprüche bei einer Verletzung des Diskriminierungsverbots unterscheiden. Die Anspruchsmöglichkeiten aus § 21 Abs. 1 AGG auf Beseitigung und Unterlassung der jeweiligen Benachteiligung sind der Primärebene zuzuordnen, während der Ersatz von materiellem sowie immateriellem Schaden auf Grundlage des § 21 Abs. 2 AGG die Sekundärebene betrifft.[390] Einleuchtend erscheint es, dass § 21 Abs. 1 AGG in erster Linie die Beseitigung der relevanten Benachteiligung und einen flankierenden Unterlassungsanspruch vorsieht.[391] Der anzulegende Prüfungsmaßstab richtet sich nach den Kriterien des § 1004 BGB.[392] Darüber hinaus sieht § 21 Abs. 2 AGG die Möglichkeit des Ersatzes von Schäden materieller und immaterieller Art vor.[393] Dabei handelt es sich um eine vollumfassende Kompensation der entstandenen Vermögens- und Nichtvermögensschäden.[394] Aufgrund des individualen Charakters der Rechtsdurchsetzung bei § 21 AGG gelten die jeweiligen Ansprüche – sowohl des § 21 Abs. 1 als auch Abs. 2 AGG – nur zwischen den konkret in Rede stehenden Parteien und „nicht zugunsten anderer künftig womöglich in gleicher Weise Betroffener“[395]. Gesetzesintern können die Ansprüche aus Abs. 1 und Abs. 2 des § 21 AGG auch nebeneinander geltend gemacht werden.[396]

---

390 BT Drs. 16/1780, S. 48; grundsätzlich hierzu auch *Ebert*, in: Handkommentar BGB, AGG § 20 Zulässige unterschiedliche Behandlung, Rn. 2; *Looschelders*, JZ 2012, 105 (111); ebenfalls explizit in Primär- und Sekundäransprüche untergliedert *Thüsing*, in: MüKoBGB, AGG § 21, Rn. 1.

391 *Beigang u. a.*, Möglichkeiten der Rechtsdurchsetzung des Diskriminierungsschutzes bei der Begründung, Durchführung und Beendigung zivilrechtlicher Schuldverhältnisse, S. 60.

392 *Ebert*, in: Handkommentar BGB, AGG § 20 Zulässige unterschiedliche Behandlung, Rn. 2.

393 Zu den Einzelheiten jeweils *Beigang u. a.*, Möglichkeiten der Rechtsdurchsetzung des Diskriminierungsschutzes bei der Begründung, Durchführung und Beendigung zivilrechtlicher Schuldverhältnisse, S. 60, 103 mit zusätzlicher Diskussion des europarechtswidrigen Verschuldenserfordernisses, als weiterer, zum Diskriminierungstatbestand hinzutretender, Haftungsvoraussetzung; *Ebert*, in: Handkommentar BGB, AGG § 20 Zulässige unterschiedliche Behandlung, Rn. 2; *Looschelders*, JZ 2012, 105 (111).

394 BT Drs. 16/1780, S. 46.

395 *Beigang u. a.*, Möglichkeiten der Rechtsdurchsetzung des Diskriminierungsschutzes bei der Begründung, Durchführung und Beendigung zivilrechtlicher Schuldverhältnisse, S. 94.

396 Vertiefend hierzu *Thüsing*, in: MüKoBGB, AGG § 21, Rn. 68f.

C. Zivilrechtliche Diskriminierungsverbote außerhalb des AGG

Neben diesem System der §§ 19 bis 21 AGG finden sich zivilrechtliche Ansprüche, die diskriminierendes Verhalten unter Privaten betreffen, in der deutschen Rechtsordnung auch außerhalb des AGG.[397] Um hierauf einzugehen, bildet § 21 Abs. 3 AGG den naheliegendsten Ausgangspunkt:

> *§ 21 Ansprüche*
>
> *(3) Ansprüche aus unerlaubter Handlung bleiben unberührt.*

Das Anspruchsregime aus § 21 Abs. 1 und 2 AGG entfaltet demnach keine Sperrwirkung: Ansprüche aus unerlaubter Handlung können neben allgemeinzivilrechtlichen Ansprüchen aus dem AGG geltend gemacht werden. Deliktische diskriminierungsbedingte Ansprüche sind auf Grundlage des § 826 BGB wegen einer vorsätzlichen sittenwidrigen Schädigung[398] und § 823 Abs. 1 BGB wegen einer Persönlichkeitsrechtsverletzung[399] denkbar.[400] Auch allgemeine Unterlassungsansprüche gem. § 1004 BGB analog können bestehen.[401] Des Weiteren sind

---

397 *Beigang u. a.*, Möglichkeiten der Rechtsdurchsetzung des Diskriminierungsschutzes bei der Begründung, Durchführung und Beendigung zivilrechtlicher Schuldverhältnisse, S. 61 sprechen von „weiteren Normen des Zivilrechts mit potenziell diskriminierungsschutzrechtlichen Wirkungen"; *Mörsdorf*, Ungleichbehandlung als Norm, S. 182; *Stork*, Das Anti-Diskriminierungsrecht der Europäischen Union und seine Umsetzung in das deutsche Zivilrecht, S. 233ff. leistet eine umfassende Analyse des bestehenden Rechts bis zum Erlass des AGG, worauf weiterhin gewinnbringend zurückgeriffen werden kann; *Weller u. a.*, ZfPW 2020, 419 (429) rekrutieren auf § 2 Abs. 3 AGG, um den nicht abschließenden Charakter der Regelungen des AGG herzuleiten.

398 Nach *Thüsing*, in: MüKoBGB, AGG § 21, Rn. 73 können die Missachtung des Gleichheitssatzes aus Art. 3 Abs. 1 und 2 GG oder die der Menschenwürde des Betroffenen aus Art. 1 Abs. 1 GG im Einzelfall derart anstößig sein, dass bei entsprechendem Vorsatz ein Schadensersatzanspruch aus § 826 BGB gegeben sein kann.

399 Mit diskriminierendem Verhalten häufig einher geht die Negierung der Würde des Menschen als Person, was zu einer Verletzung des allgemeinen Persönlichkeitsrechts aus Art. 2 Abs. 1 i.V.m. Art. 1 Abs. 1 GG als Schutzgut von § 823 Abs. 1 BGB führt, vgl. *Thüsing*, in: MüKoBGB, AGG § 21, Rn. 71.

400 Zum Ganzen *Mörsdorf*, Ungleichbehandlung als Norm, S. 182; *Wiemann*, Diskriminierungsverbote unter Privaten, S. 69. Schutzgesetze i. S. d. § 823 Abs. 2 BGB stellen die Vorschriften des AGG nicht dar, vgl. ebenfalls a. a. O. m. w. N.

401 Hierzu *Beigang u. a.*, Möglichkeiten der Rechtsdurchsetzung des Diskriminierungsschutzes bei der Begründung, Durchführung und Beendigung zivilrechtlicher Schuldverhältnisse, S. 61; *Thüsing*, in: MüKoBGB, AGG § 21, Rn. 74.

auch die allgemeinen vertraglichen und vertragsähnlichen Ansprüche – wenn auch nicht ausdrücklich normiert – von keiner Sperrwirkung betroffen.[402] Bei diskriminierendem Verhalten sind aus diesem Grund auch Ansprüche wegen Verletzung vertraglicher Nebenpflichten gem. §§ 280 Abs. 1, 241 Abs. 2 BGB und der Verletzung vorvertraglicher Pflichten gem. §§ 280 Abs. 1, 311 Abs. 2, 241 Abs. 2 BGB möglich.[403] Als materielles Recht, das diskriminierendes Verhalten betreffen kann, ist zudem auf die Grundsatzregelungen des Allgemeinen Teils des BGB hinzuweisen.[404]

---

402 Vgl. *Thüsing*, in: MüKoBGB, 7. Aufl. 2015, [Vorbemerkungen] vor § 19 AGG, Rn. 1; siehe auch *Wiemann*, Diskriminierungsverbote unter Privaten, S. 70 mit Überlegungsansätzen zum Nebeneinander der Ansprüche: „Es ist […] nicht sinnvoll, eine abschließende Regelung durch das AGG anzunehmen, da dort nämlich keine Möglichkeit vorgesehen ist, bei einem abgeschlossenen Vertrag vom Vertrag Abstand zu nehmen und Schadensersatz statt der Leistung zu verlangen."

403 *Lüttringhaus*, Grenzüberschreitender Diskriminierungsschutz, S. 82; *Mörsdorf*, Ungleichbehandlung als Norm, S. 182; ausführlich *Thüsing*, in: MüKoBGB, AGG § 21, Rn. 75, der als Begründung für die Möglichkeit der parallelen Geltendmachung auch auf das in den Richtlinien normierte Günstigkeitsprinzip verweist, welches einem Absinken des Schutzniveaus entgegenstehe; *Wiemann*, Diskriminierungsverbote unter Privaten, S. 70.

404 *Beigang u. a.*, Möglichkeiten der Rechtsdurchsetzung des Diskriminierungsschutzes bei der Begründung, Durchführung und Beendigung zivilrechtlicher Schuldverhältnisse, S. 61.

Kapitel 3: Antidiskriminierungsschutz durch Eingriffsnormen

Im Rahmen des ersten Kapitels wurde der Versuch einer ersten Einordnung des Diskriminierungsschutzes zwischen Privaten im kollisionsrechtlichen Gefüge unternommen. In besonderem Maße hat dort die unionsrechtliche Prägung des Antidiskriminierungsrechts Erwähnung gefunden. Daneben wurden bereits die Rom I- und II-VO als Ausgangspunkte für die Untersuchung des diskriminierungsrechtlich relevanten Kollisionsrechtsregimes wie auch die (mögliche) Rolle der Eingriffsnormen als Schutzgaranten herausgestellt. Diese Ausführungen dienten dazu, ein Grundverständnis für den *Antidiskriminierungsschutz durch Eingriffsnormen* herzustellen. Hierauf wird nunmehr im folgenden Kapitel näher einzugehen sein.

Ein diskriminierungsrechtlicher Sachverhalt mit transnationalen Bezügen zwischen Deutschland und England bedingt zunächst die Untersuchung der Auswirkungen des Brexits auf das Internationale Privatrecht (hierzu bei *§ 1*). Der Brexit könnte zu einer veränderten kollisionsrechtlichen Handhabung solcher Rechtsverhältnisse geführt haben. Aus diesem Grund wird das Internationale Privatrecht einer ausführlichen Betrachtung unterzogen. Darauf aufbauend wird den diskriminierungsrelevanten Ansprüchen in einem deutsch-englischen Kollisionsrechtsfall nachgegangen (hierzu bei *§ 2*). In diesem Rahmen ist auch die Bedeutung der Eingriffsnormen zu vertiefen. Daran Anschluss nehmend sollen die Durchsetzung von Eingriffsnormen der *lex fori* (hierzu bei *§ 3*) und die Berücksichtigung von ausländischen Eingriffsnormen (hierzu bei *§ 4*) nachgezeichnet werden.

§ 1 Auswirkungen des Brexits auf das Internationale Privatrecht

Zunächst soll im Folgenden geklärt werden, inwiefern sich der vollzogene Brexit auf die Handhabung von Rechtsverhältnissen mit grenzüberschreitenden Berührungspunkten durch *das* Internationale Privatrecht auswirkt. Genau genommen ist diese Formulierung nicht zutreffend. *Das* eine relevante Internationale Privatrecht gibt es bekanntermaßen nicht. Vielmehr ist gerade der Frage nach dem einschlägigen Kollisionsrecht nachzugehen. Unterscheidet sich dieses bei einem Sachverhalt mit Berührungspunkten sowohl zu der englischen als auch der deutschen Rechtsordnung zu den vor dem EU-Austritt geltenden Regelungswerken?

Der Brexit hat – so weit kann bereits an dieser Stelle vorgegriffen werden – den Umgang mit grenzüberschreitenden Rechtsverhältnissen nicht vereinfacht.[405] Insbesondere dort, wo harmonisierendes EU-Sekundärrecht zugrunde liegt, bestehen in Bezug auf die englische Rechtsordnung nunmehr Unklarheiten. Weshalb? Mit dem EU-Austritt am 31. Januar 2020 – 24 Uhr MEZ hat das Unionsprimärrecht für das Vereinigte Königreich seine Geltung verloren.[406] Der Vertrag der Europäischen Union (EUV) und der Vertrag über die Arbeitsweise der Europäischen Union (AEUV) binden das UK seit dem Austrittsdatum[407] damit nicht mehr. Mit dem Wegfall der Regelung des Art. 288 AEUV als Teil des besagten Primärrechts ist auch die Bindung an das Unions-Sekundärrecht, maßgeblich an die EU-Verordnungen und -Richtlinien, entfallen.[408] Verordnungen gelten – wegen ihrer im Gegensatz zu Richtlinien fehlenden Umsetzung in nationales Recht – seitdem nicht mehr im Recht des Vereinigten Königreichs.[409] Dies hat unmittelbare Auswirkungen auf das IPR. Wegen der ohnehin nicht vollumfänglichen Beteiligung des Vereinigten Königreichs an einem übergeordneten Unions-IPR insbesondere für die Rom I- und II-VO.[410] In gewisser Weise ironisch erscheint es, dass die Rechtsvereinheitlichung auf dem Gebiet des IPR Teil der Beweggründe für die Austrittsentscheidung gewesen ist. Das Vereinigte Königreich allerdings gar nicht gezwungen war, sich an der Zusammenarbeit in diesem Bereich zu beteiligen.[411] Für die Rom I- und II-VO ist mit Art. 288 Abs. 2 AEUV ihr Geltungsanspruch innerhalb des Vereinigten Königreichs als übernational vereinheitlichtem Kollisionsrecht weggefallen.[412] Als *Verordnungsrecht* sind die Rom I- und II-VO mit

---

405 *Ungerer*, NJW 2021, 1270 (1270).

406 Vgl. Art. 50 Abs. 3 EUV: „*Die [Primärrechts-] Verträge finden auf den betroffenen Staat* ab dem Tag des Inkrafttretens des Austrittsabkommens oder andernfalls zwei Jahre nach der […] Mitteilung [an den Europäischen Rat in Übereinstimmung mit Abs. 2 zum beabsichtigten Austritt aus der Union] *keine Anwendung mehr* […]" (Hervorhebungen von der Verfasserin hinzugefügt).

407 Zum Übergangszeitraum sogleich.

408 Vgl. die Überlegungen hierzu bei *Basedow*, China-EU Law Journal 2017, 101 (107); siehe auch *Rühl*, ICLQ 2018, 99 (5) m. w. N.

409 Zum Ganzen siehe auch bei *Sonnentag*, Die Konsequenzen des Brexits für das Internationale Privat- und Zivilverfahrensrecht, S. 31ff. bei Fn. 30 mit zahlreichen weiteren Nachweisen.

410 *v. Hein*, in: MüKoBGB, EGBGB Art. 3, Rn. 57; *Lehmann/Zetzsche*, JZ 2017, 62 (64).

411 Ausführlich *Ungerer*, in: *Krammer/Baldus/Schmidt-Kessel (Hrsg.)*, Brexit und die juristischen Folgen, S. 297.

412 *Hausmann*, Internationales Privatrecht in der Notar- und Gestaltungspraxis, § 1. Begriffe und Rechtsquellen des IPR, Rn. 46a; in die Geltung der Rom I- und II-VO

dem Brexit am 31. Januar 2020 förmlich außer Kraft getreten.[413] Ein Teil der im Internationalen Vertrags- und Deliktsrecht geschaffenen Rechtssicherheit ist damit weggebrochen. Eine einheitliche Bestimmung des anzuwendenden Rechts findet im Verbund der EU-Mitgliedstaaten[414] mit dem Vereinigten Königreich künftig (zumindest) nicht mehr anhand der Rom I- und II-VO *als Verordnungsrecht* statt.

Anschließend an das Austrittsdatum hatte das BrexitAbk, welches am 17. Oktober 2019 vereinbart worden war, Regelungen für einen Übergangszeitraum vom 01. Februar 2020 bis zum 31. Dezember 2020 – jeweils MEZ – getroffen.[415] Dort wurde die temporäre Fortgeltung des Unions-Kollisionsrechts vereinbart und das Vereinigte Königreich in vielerlei Hinsicht weiterhin gleich einem EU-Mitgliedsland behandelt.[416] Während sich damit für den Übergangszeitraum noch dem IPR angenommen wurde,[417] fehlen Normierungen hierzu in der verbindlichen und endgültigen Fassung des Handels- und Kooperationsabkommens vom 24. Dezember 2020,[418] das die zukünftigen bilateralen (Handels-)Verhältnisse zwischen der EU und Großbritannien nach dem endgültigen Ausscheiden regeln soll, gänzlich.[419] Dabei hätte durchaus die Möglichkeit bestanden, sich der Thematik

---

hat das Vereinigte Königreich hineinoptiert, vgl. hierzu zunächst zusammenfassend bei *Sonnentag*, Die Konsequenzen des Brexits für das Internationale Privat- und Zivilverfahrensrecht, S. 20, 22.

413 Zum Ganzen siehe nur *Stürner*, in: BeckOGK, EGBGB Art. 6, Rn. 37.

414 Mit Ausnahme von Dänemark.

415 Teilweise wirken diese Regelungen auch noch über diesen Übergangszeitraum hinaus fort, dies ist hier jedoch nicht entscheidend. Vgl. zu den Einzelheiten ebenfalls: Amtsblatt der Europäischen Union L 029: Informationsnummer 2020/L 029 I/07 Abkommen über den Austritt des Vereinigten Königreichs Großbritannien und Nordirland aus der Europäischen Union und der Europäischen Atomgemeinschaft.

416 *Paulus*, in: BeckOGK, Rom I-VO Art. 1, Rn. 47; *Stürner*, in: BeckOGK, EGBGB Art. 6, Rn. 37.

417 Siehe Art. 66 lit. a BrexitAbk, abgedruckt in: Amtsblatt der Europäischen Union L 029: Informationsnummer 2020/L 029 I/07 Abkommen über den Austritt des Vereinigten Königreichs Großbritannien und Nordirland aus der Europäischen Union und der Europäischen Atomgemeinschaft, S. C 384 I/36.

418 Siehe dazu auch den vollständigen Text des Abkommens in: Amtsblatt der Europäischen Union L 149: Informationsnummer 2021/L 149/10 Abkommen über Handel und Zusammenarbeit zwischen der Europäischen Union und der Europäischen Atomgemeinschaft einerseits und dem Vereinigten Königreich Großbritannien und Nordirland andererseits.

419 *Stürner*, in: BeckOGK, EGBGB Art. 6, Rn. 37.

im Rahmen der Austrittsverhandlungen anzunehmen.[420] Es drängt sich die Frage auf, ob nunmehr eine unterschiedliche Bestimmung des jeweils anwendbaren Rechts droht, sodass die Tür geöffnet würde für *forum shopping* und Entscheidungsdisharmonien.[421] Wurde hier im Rahmen der Austrittsverhandlungen eine Chance, die die Konsequenzen für das Internationale Privatrecht[422] bereits hätte sinnvoll für zukünftige Verhältnisse regeln können, verpasst? Angesichts des Last-Minute-Deals, der überhaupt nur einen harten Brexit verhinderte, scheint die Vorstellung einer verpassten Chance zur umfassenden Mitregelung des IPR nicht mehr als entferntestes Wunschdenken. *Ungerer* spricht aus diesem Grund von einem „sektora[l] harten Brexit“[423]. Doch inwiefern ergeben sich nunmehr, nach Ablauf des Übergangszeitraumes am 31. Dezember 2020 – 24 Uhr MEZ, tatsächlich Abweichungen bei der Handhabung von internationalprivatrechtlichen Sachverhaltskonstellationen? Um dies beantworten zu können, ist eine vierschneidige Unterscheidung vorzunehmen: Zum einen ist zwischen der Zuständigkeit[424] eines deutschen bzw. anderen mitgliedstaatlichen Gerichts und der Zuständigkeit eines englischen Gerichts zu unterscheiden, aus dessen Perspektive sich die Frage nach dem einschlägigen Kollisionsrecht stellt. Zum anderen ist zwischen Alt- und Neufällen zu differenzieren, deren zeitliche Trennlinie der 31. Dezember 2020 bildet.[425] Hier wird die jeweilige Zuständigkeit zunächst unterstellt, um im Interesse des inhaltlichen Schwerpunktes der Arbeit einen Fokus auf die Kollision der Rechtsordnungen legen zu können.

A. Zuständigkeit eines mitgliedstaatlichen Gerichts

Ist die Gerichtszuständigkeit eines mitgliedstaatlichen – z. B. deutschen – Gerichts gegeben, kann untersucht werden, ob sich im Verhältnis zum UK bei einem Vergleich zwischen Alt- und Neufällen die relevante Kollisionsrechtsordnung unterscheidet.

---

420 Zu einer möglichen Regelung im Austrittsübereinkommen nach Art. 50 Abs. 2 u. 3 EUV siehe *Fervers*, in: BeckOGK, EGBGB Art. 3, Rn. 63.

421 So *Lehmann/Zetzsche*, JZ 2017, 62 (64).

422 Zum Internationalen Zivilverfahrensrecht später bei ***Kapitel 4 § 1***.

423 Vgl. *Ungerer*, NJW 2021, 1270 (1270).

424 Das Zivilverfahrensrecht und die Zuständigkeitsfrage sind Gegenstand von ***Kapitel 4***.

425 Diese Unterscheidung trifft so auch *Ungerer*, NJW 2021, 1270 (1273), der jedoch seine Untersuchung auf die Perspektive der deutschen Gerichtszuständigkeit begrenzt. vgl. ebenfalls *Paulus*, in: BeckOGK, Rom I-VO Art. 1, Rn. 47.

I. Altfälle inkl. Übergangszeitraum

Unter den sog. ‚Altfällen' sollen dabei in erster Linie diejenigen Sachverhalte verstanden werden, bei denen der Vertragsschluss oder das deliktsrechtlich relevante Ereignis noch vor dem EU-Austrittsdatum des Vereinigten Königreichs am 31. Januar 2020 – 24 Uhr MEZ lag. Zu diesen Altfällen im eigentlichen Sinne hinzu treten Konstellationen, die sich in dem Übergangszeitraum zwischen dem Austrittsdatum und dem Ende der Übergangsfrist am 31. Dezember 2020 – 24 Uhr MEZ ereignet haben.[426] Für grenzüberschreitende Rechtsverhältnisse, bei denen der Vertragsschluss oder das deliktsrechtlich relevante Ereignis sich noch vor dem Ende der Übergangsphase zugetragen hat, ist das anzuwendende Sachrecht von mitgliedstaatlichen Gerichten unproblematisch nach den Rom I- und II-VO als den maßgeblichen Kollisionsrechtsordnungen zu bestimmen.[427] Dies ergibt sich – neben der universellen Anwendbarkeit –[428] bereits daraus, dass das Vereinigte Königreich in diesen Zeitpunkten noch an dem Verordnungsrecht teilnehmender Mitgliedstaat oder zumindest noch weiterhin als solcher zu behandeln war. Wenden die mitgliedstaatlichen Gerichte zukünftig, d. h. zu einem Zeitpunkt, in dem das Vereinigte Königreich kein Unions-Mitgliedstaat mehr ist, die Rom I- oder II-VO bei solchen Altfällen an, ist Großbritannien im Rahmen der Rom-Verordnungen dennoch weiterhin als Mitgliedstaat entsprechend Art. 7 Abs. 1 BrexitAbk zu behandeln.[429] Auch die ergangene Rechtsprechung des EuGH zu den Verordnungen bleibt hier verbindlich.[430]

II. Neufälle

Für grenzüberschreitende Rechtsverhältnisse, bei denen der Vertragsschluss oder das deliktsrechtlich relevante Ereignis nach Ende des Übergangszeitraumes liegt,

426 Sofern diesen eine (von den ‚Altfällen' im eigentlichen Sinne) gesonderte Bewertung zukommen sollte, wird dies im Folgenden hervorgehoben. Ansonsten sind diese entsprechend einzuordnen.

427 Vgl. *Ungerer*, NJW 2021, 1270 (1273).

428 Hierzu sogleich.

429 *Paulus*, in: BeckOGK, Rom I-VO Art. 2, Rn. 7.

430 Hierzu *Paulus*, in: BeckOGK, Rom I-VO Art. 1, Rn. 50 mit dem ausdrücklichen Hinweis bei Fn. 275, dass dies gem. Art. 86 BrexitAbk sogar auch für Verfahren gelte, die vor Ende des Übergangszeitraums durch oder gegen das Vereinigte Königreich eingeleitet werden, selbst wenn die Entscheidung erst nach Ablauf des Übergangszeitraums ergeht.

gilt das Vereinigte Königreich aus Perspektive der Mitgliedstaaten als Drittstaat.[431] Doch hat dies Auswirkungen auf das anzuwendende Kollisionsrechtsregime? Art. 2 Rom I-VO und Art. 3 Rom II-VO normieren jeweils die universelle Anwendung der jeweiligen Verordnung. Das bedeutet konkret, dass das nach den Verordnungen ermittelte Recht auch dann zugrunde zu legen ist, wenn es nicht das Recht eines Mitgliedstaates ist.[432] Ob aus der Sicht eines mitgliedstaatlichen Gerichts das Vereinigte Königreich demnach der Union angehört oder nicht, hat für die Bestimmung des anwendbaren Rechts zunächst keinerlei Bedeutung.[433] Demnach könnten die Rom I- und II-VO weiterhin zur Ermittlung des einschlägigen Sachrechts im Verhältnis zu Großbritannien herangezogen werden. Völlig unproblematisch gestaltet sich die kollisionsrechtliche Lage bei einem Sachverhalt mit Verbindungen zum Vereinigten Königreich nach dem endgültig vollzogenen Brexit dennoch nicht. Diese Schwierigkeiten beziehen sich auf die Rom I-VO.[434] Teilweise wurde im Zuge des Austrittprozesses die Bezugsmöglichkeit auf die Rom-I VO (aus deutscher Sicht) für die Frage nach dem für vertragliche Schuldverhältnisse anwendbaren Sachrecht bestritten. Grund hierfür ist das ‚Übereinkommen über das auf vertragliche Schuldverhältnisse anzuwendende Recht'[435] von 1980, auch bekannt als Europäisches Schuldvertragsübereinkommen (EVÜ). Mit dem Ende der Brexit-Übergangsphase und einer in dieser Hinsicht fehlenden anderslautenden Vereinbarung, wurde von einigen Rechtswissenschaftlern angenommen, dass gegenüber dem UK das EVÜ als insoweit maßgebliches (Vorgänger-)Kollisionsrechtsregime automatisch wiederaufgelebt sei.[436] Hintergrund

431 Siehe nur *Strauß*, MittBayNot 2021, 440 (450); *Paulus*, in: BeckOGK, Rom I-VO Art. 1, Rn 51 verweist hierfür auf einen Umkehrschluss zu Art. 66 lit. a BrexitAbk; *Hausmann*, Internationales Privatrecht in der Notar- und Gestaltungspraxis, § 1. Begriff und Rechtsquellen des IPR, Rn. 46a.

432 *Mankowski*, EuZW-Sonderausg. 1/2020, 3 (6f.): „Aus der Perspektive der Mitgliedstaaten der Rom I-VO ändert sich im Internationalen Schuldvertragsrecht nichts […]."

433 *v. Hein*, in: MüKoBGB, EGBGB Art. 3, Rn. 57; *Ungerer*, NJW 2021, 1270 (1273); *Hausmann*, Internationales Privatrecht in der Notar- und Gestaltungspraxis, § 1. Begriff und Rechtsquellen des IPR, Rn. 46a.

434 Zur Nichtbetroffenheit der Rom II-VO vgl. *Ungerer*, NJW 2021, 1270 (1274).

435 Abgedruckt in: Amtsblatt der Europäischen Gemeinschaft L 266: Informationsnummer 1980/L 266/1 Übereinkommen über das auf vertragliche Schuldverhältnisse anzuwendende Recht, aufgelegt zur Unterzeichnung am 19.Juni 1980 in Rom/* Konsolidierte Fassung CF 498Y0126(03) */.

436 Zum dogmatischen Streit im Einzelnen siehe *Lehmann/Zetzsche*, JZ 2017, 62 (64); *Mankowski*, EuZW-Sonderausg. 1/2020, 3 (6) spricht vom EVÜ als möglichem „Stö-

dessen ist, dass weder Deutschland noch das Vereinigte Königreich bisher formell das völkerrechtliche Übereinkommen nach dessen Art. 30 EVÜ gekündigt haben.[437] Daraus wurde von den benannten Rechtswissenschaftlern sodann eine Maßgeblichkeit des EVÜ statt der Rom I-VO im Verhältnis zu Großbritannien gefolgert.[438] Mehrheitlich wurde dieser Ansicht jedoch nicht beigepflichtet. Beide Lager konnten in der fortschreitenden Debatte zwar Argumente auf ihrer jeweiligen Seite verbuchen.[439] Das Vereinigte Königreich hat jedoch der Geltung des EVÜ für sog. ‚Neufälle'[440] eine politische Absage erteilt. Deshalb ist die Überlegung aus der rechtswissenschaftlichen Debatte anschließend wieder weitestgehend verschwunden.[441]

An dieser Stelle auf das Antidiskriminierungsrecht zurückkommend kann jedoch zumindest in Teilbereichen nicht davon ausgegangen werden, dass die Maßgeblichkeit des EVÜ völlig unproblematisch wäre.[442] Gerade die Behandlung von den für das Antidiskriminierungsrecht mitmaßgeblichen ausländischen Eingriffsnormen hat im Rahmen der Rom I-VO eine völlig neue Gestalt im Gegensatz zum EVÜ angenommen.[443] Letztverbindlich werden erst Gerichtsentscheidungen zeigen können, ob die Diskussion um ein Wiederaufleben des EVÜ für Kollisionsrechtsfälle post-Brexit aus der Luft gegriffen war.[444] Die Legislative im Vereinigten

---

renfried"; *Rühl*, ICLQ 2018, 99 (7) benennt zahlreiche relevante Stimmen hierzu auch aus dem englischsprachigen Raum.

437 Siehe die Ausführungen bei *Lehmann/Zetzsche*, JZ 2017, 62 (64f.); *Mankowski*, EuZW-Sonderausg. 1/2020, 3 (6); vgl. ebenfalls *Ungerer*, NJW 2021, 1270 (1273).

438 Hierzu ebenfalls *Ungerer*, NJW 2021, 1270 (1273).

439 Hierfür sei auf die bei *Ungerer*, NJW 2021, 1270 (1273) angesprochenen Quellen verwiesen.

440 Diese politische Absage zeigt sich besonders deutlich im: Explanatory Memorandum To The Law Applicable to Contractual Obligations and Non-Contractual Obligations (Amendment etc.) (EU Exit) Regulations 2019, Gliederungspunkt 6.2: „The UK's status as a contracting party to the 1980 Rome Convention (which was only open for signature by states party to the Treaty establishing the EEC) will terminate as a matter of international law, after the UK has left the EU and the Convention will no longer be binding on the UK." [abrufbar unter: https://www.legislation. gov.uk/uksi/2019/834/pdfs/uksiem_20190834_en.pdf (zuletzt abgerufen am 14.11.2022)].

441 *Rühl*, ICLQ 2018, 99 (7f.) liefert zudem zahlreiche überzeugende Kritikpunkte dafür, dass einem Wiederaufleben des EVÜ schon im Grundsatz eine Absage zu erteilen ist.

442 Anders *Ungerer*, NJW 2021, 1270 (1273).

443 Dies hervorhebend auch *Lehmann/Zetzsche*, JZ 2017, 62 (65).

444 Auf die abzuwartende Entscheidung der Gerichte verweist *Ungerer*, NJW 2021, 1270 (1273).

Königreich jedenfalls möchte das EVÜ nur für Fälle vor Geltung der Rom I-VO angewendet wissen.[445]

B. Zuständigkeit eines englischen Gerichts

Ist die Gerichtszuständigkeit eines englischen Gerichts gegeben, kann ebenfalls untersucht werden, ob sich im Verhältnis zu Deutschland als EU-Mitgliedsstaat bei einem Vergleich zwischen Alt- und Neufällen die relevante Kollisionsrechtsordnung unterscheidet.

I. Altfälle inkl. Übergangszeitraum

Art. 66 lit. a und b BrexitAbk treffen für die im Vereinigten Königreich auf vertragliche und außervertragliche Schuldverhältnisse anzuwendenden Rechtsakte folgende Regelung: Die Rom I-VO gilt für Verträge, die vor dem Ablauf der Übergangszeit abgeschlossen wurden, vgl. Art. 66 lit. a BrexitAbk. Die Rom II-VO gilt für schadensbegründende Ereignisse, die vor dem Ablauf der Übergangszeit eingetreten sind. Damit geht Art. 66 BrexitAbk über die grundsätzliche Geltungserstreckung des Unionsrechts für das Vereinigte Königreich während des (abgelaufenen) Übergangszeitraumes hinaus. Vielmehr gelten die Rom I- und II-VO als Unionsrecht auch nunmehr, nach dem Ende der Übergangsphase, sofern der Vertrag nur vor dem Ablauf des 31. Dezember 2020 – 24:00 Uhr MEZ geschlossen wurde bzw. das schadensbegründende Ereignis vor besagtem Zeitpunkt eingetreten ist, für das Vereinigte Königreich fort.[446] Auch solche Konstellationen sind damit als Altfälle, die den Übergangszeitraum miterfassen, einzuordnen. Für schadensbegründende Ereignisse und Vertragsschlüsse, die sich noch vor dem Austrittsdatum bzw. dem Beginn der Übergangsphase zugetragen haben und zukünftig streitgegenständlich sein sollten, sind weiterhin die Rom I- und II-VO als die zum Schadensereignis bzw. dem Vertragsschlusszeitpunkt maßgeblichen Kollisionsrechtsregime von der englischen Gerichtsbarkeit anzuwenden. Diese gelten bei solchen Altkonstellationen weiterhin als genuines Unionrecht für das Vereinigte Königreich. Daran kann der zeitlich betrachtet

445 Vgl. Explanatory Memorandum To The Law Applicable to Contractual Obligations and Non-Contractual Obligations (Amendment etc.) (EU Exit) Regulations 2019, Gliederungspunkt 2.4; zum Ganzen siehe außerdem *Paulus*, in: BeckOGK, Rom I-VO Art. 1, Rn. 52.

446 Vgl. nur *Kramme u. a.*, Brexit, § 3 Rn. 72; *Wagner*, IPRax 2021, 2 (5).

nach dem Schadensereignis oder Vertragsschluss liegende Brexit aus Gründen der Rechtssicherheit nichts ändern.[447]

II. *Neufälle*

Für grenzüberschreitende Rechtsverhältnisse, bei denen der Vertragsschluss oder das deliktsrechtlich relevante Ereignis nach dem Ende des Übergangszeitraums liegt, werden – geschweige denn können – englische Gerichte die Rom I- und II-VO *als Unions-Verordnungsrecht* nicht mehr anwenden. Der die Geltung für das Verordnungsrecht in das nationale Mitgliedstaatsrecht vermittelnde Art. 288 AEUV ist bereits mit dem Austrittsdatum für das Vereinigte Königreich als Teil des europäischen Primärrechts als Rechtsnorm entfallen und auch die übergangsweise angeordnete Weitergeltung der Rom I- und II-VO in Art. 66 lit. a und b BrexitAbk ist nur auf Fallkonstellationen vor dem Ablauf des 31. Dezember 2020 MEZ begrenzt. Das maßgebliche Kollisionsrechts weicht damit denknotwendig für Neufälle ab.[448] Welches Kollisionsrecht ist aber insofern zukünftig maßgeblich? Denkbar wäre eine Regelung der justiziellen Zusammenarbeit in grenzüberschreitenden Zivilsachen im Rahmen der Ausarbeitung der Austrittsabkommen im weiteren Sinne gewesen.[449] Eine Vereinbarung in dieser Hinsicht wurde jedoch nicht getroffen.[450] Aus Perspektive der englischen Gerichtsbarkeit ist daher mangels Bestehens eines übernationalen Kollisionsrechtssystems in den hier angesprochenen Sachverhaltskonstellationen auf das autonome englische (Kollisions-)Recht abzustellen.[451] Dieses hat angesichts des Brexits eine maßgebliche Erweiterung erfahren. Um den eigenen Austritt aus der EU zu regeln, hat das Vereinigte Königreich vier ‚Hauptgesetze' und im Wege delegierter Befugnisse eine Vielzahl se-

---

447 Siehe nur *Rüscher*, EuZW 2018, 937 (939), der hierfür die ex nunc-Wirkung des Art. 50 Abs. 3 EUV aus dessen Wortlaut herausarbeitet und hieraus ableitet, dass sich auch bei der sekundärrechtlichen Rom I-VO danach kein rückwirkender Wegfall der Anwendbarkeit ergeben dürfe. Zudem verweist er auf Vertrauensschutzgesichtspunkte.

448 *Hausmann*, Internationales Privatrecht in der Notar- und Gestaltungspraxis, § 1. Begriff und Rechtsquellen des IPR, Rn. 46a; *Stürner*, in: BeckOGK, EGBGB Art. 6, Rn. 37.

449 Zu den Ausgestaltungen der Beziehungen zwischen der Europäischen Union und dem Vereinigten Königreich nach dem Brexit für das Internationale Privat- und Zivilverfahrensrecht, die ursprünglich denkbar gewesen wären, *Sonnentag*, Die Konsequenzen des Brexits für das Internationale Privat- und Zivilverfahrensrecht, S. 3ff.

450 Siehe ***Kapitel 3 § 1***.

451 *Paulus*, in: BeckOGK, Rom I-VO Art. 1, Rn. 53; *Stürner*, in: BeckOGK, EGBGB Art. 6, Rn. 37.

kundärer Begleitverordnungen mit weiterführenden, detaillierteren Anpassungen erlassen. Auf zwei dieser Gesetze ist vor dem Hintergrund des Kollisionsrechts ausführlicher einzugehen: auf den ‚European Union (Withdrawal) Act 2018'[452] und den ‚European Union (Withdrawal Agreement) Act 2020'[453].[454]

Im Interesse einer einheitlichen Fortsetzung der Rechtsverhältnisse für den Zeitraum, in welchem das Vereinigte Königreich an zukünftigen nationalen und internationalen Gesetzgebungen post-Brexit arbeitet, wurde durch section 3 (1) des European Union (Withdrawal) Act 2018 eine Überführung des EU-Verordnungsrechts in innerstaatliches englisches Recht am ‚*exit day*' angeordnet. Der (aus juristischer Perspektive) nur sehr begrenzte Zeitrahmen zwischen der Entscheidung zum Austritt aus der EU und dem Vollzug desselben hatte keinen Raum für ein reformatorisches Tätigwerden aufgrund politischer Erwägungen bereits im Vorfeld der Beendigung der Unions-Mitgliedschaft gelassen.[455] Die gesetzgeberische Zuständigkeit liegt zukünftig wieder gänzlich beim Vereinigten Königreich. Die Ausübung dieser Zuständigkeit wird zunächst jedoch aufgeschoben.[456] „Die jetzt geplante Gesetzesregelung [der Überführung EU-Verordnungsrechts in innerstaatliches englisches Recht] gilt als ‚holding operation': Man will

452 European Union (Withdrawal) Act 2018 (2018 c. 16): An Act to repeal the European Communities Act 1972 and make other provision in connection with the withdrawal of the United Kingdom from the EU.

453 European Union (Withdrawal Agreement) Act 2020 (2020 c. 1): An Act to implement, and make other provision in connection with, the agreement between the United Kingdom and the EU under Article 50(2) of the Treaty on European Union which sets out the arrangements for the United Kingdom's withdrawal from the EU.

454 Zum Ganzen bei *Dickinson*, IPRax 2021, 213 (214), der auf alle vier Gesetze ausführlich eingeht.

455 Zu weit geht es daher wohl, wenn *Mankowski*, EuZW-Sonderausg. 1/2020, 3 (6) feststellt, dass sich das Vereinigte Königreich ausschließlich aufgrund des großen inhaltlichen Gefallens dazu entschlossen habe, den Regelungsgehalt der Rom I-VO fortzuführen.

456 Nach *Eberhardt*, RIW 2021, 292 (292) kann diese zunächst erfolgende Synchronisierung jedoch nicht darüber hinwegtäuschen, dass sich zukünftig die Gesetzgebung des Vereinigten Königreichs unabhängig von der EU-gesteuerten Gesetzgebung entwickeln und sodann eine Entharmonisierung eintreten wird; vgl. auch *Ernst*, ZfPW 2018, 369 (369f.); *Grupp*, NJW 2017, 2065 (2065) weist darauf hin, dass auch bei einer künftigen Fortgeltung weiter Teile des bisherigen EU-Rechts als nationalem Recht, die Auswirkungen des Brexits nicht zu vernachlässigen seien. Ein Gleichlauf zwischen dem nationalen Recht und den weiteren Entwicklungen des EU-Rechts finde so gerade nicht (mehr) statt.

ein ‚regulatory black hole' vermeiden, das sich am ‚exit day' auftun könnte."[457] Section 20 des European Union (Withdrawal) Act 2018 hat als diesen sog. ‚*exit day*', zu welchem die Überführung in nationales Recht synchron verlaufen sollte, ursprünglich den 31. Januar 2020 um 23:00 Uhr UTC – was 24:00 Uhr MEZ entspricht – legaldefiniert. Aufgrund der erst später erfolgten Einigung auf einen sich an das offizielle Austrittsdatum anschließenden Übergangszeitraum, wurde dieser Überführungszeitpunkt entsprechend section 1 und 2 des European Union (Withdrawal Agreement) Act 2020[458] sodann mittelbar auf den 31. Dezember 2020 um 23:00 Uhr UTC hinausgeschoben. In section 39 (1) European Union (Withdrawal Agreement) Act 2020 wird dieser Zeitpunkt dementsprechend als „I[mplementation] P[eriod] completion day" bezeichnet.[459] Damit ist zeitgleich zum Ende der Übergangsperiode sog. ‚*retained EU-law*', innerstaatliches Recht mit dem Inhalt des aufgehobenen Unionsrechts in Kraft getreten.[460] Möglich ist dies überhaupt nur deshalb, weil die Verordnungen ihrem Regelungsgehalt nach keine Gegenseitigkeit voraussetzen und somit auch einseitig vom Vereinigten Königreich fortgeführt werden können.[461]

An einigen Stellen musste dieses neue nationale Recht aufgrund seiner ursprünglich unionsrechtlichen Einkleidung dennoch modifiziert und angepasst werden.[462] Wie bereits weiter oben dargestellt, wurde die Überführung daher von einem „Gesamtpaket [an] Rechtssetzungsakten"[463] flankiert. Das ‚*retained*

457 So *Ernst*, ZfPW 2018, 369 (370); *Rentsch*, EuZW 2017, 981 (981) verweist in diesem Zusammenhang auf die selbstgewählte Formulierung eines ansonsten drohenden „confused and incomplete legal system[s]", welches zurückgelassen würde (Legislating for the United Kingdom's Withdrawal from the European Union, Cm 9446, S. 13, 2.4).

458 European Union (Withdrawal Agreement) Act 2020 (2020 c. 1): An Act to implement, and make other provision in connection with, the agreement between the United Kingdom and the EU under Article 50(2) of the Treaty on European Union which sets out the arrangements for the United Kingdom's withdrawal from the EU.

459 Hierzu vgl. umfassend *Paulus*, in: BeckOGK, Rom I-VO Art. 1, Rn. 53 bei Fn. 291.

460 Statt aller *Grušić*, in: *Guinchard (Hrsg.)*, Rome I and Rome II in Practice, S. 580: „The UK Government has decided to retain the provisions of the two Regulations as part of UK law and the retained provisions will be applicable after the expiry of the Brexit implementation period as part of domestic law".

461 *Mankowski*, EuZW-Sonderausg. 1/2020, 3 (6f.) m. w. N.

462 *Ernst*, ZfPW 2018, 369 (374); *Mankowski*, EuZW-Sonderausg. 1/2020, 3 (7) zu den - im Vergleich zur Rom I-VO - substanzielleren Änderungen im Bereich der Rom II-VO; siehe auch *Stürner*, in: BeckOGK, EGBGB Art. 6, Rn. 37 zu ‚retained EU Law'.

463 *Ernst*, ZfPW 2018, 369 (377). Zu der Rechtssetzung durch Parlamentsgesetz und Verordnungen vor dem Hintergrund der EU Withdrawal Acts im Einzelnen auch auf

EU-law' stellt seiner Rechtsnatur und Anwendungsmethodik nach eine neue Form von Inlandsrecht dar.[464] In ,The Law Applicable to Contractual Obligations and Non-Contractual Obligations (Amendment etc.) (EU Exit) Regulations 2019', die als Begleitverordnung im Sinne von section 8 (1) des European Union (Withdrawal) Act 2018 erlassen worden ist,[465] werden die Rom I- und II-VO als Rechtsvorschriften auf dem Gebiet des Internationalen Privatrechts ausdrücklich als Teil des Transformationsprogramms für das nationale Recht mitumfasst und ihnen gesondert eine Regelung mit einzelnen Übernahmemodifikationen zugeführt.[466] Diese Regelungen wurden wiederum ergänzt durch ,The Jurisdiction, Judgments and Applicable Law (Amendment) (EU Exit) Regulations 2020', wodurch insbesondere begriffliche Unklarheiten ausgeräumt werden sollten. Vor dem Hintergrund dieser Vorschriften und der in ihnen enthaltenen Modifikationen, gelten die Rom I- und II-VO seit dem 01. Januar 2021 als nationales englisches Recht. *Von Hein* spricht in diesem Zusammenhang von „anglisierten Varianten der Rom I-VO und der Rom II-VO"[467].[468] Diese anglisierten Varianten stehen damit sinnbildlich für den Rückbau des supranationalen Rechtsgefüges EU, dem das Vereinigte Königreich angehörte, und die Rekonstruktion der nationalen Rechtsordnung(en) unter Einbeziehung derjenigen Aspekte, die in die Gesetzgebungskompetenz der Union fielen. Fallen demnach Neufälle in die Zuständigkeit eines englischen Gerichts, ist das nationale Kollisionsrechtsregime gefragt. Dieses besteht für die hier interessierenden Sachverhaltskonstellationen aus den in das nationale englische Recht übernommenen Rom I- und II-VO. Ihre anglisierten Varianten entscheiden bei Neufällen darüber, welches Recht auf einen zu entscheidende Sachverhaltskonstellationen Anwendung findet.[469]

S. 377f.; siehe zu den Modifikationen auch *Mankowski*, EuZW-Sonderausg. 1/2020, 3 (6) m. w. N.

464 So ausdrücklich *Ernst*, ZfPW 2018, 369 (382); zum damaligen Zeitpunkt noch hypothetisch *Grupp*, NJW 2017, 2065 (2065).

465 Vgl. die Einleitung zu: The Law Applicable to Contractual Obligations and Non-Contractual Obligations (Amendment etc.) (EU Exit) Regulations 2019.

466 *Paulus*, in: BeckOGK, Rom I-VO Art. 1, Rn. 53.

467 *v. Hein*, in: MüKoBGB, EGBGB Art. 3, Rn. 57.

468 Vgl. wiederum *Paulus*, in: BeckOGK, Rom I-VO Art. 1, Rn. 53.

469 Eine ausführliche Darstellung relevanter englischer Gerichtsentscheidungen mit Bezug zu den Rom I- und II-VO während der Unionsmitgliedschaft leistet *Grušić*, in: *Guinchard (Hrsg.)*, Rome I and Rome II in Practice, S. 582-587.

C. Zukunftsperspektive

Die kollisionsrechtliche Handhabung von Rechtsverhältnissen mit Bezug sowohl zu der englischen als auch der deutschen Rechtsordnung, denen ein Vertragsschluss oder ein schadensbegründendes Ereignis nach dem Ende der Übergangsphase zugrunde liegt, unterscheidet sich von derjenigen, die Altfälle zum Beurteilungsgegenstand hat. Hierzu wurde bereits ausführlich Stellung genommen. Insoweit ist auf die beiden vorstehenden Abschnitte zu verweisen. Das Verlassen der EU durch das Vereinigte Königreich entspricht mit *Ungerer* einer Einbuße von Rechtssicherheit für grenzüberschreitende Rechtsverhältnisse im europäischen Raum.[470] Dem könnte mit einer Regelungszuführung auf internationaler Ebene begegnet werden, wobei auf das Fehlen einer solchen Normierung im Handels- und Kooperationsabkommen bereits hingewiesen worden ist.[471] Dies war – realistisch betrachtet – von dem Abkommen als Grundsteinlegung der zukünftigen Beziehungen zwischen der Union und dem Vereinigten Königreich allerdings auch nicht zu erwarten.[472] Perspektivisch könnte in der Aushandlung eines neuen Abkommens in diesem Bereich jedoch ein Teil der von der Brexit-Regierung verfolgten neuen strategischen Partnerschaft mit der Union liegen. Eine neu auszuhandelnde Vereinbarung würde dem Vereinigten Königreich die Gelegenheit eröffnen, das Kollisionsrechtsregime im britischen Interesse zu beeinflussen.[473] Ungeachtet dieser Perspektive wird es Jahre in Anspruch nehmen, die zukünftigen Verhältnisse tragfähig auszugestalten und ihnen rechtliche

---

470 *Ungerer*, in: *Krammer/Baldus/Schmidt-Kessel (Hrsg.)*, Brexit und die juristischen Folgen, S. 298; auch *Terhechte*, NJW 2021, 417 (417) attestiert bisher (ohne sich dabei konkret auf das IPR zu beziehen) keine positive Auswirkung des Brexits auf die Rechtssicherheit: „Die Verlustbilanzen auf ökonomischer, kultureller und rechtlicher Ebene sind [...] gewaltig.“.

471 *Stürner*, in: BeckOGK, EGBGB Art. 6, Rn. 37.

472 *Rühl*, OBLB 13. April 2017 hat als erste mögliche Option sogar die Vereinbarung der weiteren Anwendung des EU-Rahmens gesehen. Dies begründete sie damit, dass justizielle Zusammenarbeit nicht auf der Agenda der Brexit-Befürworter stand und so die Beibehaltung des Status quo keinen politischen Schaden angerichtet hätte.

473 Vgl. *Rühl*, OBLB 13. April 2017, die weitergehend darauf verweist, dass vor dem Hintergrund dessen, wie lange Zeit es gedauert hat, die bestehenden EU-Normen auszuhandeln und der Tatsache, dass die justizielle Zusammenarbeit keine oberste Priorität bei den Brexit-Aushandlungen hat, dies viele Jahre in Anspruch nehmen wird.

Regelungen zuzuführen.[474] Der „sektoral harte Brexit"[475] wird danach zunächst Bestand haben. Die Kompetenz zur zukünftigen Änderung des Handels- und Kooperationsabkommens würde den Vertragsparteien jedoch hinsichtlich des Internationalen Privatrechts zustehen.[476]

Die europäische Kollisionsrechtsharmonisierung ist damit zum jetzigen Zeitpunkt nicht vollständig rückgängig gemacht. Mit der Nationalisierung der Rom-Verordnungen als ‚*retained EU-law*' gelten diese als Regelungswerke künftig auch im Vereinigten Königreich fort. Möglich wird dies überhaupt nur dadurch, dass – im Gegensatz zum Internationalen Zivilverfahrensrecht – für den Bereich des Internationalen Privatrechts „keine Vereinbarung der Gegenseitigkeit erforderlich ist, um – bei Vorhandensein eines entsprechenden politischen Willens – im Vereinigten Königreich nach dem Wirksamwerden des Brexits im Wesentlichen die gleichen kollisionsrechtlichen Regelungen anwenden zu können wie in den Mitgliedstaaten der Europäischen Union"[477].[478]

Die Weitergeltung als (einseitiges) nationales Recht in der Form, die das Unionsrecht zum Stichtag des Endes der Übergangsphase hatte, wird zukünftig aber nur bedingt zu einer einheitlichen Bestimmung des anwendbaren Rechts durch englische und mitgliedstaatliche Gerichten führen und dementsprechend Rechtssicherheit herbeiführen können.[479] Für das Vereinigte Königreich sind

474 Vgl. *Terhechte*, NJW 2021, 417 (417).

475 Zu dieser Bezeichnung nach *Ungerer*, NJW 2021, 1270 (1270) siehe bereits weiter oben.

476 *Fabbrini*, The Law and Politics of Brexit 2022, S. 25 sieht das Handels- und Kooperationsabkommen als Rahmen für die zukünftige (weitere) Ausgestaltung der Beziehungen zwischen der EU und dem Vereinigten Königreich und begründet dies mit der Überprüfungsverpflichtung nach fünf Jahren und der Ergänzungsmöglichkeit zu anderen Themenbereichen; *Terhechte*, NJW 2021, 417 (419); *Rühl*, OBLB 13. April 2017 verweist darauf, dass es in diesem Fall eines Streitbeilegungsverfahrens bedürfte, es jedoch unklar ist, ob die EU überhaupt bereit wäre, neben dem EuGH ein neues Gerichtssystem zu schaffen, das sich mit Fragen des Kollisionsrechts beschäftigen würde.

477 *Sonnentag*, Die Konsequenzen des Brexits für das Internationale Privat- und Zivilverfahrensrecht, S. 43.

478 Zum Gegenseitigkeitserfordernis im Internationalen Privat- und Zivilverfahrensrecht im Hinblick auf den Brexit auch ausführlich *Mankowski*, EuZW-Sonderausg. 1/2020, 3 (3ff.).

479 Vgl. nur *Rühl*, ICLQ 2018, 99 (25f.).

Rechtsetzung und Rechtsprechung der EU nicht mehr verbindlich.[480] Das Vorabentscheidungsverfahrens nach Art. 267 AEUV als wesentlicher Katalysator der Rechtsvereinheitlichung durch den EUGH wirkt sich auf die englische Rechtsordnung wegen ihrer Entkoppelung von den unionalen Institutionen nicht mehr aus.[481] Perspektivisch wird es so zu Differenzen (zunächst) in der Auslegung und (dann) in der Weiterentwicklung des Normgefüges kommen.[482] Die Anwendung der anglisierten Varianten der Rom I-VO und der Rom II-VO als fortan nationales Recht europäischen Ursprungs wird absehbar nicht derjenigen durch die Mitgliedstaaten als EU-Verordnungsrecht entsprechen.[483]

§ 2 Diskriminierungsrelevante Ansprüche im Kollisionsrechtsfall

Von dieser zukünftigen Entwicklung unabhängig stellt sich (aus heutiger Perspektive) die Frage nach der korrekten Qualifikation von diskriminierungsrelevanten Ansprüchen im Rahmen des einschlägigen Kollisionsrechtsregimes. Dabei würden sowohl deutsche als auch englische Gerichte *de lege lata* ihre Qualifizierung von Diskriminierungsansprüche an den Rom I- und II-VO – für die englische Gerichtsbarkeit bei Neufällen wohlgemerkt als Teil des nationalen Kollisionsrechtsapparates – ausrichten und dementsprechenden Kollisionsnormen unterwerfen. Aus dem privatrechtlichen Diskriminierungsschutz resultierende Ansprüche

480 *Grupp*, NJW 2017, 2065 (2065); mangels einer zukünftigen Verpflichtung des Vereinigten Königreichs zur gebührenden Rechnungstragung von EuGH-Entscheidungen bei den in das nationale Recht übernommenen Rom Verordnungen sieht *Rühl*, OBLB 13. April 2017 langfristig nur eine Illusion von Einheitlichkeit gegeben; dies wiederholend auch *Rühl*, ICLQ 2018, 99 (26).

481 Ausführlich *Grušić*, in: *Guinchard (Hrsg.)*, Rome I and Rome II in Practice, S. 580.

482 *Fervers*, in: BeckOGK, EGBGB Art. 3, Rn. 63; *Grupp*, NJW 2017, 2065 (2065); *Mankowski*, EuZW-Sonderausg. 1/2020, 3 (7): „[Es] besteht die Gefahr divergierender Auslegung, unionsrechtsautonome in der EU, nationale im Vereinigten Königreich.“; zum Ganzen siehe ausführlich *Rentsch*, EuZW 2017, 981 (981).

483 Vgl. *Grupp*, NJW 2017, 2065 (2065) mit gleichlautender Prognose: „Ein Gleichlauf des britischen Rechts mit der weiteren Entwicklung des EU-Rechts bei Erlass neuer Normen [ist] nicht sichergestellt. […] Eine Auseinanderentwicklung der Rechtssysteme kann [zudem] auch dadurch eintreten, dass neue Rechtsprechung des EuGH in künftigen Fällen für die britischen Gerichte nicht mehr verbindlich ist.“; *Reif u. a.*, ZVertriebsR 2017, 35 (37) zur Frage nach dem anwendbaren Recht bei Rechtswahlklauseln und Gerichtsstandvereinbarungen nach dem Brexit.“plainCitation“:“Vgl. Grupp, NJW 2017, 2065 (2065

können vertragsrechtlich, vorvertraglich und deliktisch zu qualifizieren sein.[484] Aus diesem Grund kommen auch verschiedene Kollisionsnormen in Betracht, denen sie unterliegen können. Der einschlägige Diskriminierungsschutz gestaltet sich abhängig von der nach der Qualifikation berufenen Kollisionsnorm und des nach dieser anzuwendenden Sachrechts.[485]

A. Qualifikation

Eine antidiskriminierungsrechtliche Forderung, die aus einem Sachverhalt mit grenzüberschreitenden Bezügen herrührt, ist zu qualifizieren, um das auf sie anzuwendende Sachrecht zu ermitteln.[486] Die jeweilige Qualifikation hat dabei vom individuellen Sachverhalt ausgehend zu erfolgen. Es gibt keine pauschale Qualifikation der Ansprüche, die auf zivilrechtliche Diskriminierungsverbote in den einzelnen Sachrechten zurückgehen. Dies liegt darin begründet, dass solche Diskriminierungsverbote ihrem Regelungsgehalt nach verschiedenste Streitgegenstände mitumfassen.[487] Hierfür lässt sich das deutsche Recht exemplarisch anführen: Der deutsche Gesetzgeber hat in § 21 AGG Beseitigung-, Unterlassungs- und Ersatzansprüche in Entsprechung der von den Richtlinien geforderten privatrechtlichen Sanktionen geschaffen. Dabei erfolgt keine Unterscheidung zwischen den verschiedenen Stadien eines Rechtsgeschäftes, in denen die Diskriminierung erfolgt ist. Es wird unterschiedslos die Diskriminierung in den von § 19 AGG normierten Konstellationen sanktioniert. Im Rahmen des Kollisionsrechts erfahren die unterschiedlichen Stadien des Rechtsgeschäftes jedoch eine differenzierte Qualifikation. Ansprüche sind, vereinfacht gesagt, ihrer zeitlichen Verortung nach anzuknüpfen. Die Diskriminierungsverbote stellen dabei lediglich eine unselbstständige Teilfrage des jeweils zu qualifizierenden Anspruchs dar und folgen dessen Anknüpfung.[488] Nach ihnen richtet sich nicht ‚vom Gesetz her' pauschalisiert die Qualifikation im Einzelfall.

Soll das konkrete Vorbringen eines Klägers vom zuständigen Gericht im Rahmen des Kollisionsrechts der Rom I- und II-VO qualifiziert werden, ist zunächst danach zu unterscheiden, ob das Diskriminierungsopfer einen vertraglichen oder

484 Entsprechende Beispiele liefern *Hoffmann/Bierlein*, ZEuP 2020, S. 47 (51).
485 Vgl. *Hoffmann/Bierlein*, ZEuP 2020, S. 47 (48).
486 Siehe nur *Wenninger*, Arbeitsrechtliche Schutzvorschriften als inländische Eingriffsnormen, S. 56.
487 *Kocher*, in: FS Martiny zum 70. Geburtstag, S. 419.
488 Zum Ganzen *Hoffmann/Bierlein*, ZEuP 2020, S. 47 (51).

außervertraglichen Anspruch geltend macht.[489] Dabei hat sich eine Subsumtion des klägerischen Begehrens unter die sachlichen Anwendungsvoraussetzungen der jeweiligen EU-Verordnung an den unionalen Wertungen hierzu zu orientieren. Eine Einordnung durch die *lex fori*, also die Rechtsordnung des Gerichtstandortes, als vertragliches oder außervertragliches Begehren hat auf die Eröffnung des sachlichen Anwendungsbereiches der jeweiligen Rom-Verordnung keine Auswirkung.[490] Es irritiert in diesem Zusammenhang, dass bereits erfolgte Forschungsarbeiten[491] von einer Qualifikationsfrage ausdrücklich für die konkreten nationalen, z. B. deutschen Regelungen sprechen. Zu qualifizieren ist *das Begehren des Klägers* als Teil der Feststellung des im Einzelfall anwendbaren Sachrechts; zu qualifizieren ist gerade nicht ein bereitstehender Anspruch aus einem nationalen Sachrecht. Dieser Anspruch wird erst relevant, sobald das berufene Sachrecht festgestellt wurde.

Unabhängig von ihrer konkreten Ausgestaltung im jeweiligen nationalen Recht weisen Ansprüche, die im Antidiskriminierungsrecht wurzeln, generell einen „hybriden Charakter“[492] auf. Entsprechend ist ihre Zuordnung im IPR erschwert. Die Grenzen zwischen vertraglichem und außervertraglichem Bereich verlaufen fließend.[493] Besondere Kollisionsnormen für diskriminierungsrechtliche Ansprüche, die ein Indiz im Kontext der Qualifikation bilden könnten, finden sich in den Rom-Verordnungen nicht.[494] Damit ist entscheidend auf die Abgrenzung

489 *Kocher*, in: FS Martiny zum 70. Geburtstag, S. 416; *Wenninger*, Arbeitsrechtliche Schutzvorschriften als inländische Eingriffsnormen, S. 56.

490 Anders stellt es sich zukünftig mit Blick auf die ‚anglisierten‘ Varianten der Rom I- und II-VO dar. Für Neufälle ist die englische Gerichtsbarkeit nicht an die unionalen Auslegungsmaxime gebunden.

491 So zu verstehen wohl *Lüttringhaus*, Grenzüberschreitender Diskriminierungsschutz, S. 82; ebenso *Wenninger*, Arbeitsrechtliche Schutzvorschriften als inländische Eingriffsnormen, S. 56.

492 *Kocher*, in: FS Martiny zum 70. Geburtstag, S. 416.

493 *Kocher*, in: FS Martiny zum 70. Geburtstag, S. 416 f. stellt zur Verdeutlichung der mit dem ‚hybriden Charakter‘ einhergehenden Qualifikationsproblematik auf die deutsche Rechtslage ab. Dieser Blick auf das deutsche Sachrecht darf jedoch nicht zur einer Verwechslung mit der nicht bestehenden Relevanz der nationalstaatlichen Ausgestaltung für die Qualifikation im IPR führen. Zutreffend stellt sie auf S. 418 daher fest: „Aus dem Sachrecht können sich insofern erste Anregungen ergeben, aber keine zwingenden Schlüsse auf die Qualifikation [...] gezogen werden. Ein Schuldverhältnis kann schließlich gleichzeitig ein gesetzliches Schuldverhältnis nach deutschem Recht sein sowie ein kollisionsrechtlich als vertraglich einzuordnende Streitigkeit.“.

494 *Lüttringhaus*, Grenzüberschreitender Diskriminierungsschutz, S. 82.

der sachlichen Anwendungsbereiche abzustellen (hierzu sogleich bei ***I.***). In Entsprechung der jeweiligen Sachbegrenzung des Anwendungsbereiches lassen sich sodann die nationalen Diskriminierungsschutzansprüche im Kollisionsrechtsfall verorten (hierzu sogleich bei ***II.***).

I. Abgrenzung der sachlichen Anwendungsbereiche der Rom I- und II-VO

Die Abgrenzung der sachlichen Anwendungsbereiche ist in besonderem Maße dort von Belang, wo sich eine kollisionsrechtliche Zuordnung diskriminierungsrechtlicher Belange nicht schon intuitiv aus dem geltend gemachten Anspruchsbegehren ergibt. So verhält es sich bei Diskriminierungen im vorvertraglichen Bereich. Der vorvertragliche Bereich nimmt eine Sonderrolle zwischen vertraglichen und außervertraglichen Schuldverhältnissen ein. Die Rom I-VO gilt gem. ihres Art. 1 Abs. 1 für vertragliche Schuldverhältnisse und bestimmt das insofern anwendbare Recht, während die Rom II-VO dieser Aufgabe für die außervertraglichen Schuldverhältnisse nachkommt.[495] Für ein Anspruchsbegehren, das im vorvertraglichen Bereich wurzelt, stellt sich die Frage, ob ein vertragliches oder außervertragliches Schuldverhältnis nach dem genuinen Systemverständnis der Rom-Verordnungen vorliegt.[496] Danach richten sich anwendbares Kollisionsrechtsregime und Sachrechtsordnung.

Was unter ein *vertragliches Schuldverhältnis* im Sinne der Rom I-VO im Einzelnen zu subsumieren ist und welche Ansprüche aus den nationalen Rechtsordnungen demnach als anzuwendendes Recht miterfasst werden, normiert die Verordnung selbst nicht ausdrücklich. Aufgrund des zwischen der Rom I- und II-VO bestehenden Ausschließlichkeitsverhältnisses sind zumindest diejenigen Schuldverhältnisse einer vertraglichen Einordnung unzugänglich, die vom europäischen Verordnungsgeber der ausdrücklichen Normierung und Systematik nach dem außervertraglichen Bereich zugeschlagen worden sind.[497] Als Einstieg zur Abgrenzung kann die Frage nach einer (un)freiwillig eingegangenen Selbstverpflichtung gestellt werden. Die Freiwilligkeit einer eingegangenen Verpflichtung ist als Mindestkonsens für das Vorliegen eines

---

495 *Junker*, in: MüKoBGB, Rom II-VO Art. 1, Rn. 5; *Spickhoff*, in: BeckOK BGB, VO (EG) 864/2007 Art. 1, Rn. 9.

496 Hierzu *Lüttringhaus*, Grenzüberschreitender Diskriminierungsschutz, S. 92.

497 Vgl. *Wagner*, in: FS Kropholler zum 70. Geburtstag, S. 731 mit zutreffendem Verweis auf den Erwägungsgrund Nr. 7 in der Rom II-VO.

vertraglichen Schuldverhältnisses nach unionalem Verständnis anerkannt.[498] Weitergehend liegt nach EuGH-Rechtsprechung[499] ein außervertragliches Schuldverhältnisse dann vor, wenn es seinen Ursprung in einem Ereignis des Art. 2 Abs. 1 Rom II-VO findet. Über die Freiwilligkeit der Selbstbindung hinaus erfolgt die Abgrenzung dementsprechend anhand der möglichen Zuordnung zu einer der dort benannten Systemgruppen ‚der unerlaubten Handlung', ‚der ungerechtfertigten Bereicherung', ‚der Geschäftsführung ohne Auftrag' und ‚dem Verschulden bei Vertragsverhandlungen'.[500] Für die vorvertraglichen Schuldverhältnisse ergibt sich ihre Einordnung aus einer Zusammenschau des Art. 2 Abs. 1 Rom II-VO mit Art. 12 Rom II-VO und Art. 1 Abs. 2 lit. i Rom I-VO: Sie sind unmissverständlich dem sachlichen Anwendungsbereich der Rom II-VO zugeordnet.[501] Es kann in diesem Zusammenhang ebenfalls unterstreichend auf Erwägungsgrund Nr. 30 der Rom II-VO abgestellt werden, der die vorvertraglichen Schuldverhältnisse ausdrücklich in den Anwendungsbereich der Verordnung einbezieht.[502] *Lüttringhaus* ordnet die so vollzogene Zuordnung treffend als Reaktion des europäischen Gesetzgebers auf die abweichenden Verständnisse, die die mitgliedstaatlichen Rechtsordnungen der vorvertraglichen Haftung zuschreiben, ein.[503] Im Interesse der Rechtssicherheit ist die kollisionsrechtliche Systematik in diesem Bereich damit funktional ausgestaltet worden.

II. Diskriminierungsschutzansprüche verortet im Kollisionsrecht

Unter Zugrundelegung dieser Sacheingrenzung der Anwendungsbereiche sollen im Folgenden die – anhand des deutschen Sachrechts – möglichen Diskriminierungsschutzansprüche im Rahmen eines Kollisionsrechtsfalles vorgestellt werden. Die Begrenzung auf die Ansprüche nach deutschem Sachrecht erfolgt im Interesse der Übersichtlichkeit. Auf das englische Sachrecht wird ergänzend verwiesen, sofern hierzu Anlass besteht.

---

498 Siehe nur *Junker*, in: MüKoBGB, Rom II-VO Art. 1, Rn. 15; ebenfalls *Spickhoff*, in: BeckOK BGB, VO (EG) 864/2007 Art. 1, Rn. 9.

499 EuGH Urt. v. 21.01.2016 - C-359/14, C-475/14 - Regressklage des ausländischen Kfz-Versicherers bei Unfall mit Kfz-Gespann im Inland, NJW 2016, 1005, Rn. 46.

500 *Junker*, in: MüKoBGB, Rom II-VO Art. 1, Rn. 14.

501 Statt aller *Junker*, in: MüKoBGB, Rom II-VO Art. 1, Rn. 18.

502 *Lüttringhaus*, Grenzüberschreitender Diskriminierungsschutz, S. 92.

503 *Lüttringhaus*, Grenzüberschreitender Diskriminierungsschutz, S. 93.

1. *Außervertraglicher Bereich*

Nach deutschem Sachrecht primär vorstellbar sind spezialgesetzliche Unterlassungs-, Beseitigungs- und Entschädigungsansprüche aus § 21 Abs. 1 und Abs. 2 AGG, Schadensersatzansprüche nach allgemeinen Regeln der §§ 280 ff. BGB und deliktische Forderungen.[504] Zunächst sollen hier diejenigen Ansprüche abgebildet werden, die im Rahmen eines nach Maßgabe der Rom II-VO anzuknüpfenden außervertraglichen Schuldverhältnisses Relevanz erlangen könnten.[505] Im Rahmen der außervertraglichen Schuldverhältnisse, die im Regelungsgewand der Rom II-VO zu beurteilen sind, ist des Weiteren zwischen solchen mit – nach unionalem Verständnis – fehlendem Bezug zu einem Vertragsverhältnis und solchen mit Transaktionsbezug im vorvertraglichen Bereich zu differenzieren.[506]

Gem. Art. 12 Abs. 1 Rom II-VO ist „auf außervertragliche Schuldverhältnisse aus Verhandlungen vor Abschluss eines Vertrags […] das Recht anzuwenden, das auf den Vertrag anzuwenden ist oder anzuwenden gewesen wäre, wenn er geschlossen worden wäre". Wäre das hiernach entlang des Rechtsgeschäftsbezugs (oder nach den Alternativanknüpfungen aus Abs. 2) anzuwendende Recht das deutsche Zivilrecht, so kämen als einschlägige Anspruchsgrundlagen insbesondere in Betracht: § 21 Abs. 2 S. 1 AGG, der normiert, dass „bei einer Verletzung des Benachteiligungsverbots […] der Benachteiligende verpflichtet [ist], den hierdurch entstandenen Schaden zu ersetzen". Dessen Anwendungsbereich ist eröffnet, da nach deutschem Sachverständnis die Verhandlungen vor Abschluss eines Vertrags, wie sie als Anknüpfungsvoraussetzung dem Art. 12 Abs. 1 Rom II-VO zugrunde liegen,[507] von der „Begründung […] zivilrechtlicher Schuldverhältnisse" gem. § 19 Abs. 1 AGG in jedem Fall miterfasst werden.[508] Die ‚Begründung' soll

504 Ausdrücklich zu den beiden erst genannten Anspruchsmöglichkeiten *Lüttringhaus*, Grenzüberschreitender Diskriminierungsschutz, S. 82.

505 *Mörsdorf*, in: BeckOGK, AGG § 21, Rn. 93: „Besteht zwischen dem Benachteiligenden und der benachteiligten Person zum Zeitpunkt des Verstoßes gegen § 19 Abs. 1 oder 2 [AGG] kein vertragliches Schuldverhältnis, erfolgt die Anknüpfung der Ansprüche aus [§ 21] Abs. 1 und 2 [AGG] nach der Rom II-VO."

506 Siehe dazu auch *Mörsdorf*, in: BeckOGK, AGG § 21, Rn. 94.

507 Zu dem Verständnis des „zeitlichen" Anwendungsbereiches des Art. 12 Abs. 1 Rom II-VO sogleich im Einzelnen.

508 Mit *Wendtland*, in: BeckOK BGB, 60. Aufl. 2021, AGG § 19, Rn. 32 kann für das Verständnis des deutschen Antidiskriminierungssachrechts in diesem Bezug auf das LG Frankfurt a.M. BeckRS 2020, 33386 verwiesen werden, das bei der „Begründung" eines Schuldverhältnisses den Diskriminierungstatbestand dann erfüllt sieht, wenn das Geschäft bestimmten Interessenten nur zu ungünstigeren Konditionen angeboten wird.

diejenige Phase der Vertragsanbahnung vor dem eigentlichen Vertragsschluss ansprechen, die bereits wechselseitige Rechte und Pflichten mit sich bringt und ist weit auszulegen.[509] Der zeitliche Anwendungsbereich des besonderen Ersatzanspruchs gem. § 21 Abs. 2 S. 1 AGG wäre danach eröffnet.[510] In Abgrenzung zu dem sachlichen Anwendungsbereich der deliktischen Anknüpfung entlang der Art. 4 ff. Rom II-VO ist für die Qualifikation eines Anspruchs nach Art. 12 Abs. 1 Rom II-VO jedoch ein *unmittelbarer Transaktionsbezug* erforderlich. Es bedarf eines konkreten Zusammenhangs des Anspruchs mit den Vertragsverhandlungen.[511] Konkret ist danach zu differenzieren, ob die Pflichtverletzung, die im Einzelfall die Haftung begründen soll, spezifisch aus der Verhandlungssituation erwächst und damit in engem Verhältnis zu dem intendierten Vertragsschluss steht. Die Pflicht muss damit so vertragsnah sein, dass sie ihre inhaltliche Prägung aus dem vertraglichen Rechtsgeschäft herleitet.[512] Das bedeutet: Nicht jeder nach den §§ 19 Abs. 1, 21 Abs. 1 und 2 AGG denkbare Anspruch wegen Diskriminierungen im Vorfeld der tatsächlichen Vertragsbegründung unterfällt einer Qualifizierung gem. Art. 12 Abs. 1 Rom II-VO.[513] Als diese Voraussetzungen erfüllende – und damit den Transaktionsbezug herstellende – Konstellation kommt in Betracht, dass „aufgrund eines Merkmals des § 19 Abs. 1 AGG der angestrebte Vertragsschluss verweigert oder nur zu weniger günstigen Konditionen angeboten [wird (...) und] es mithin um den Schutz der Vermögensinteressen aufgrund diskriminierender Konditionengestaltungen und Geschäftsverweigerung geht“[514]. In diesem Fall wäre ein Anspruch aus § 21 Abs. 2 S. 1 AGG auf Schadensersatz nach ausgemachter Geltung deutschen Sachrechts gem. Art. 12 Abs. 1 Rom II-VO in Betracht zu ziehen. Ein hinreichender Transaktionsbezug wäre gegeben.[515] Diese

509 *Thüsing*, in: MüKoBGB, AGG § 19, Rn. 137.

510 *Lüttringhaus*, Grenzüberschreitender Diskriminierungsschutz, S. 115 knüpft vorvertragliche Ansprüche nach § 21 Abs. 2 S. 1 AGG ebenfalls entlang des Rechtsgeschäftsbezugs im Rahmen des Art. 12 Abs. 1 Rom II-VO an.

511 *Hoffmann/Bierlein*, ZEuP 2020, S. 47 (52); *Lüttringhaus*, Grenzüberschreitender Diskriminierungsschutz, S. 138.

512 Siehe nur *Junker*, in: MüKoBGB, Rom II-VO Art. 12, Rn. 13; *Schinkels*, in: BeckOGK, Rom II-VO Art. 12, Rn. 27.

513 *Thüsing*, in: MüKoBGB, AGG § 19, Rn. 137, 139 insofern zum Anwendungsbereich der AGG-Normen und dem Beispiel öffentlicher Angebote, für die sich noch kein Kunde interessiert hat.

514 So *Hoffmann/Bierlein*, ZEuP 2020, S. 47 (52).

515 Konkrete Anwendungsbeispiele dafür, wie sich die Anwendbarkeit deutschen Sachrechts ergeben kann, geben *Hoffmann/Bierlein*, ZEuP 2020, S. 47 (58f.): (1) Als Rechtswahlstatut für den in Blick genommenen Vertragsschluss; (2) Über die Be-

Vermögensinteressen würden in Folge einer Qualifikation nach Art. 12 Abs. 1 Rom II-VO auch durch einen Schadensersatzanspruch aus §§ 280 Abs. 1, 311 Abs. 2, 241 Abs. 2 BGB im deutschen Sachrecht geschützt.[516] Dabei wäre das diskriminierende Verhalten als Pflichtverletzung gem. § 241 Abs. 2 BGB während schwebender Vertragsverhandlungen einzuordnen.[517] Im Untereinander dieser denkbaren Ansprüche könnte sich das Diskriminierungsopfer bei übereinstimmender Rechtsfolge auf die für sich am leichtesten darleg- und beweisbare Vorschrift berufen.[518] Ein bestehender Anspruch aus dem Anspruchskatalog des Antidiskriminierungsrechts im allgemeinen Zivilrechtsverkehr des § 21 AGG steht der Geltendmachung eines solchen vorvertraglichen und damit vertragsähnlichen Anspruchs nicht entgegen.[519] Wie verhält es sich neben Schadensersatz bewährten Ansprüchen mit solchen, die auf Beseitigung, Unterlassen und/oder (indirekt) einen Kontrahierungszwang gerichtet sind? Zunächst stellt sich hier die Frage, ob solche Ansprüche überhaupt von Art. 12 der Rom II-VO miterfasst werden. Überlegungen dahingehend, dass Art. 12 Rom II-VO lediglich Schadensersatzansprüche betreffen könnte, sind abzulehnen. Aus einer Zusammenschau mit Art. 11 Abs. 2 und Art. 2 Abs. 1 der Rom II-VO ergibt sich, dass verschiedenste Arten von Rechtsfolgen von Art. 12 Rom II-VO erfasst werden sollen. Eine Beschränkung auf Schadensersatzansprüche besteht nicht.[520] Auch im Rahmen des deutschen Antidiskriminierungssachrechts, dem AGG, ist es möglich, dass ein Anspruch aus § 21 Abs. 1 S. 1 AGG auf Beseitigung oder Unterlassen neben einen auf Schadensersatz gerichteten Anspruch aus dessen Abs. 2 tritt.[521]

Ein Schuldverhältnis, welches nach unionalem Kollisionsrechtsverständnis (noch) keinerlei Verbindungen zu einem Vertrag aufweist, wird wegen einer unerlaubten Handlung als Teil eines Diskriminierungssachverhalts in aller Regel nach der allgemeinen Kollisionsnorm des Art. 4 Rom II-VO anzuknüpfen sein.[522] Art.

---

rücksichtigungswürdigkeit des Art. 6 Rom I-VO auch im Rahmen des Abbruchs von Vertragsverhandlungen als Heimatrecht des Verbrauchers; (3) Aufgrund der Belegenheit einer zu vermietenden Wohnung in Deutschland.

516 Zur Abrenzung der Anwendungsbereich zwischen den §§ 19, 21 AGG und § 311 Abs. 2 BGB im Einzelnen siehe *Thüsing*, in: MüKoBGB, AGG § 19, Rn. 137.

517 *Wendtland*, in: BeckOK BGB, 60. Aufl. 2021, AGG § 21, Rn. 35.

518 *Wendtland*, in: BeckOK BGB, 60. Aufl. 2021, AGG § 21, Rn. 38 mit dem Verweis darauf, dass dies wegen der Beweiserleichterung in § 22 AGG regelmäßig die Anspruchsgrundlage aus dem AGG sein wird.

519 *Thüsing*, in: MüKoBGB, AGG § 21, Rn. 75.

520 *Schinkels*, in: BeckOGK, Rom II-VO Art. 12, Rn. 65.

521 Vgl. nur *Thüsing*, in: MüKoBGB, AGG § 21, Rn. 68.

522 Eine solche Differenzierung fehlt bei *Mörsdorf*, in: BeckOGK, AGG § 21, Rn. 94.

4 Abs. 1 Rom II-VO beruft nach seinem Wortlaut – und unter Berücksichtigung der getroffenen Ausnahmen in Abs. 2 und 3 – grundsätzlich das Recht desjenigen Staates zur Anwendung, in welchem der Schaden eingetreten ist.[523] Ist danach deutsches Sachrecht anwendbar, kommen als berufene Anspruchsgrundlagen folgende Bestimmungen in Betracht: Zum einen ist an Schadensersatzansprüche aus § 21 Abs. 2 S. 3 AGG im Hinblick auf das Integritätsinteresse des Diskriminierungsopfers zu denken. Für solche Ansprüche besteht nach unions-autonomem Verständnis kein hinreichender Transaktionsbezug, sodass das relevante Sachrecht statt nach Art. 12 Rom II-VO in diesen Fällen nach Art. 4 Rom II-VO zu qualifizieren ist.[524] Gleichlaufend hierzu kämen auch solche Ansprüche aus § 21 Abs. 2 S. 1 AGG in Betracht, die nach unionalem Verständnis nicht von Art. 12 Rom II-VO erfasst würden, nach deutschem Sachrecht aber bereits als Diskriminierung im Rahmen der ‚Begründung' zivilrechtlicher Schulverhältnisse einzuordnen wären.[525] Das liegt darin begründet, dass der so zu bezeichnende ‚Begründungszeitraum' aus § 19 AGG weit auszulegen ist:[526] Bereits öffentliche geschäftliche Kontakte von vornherein gegenüber Trägern (rechtlich) relevanter Diskriminierungsmerkmale zu verhindern, fällt daher in den Anwendungsbereich.[527] Fehlt auch nach deutschem Sachverständnis jedwede Verbindung zu ei-

523 Zu den Schwierigkeiten bei der Bestimmung des Erfolgsortes von Diskriminierungen (insbes. mit Blick auf Distanzdelikte) und entsprechend entwickelten Lösungsvorschlägen siehe bei *Hoffmann/Bierlein*, ZEuP 2020, S. 47 (60).

524 *Lüttringhaus*, Grenzüberschreitender Diskriminierungsschutz, S. 103, 115; Missverständlich an dieser Stelle *Hoffmann/Bierlein*, ZEuP 2020, S. 47, die lediglich feststellen, „dass der Ersatz von Nichtvermögensschäden mit dem Ersatz von Vermögensschäden eine Einheit bildet und keine abweichende Qualifikation angezeigt ist". Dies scheint auf die falsche Annahme zurückzugehen, dass Lüttringhaus Ansprüche bezüglich des Nichtvermögensschadens nicht nach der Rom II-VO anknüpfen wolle (mit Verweis auf Art. 1 Abs. 2 lit. g Rom II-VO). Eine solche Einordnung nimmt Lüttringhaus jedoch nicht vor. Vielmehr soll zutreffend (wie bereits dargestellt) nach Art. 4 Rom II-VO angeknüpft werden.

525 Vgl. Wortlaut des Art. 4 Abs. 1 Rom II-VO: „Soweit in dieser Verordnung nichts anderes vorgesehen ist".

526 Eine enge Auslegung wäre nicht mit dem Erfordernis aus Art. 3 Abs. 1 lit. h der RL 2004/113/EG in Einklang zu bringen den Diskriminierungsschutz „vollumfänglich in Bezug auf den Zugang und die Versorgung mit den erfassten Dienstleistungen zu gewähren".

527 *Hoffmann/Bierlein*, ZEuP 2020, S. 47 (53, 59f.) geben hierzu wiederum konkrete Beispiele. Als Hauptanwendungsfall wird die Nichtbeantwortung oder sofortige Absage auf eine fernkommunikativ erfolgte Anfrage, die auf der Erkennbarkeit eines diskriminierungsrechtlich relevanten Merkmals beruht, benannt. Konkretisierend wird

nem Vertragsverhältnis, ist bei Diskriminierungen im außervertraglichen Bereich an die im generellen Zivilrecht verorteten Ansprüche gem. § 823 Abs. 1, § 823 Abs. 2 und § 826 BGB zu denken.[528] Spezialgesetzliche Normen (im AGG), die Ansprüche aus unerlaubter Handlung regeln würden, finden sich in der deutschen Rechtsordnung nicht. Anders die englische Rechtsordnung. Diese sieht bei Diskriminierungen spezialgesetzlich auch solche Ansprüche vor.[529] Nach deutschem Recht wäre vordergründig ein Schadensersatzanspruch aus § 823 Abs. 1 BGB durch die mit einer Diskriminierung verwirklichte Verletzung des Allgemeinen Persönlichkeitsrechts in Betracht zu ziehen.[530]

2. *Vertraglicher Bereich*

Es stellt sich weitergehend die Frage, welche Ansprüche wegen Diskriminierung nach deutschem Sachrecht in Betracht kommen, wenn ein vertragliches Schuldverhältnis nach Maßgabe der Rom I-VO anzuknüpfen ist. Dabei sind dem deutschen Vertragsstatut in Entsprechung des Art. 12 Abs. 1 lit. b und lit. c Rom I-VO sämtliche sich an die „Nichterfüllung"[531] der „begründeten Verpflichtungen"[532] anschließenden Folgefragen und damit Anspruchskonstellationen zugeschrieben. Hiervon sind sowohl Schadensersatzansprüche wegen Verletzungen von Pflichten, die die Parteien autonom vereinbart haben, als auch solche, die die Nichtbefolgung von vertragsergänzendem Gesetzesrecht zur Grundlage haben, erfasst.[533] Jedoch besteht keine Begrenzung auf Schadensersatzansprüche. Darüber hinaus ist während einer bestehenden vertraglichen Verbindung nach unionalem Verständnis an Ansprüche mit dem Inhalt einer Beseitigung oder Unterlassung zu denken.

---

insofern auf die Wohnraummiete eingegangen; *Thüsing*, in: MüKoBGB, AGG § 19, Rn. 137.

528 Wie bereits zuvor *Wendtland*, in: BeckOK BGB, 60. Aufl. 2021, AGG § 21, Rn. 35 f. zur Unberührtheit der allgemeinen gesetzlichen Regelungen von den Normen des AGG in diesem Hinblick.

529 *Lüttringhaus*, Grenzüberschreitender Diskriminierungsschutz, S. 133.

530 Zu beachten ist hierbei stets die Eingrenzung des Art. 1 Abs. 2 lit. g Rom II-VO: der Anspruch dürfe nicht ausschließlich auf der Verletzung des Allgemeinen Persönlichkeitsrechts beruhen, *Lüttringhaus*, Grenzüberschreitender Diskriminierungsschutz, S. 133; Hinsichtlich eines Anspruchs aus § 823 Abs. 2 BGB siehe *Wendtland*, in: BeckOK BGB, 60. Aufl. 2021, AGG § 21, Rn. 36.

531 Vgl. lit. c.

532 Vgl. lit. b.

533 So *Lüttringhaus*, Grenzüberschreitender Diskriminierungsschutz, S. 116.

Eine Anknüpfung nach deutschem Sachrecht ist zuvorderst aufgrund der allgemeinen Kollisionsregelungen des Art. 3 und Art. 4 der Rom I-VO denkbar. Danach ist als erstes nach einer Rechtswahl in Entsprechung des Art. 3 Abs. 1 S. 1 Rom I-VO zu fragen.[534] Ist eine solche nicht getroffen worden, unterwirft Art. 4 Rom I-VO den Vertrag in der überwiegenden Zahl seiner Anwendungsfälle der Geltung des Rechts des gewöhnliches Aufenthaltsortes des Leistungserbringers. Da zumeist der Erbringer der vertragstypischen Leistung gegenüber seinem Vertragspartner diskriminiert, hat dies zur notwendigen Konsequenz, dass sich der Diskriminierte nicht auf sein Heimatrecht berufen kann.[535] Zwingend sind jedoch auch die besonderen Schutzmechanismen der Art. 6 und Art. 7 der Rom I-VO für Verbraucher und Versicherungsnehmer in die kollisionsrechtlichen Anknüpfungs-Überlegungen einzubeziehen.[536] Erfolgte die in Rede stehende Diskriminierung gegenüber einer besonders schutzwürdigen Person bzw. innerhalb eines als besonders schutzwürdig anerkannten Sachverhalts nach den Gedanken der Art. 6 und Art. 7 Rom I-VO, kann sich die Anwendbarkeit deutschen Sachrechts nur aus diesen Kollisionsregeln ergeben.[537] Bei Diskriminierungen im Rahmen von Verbraucherverträgen im Sinne des Art. 6 Rom I-VO, die die Voraussetzungen nach dessen Abs. 1 erfüllen, ist auf das vertragliche Schuldverhältnis das Recht des Staates anzuwenden, in dem der Verbraucher seinen gewöhnlichen Aufenthalt hat.[538] Dabei ist es vorstellbar, dass das Recht des gewöhnlichen Aufenthalts in seinem

---

534 Zur besonderen Bedeutung der Rechtswahlmöglichkeit für Diskriminierungen im Rahmen von Wohnraummietverhältnissen siehe *Hoffmann/Bierlein*, ZEuP 2020, S. 47 (57).

535 Hierzu *Hoffmann/Bierlein*, ZEuP 2020, S. 47 (57), die auch noch auf die umgekehrte Möglichkeit eingehen, dass der Leistungserbringer sich durch Rechtswahl dem Schutzniveau seines Heimatrechts entziehen kann; ebenso *Lüttringhaus*, Grenzüberschreitender Diskriminierungsschutz, S. 132.

536 *Hoffmann/Bierlein*, ZEuP 2020, S. 47 (57); *Lüttringhaus*, Grenzüberschreitender Diskriminierungsschutz, S. 118; siehe insbesondere auch *Staudinger*, in: Internationales Vertragsrecht, VO (EG) 593/2008 Art. 6 Verbraucherverträge, Rn. 6f. zum Verhältnis des Art. 6 Rom I-VO zu den Eingriffsnormen i. S. v. Art. 9 Rom I-VO; ebenso *Staudinger*, in: Handkommentar BGB, Rom I-VO Art. 6 Verbraucherverträge, Rn. 4.

537 *Lüttringhaus*, Grenzüberschreitender Diskriminierungsschutz, S. 118, 132 f., der mit Blick auf einen Verbraucher als Diskriminierungsopfer weitergehend ausführt, dass diesem durch eine Rechtswahl damit nicht derjenige Diskriminierungsschutz entzogen werden könne, den ihm intern zwingende Bestimmungen seines Aufenthaltsstaates gewähren würden.

538 Vgl. den Wortlaut des Art. 6 Abs. 1 Rom I-VO. Dementsprechend auch *Staudinger*, in: Internationales Vertragsrecht, VO (EG) 593/2008 Art. 6 Verbraucherverträge, Rn. 1.

Diskriminierungsschutzgehalt hinter dem Recht, in welchem der Unternehmer beheimatet ist, zurückbleibt. Die größtmögliche Vorteilhaftigkeit ist damit für den Verbraucher im Kontext des Diskriminierungsschutzes nicht hergestellt.[539] Sollte dieser – im Anwendungsbereich des Art. 6 Abs. 1 Rom I-VO – seinen gewöhnlichen Aufenthalt in der Bundesrepublik Deutschland haben, käme zwingend das deutsche vertragliche Antidiskriminierungssachrecht zur Anwendung. Hätte der Verbraucher demgegenüber mit dem Unternehmer eine Rechtswahl gem. Art. 6 Abs. 2 Rom I-VO getroffen, könnte er im Sinne eines Günstigkeitsvergleiches nicht um den vorteilhafteren Diskriminierungsschutz seiner Heimatrechtsordnung (nach dem Beispiel: dem deutschen Antidiskriminierungs-Regelwerk) gebracht werden.[540] Bei Diskriminierungen im Rahmen eines Versicherungsvertrags[541] im Privatkundengeschäft wird mangels bestehender Rechtswahl an das Recht der Belegenheit des Risikos angeknüpft, vgl. Art. 7 Abs. 3 S. 3 Rom I-VO. In engen Grenzen kann zwar eine Rechtswahl erfolgen. Diese ist überwiegend jedoch nur zum Ansässigkeitsrecht des Versicherungsnehmers möglich. Dieses wird regelmäßig mit dem Recht der Risikobelegenheit übereinstimmen.[542] Hieraus schlussfolgernd bedeutet dies für einen in der Bundesrepublik Deutschland ansässigen Versicherungsnehmer bei einem transnationalen Sachverhalt, dass dieser sich für Diskriminierungsschutzfragen im vertraglichen Bereich regelmäßig im Schutzrahmen des deutschen Sachrechts bewegt. Hingegen würde ein in Deutschland ansässiger Versicherer bei einem Sachverhalt mit einem in England belegenen Risiko bzw. einem dort ansässigen Versicherungsnehmer danach nur das dort geltende Antidiskriminierungsrecht zu beachten haben.[543]

Nach deutschem Sachrecht können Diskriminierungen im Rahmen von existierenden Verträgen unterschiedliche nationale Ansprüchen bedingen. So ist es

539 *Hoffmann/Bierlein*, ZEuP 2020, S. 47 (55).

540 Nach *Hoffmann/Bierlein*, ZEuP 2020, S. 47 (56) müsse es sich bei den zwingenden Vorschriften zutreffend nicht um spezifisch verbraucherschützende Vorschriften handeln, sodass auch das Antidiskriminierungsschutzrecht mitumfasst sei. Zu den sachlichen Begrenzungen des kollisionsrechtlichen Verbraucherschutzes bei Diskriminierungssachverhalten siehe S. 54.

541 Vertiefend hierzu sei auf *Hoffmann*, Zeitschrift für die gesamte Versicherungswissenschaft 2016, 95 verwiesen.

542 *Hoffmann/Bierlein*, ZEuP 2020, S. 47 (56); ganz grundsätzlich zum kollisionsrechtlichen Schutz bei Versicherungsverträgen *Staudinger*, in: Internationales Vertragsrecht, VO (EG) 593/2008 Art. 7 Versicherungsverträge, Rn. 4ff.

543 So dem Gedanken nach auch *Hoffmann/Bierlein*, ZEuP 2020, S. 47 (56-57). Zu den verschiedenen Korrektiven, insbes. Eingriffsnormen, wird im weiteren Verlauf der Arbeit eingegangen.

vorstellbar, dass eine im Rahmen eines bestehenden Vertragsverhältnisses erfolgende Diskriminierung zum einen eine Nebenpflichtverletzung gem. § 241 Abs. 2 BGB darstellt und gleichzeitig (unter den dort benannten Einschränkungen) gegen das in § 19 AGG aufgestellte ‚zivilrechtliche Benachteiligungsverbot' verstößt.[544] Dabei kann die Nebenpflichtverletzung im Sinne des § 241 Abs. 2 BGB Schadensersatzansprüche gem. den §§ 280 ff. BGB nach sich ziehen. Die §§ 280 ff. BGB halten hier die einschlägige Anspruchskette vor. Ein durch die in Rede stehende Diskriminierung bedingter Verstoß gegen das Verbot des § 19 AGG kann zudem die in § 21 Abs. 1 und Abs. 2 AGG normierten Ansprüche bedingen.[545] Die spezialgesetzlichen Anspruchsgrundlagen in § 21 Abs. 1 und Abs. 2 AGG verdrängen die anderen allgemeinen gesetzlichen Regelungen nicht. Nach dem Günstigkeitsprinzip kann sich „der i. S. v. §§ 19 ff. [AGG] in unzulässiger Weise Benachteiligte [...] – wenn das diskriminierende Verhalten des anderen Teils zugleich den Tatbestand einer anderen Vorschrift erfüllt – auf die ihm jeweils günstigere Rechtsfolge bzw. diejenige Anspruchsgrundlage berufen, deren Voraussetzungen er am leichtesten darlegen und beweisen kann"[546]. Das Günstigkeitsprinzip findet sich für vertragliche Ansprüche nicht ausdrücklich vom Gesetzgeber niedergelegt, ergibt sich jedoch mittelbar aus Art. 6 der RL 2000/43/EG[547] und dem Art. 7 RL 2004/113/EG[548], die gleichförmig ein Abfallen des Schutzniveaus im diskriminierungsrelevanten

544 Hierzu *Hoffmann/Bierlein*, ZEuP 2020, S. 47 (51): Da eine Diskriminierung bei Durchführung oder Beendigung zivilrechtlicher Schuldverhältnisse (vgl. Wortlaut des § 19 Abs.1 AGG) das Bestehen eines Vertragsverhältnisses zwingend voraussetzt, sind Ansprüche aufgrund einer Diskriminierung bei Durchführung oder Beendigung konsequenterweise - obwohl spezialgesetzlich geregelt - selbst vertragsrechtlicher Natur.

545 *Lüttringhaus*, Grenzüberschreitender Diskriminierungsschutz, S. 117.

546 So *Wendtland*, in: BeckOK BGB, 60. Aufl. 2021, AGG § 21, Rn. 38, der weiterführend darauf hinweist, das benanntes Günstigkeitsprinzip regelmäßig dazu führen werde, dass sich der Betroffene auf das AGG berufen werde, da nur dort die Beweiserleichterung des § 22 AGG für ihn greife.

547 Nachzulesen in: Amtsblatt der Europäischen Gemeinschaft L 180: Informationsnummer 2000/L 180/22 Richtlinie 2000/43/EG des Rates vom 29. Juni 2000 zur Anwendung des Gleichbehandlungsgrundsatzes ohne Unterschied der Rasse oder der ethnischen Herkunft.

548 Nachzulesen in: Amtsblatt der Europäischen Union L 373: Informationsnummer 2004/L 373/37 Richtlinie 2004/113/EG des Rates vom 13. Dezember 2004 zur Verwirklichung des Grundsatzes der Gleichbehandlung von Männern und Frauen beim Zugang zu und bei der Versorgung mit Gütern und Dienstleistungen.

Kontext durch die Richtlinienumsetzung unterbinden.[549] Daneben wären *nach deutschem Sachrecht* bei Benachteiligungen im Rahmen eines Vertrags auch Schadensersatzansprüche aus dem nationalen Deliktsrechtsregime denkbar.[550] Solche Ansprüche sind nach unionalem Verständnis jedoch nicht vertraglich zu qualifizieren und daher bereits dem vorstehenden Abschnitt zugeordnet. Mit dieser Feststellung kann auch der sich an der Sacheingrenzung der Anwendungsbereiche der Rom I- und II-VO orientierende Kreis der darzustellenden möglichen Diskriminierungsschutzansprüche nach deutschem Sachrecht entsprechend der eingangs aufgestellten Untersuchungsabsicht geschlossen werden.

B. Die Bedeutung der Eingriffsnormen

Im Abschnitt ***§ 2*** sind bisher die Abgrenzung der sachlichen Anwendungsbereiche der Rom I- und II-VO[551] und die Lokalisierung deutscher sachrechtlicher Diskriminierungsschutzansprüche im Rahmen des einschlägigen Kollisionsrechts[552] thematisiert worden. Dies geschah mit dem Ziel, den Qualifikationsvorgang[553] bei diskriminierungsrelevanten Ansprüche im Kollisionsrechtsfall beispielhaft zu skizzieren. Unabhängig hiervon drängt sich nun die Frage auf, ob das zur Anwendung berufene nationale Rechtssystem auch regelmäßig die Heimatrechtsordnung des Diskriminierungsopfers ist, sprich eine Ummantelung der betroffenen Person mit ihr bekannten Rechtssätzen im Falle eines internationalen Sachverhalts stattfindet. Tatsächlich ist das nicht der Fall. Der Anknüpfung der relevanten Kollisionsnormen nach sind andere Momente (als das Opfer-Heimatrecht) relevant. Feststellen lässt sich, dass bei nachgefragten Dienstleistungen oder Kaufgegenständen zumeist das Sachrecht des Niederlassungsstaates des Diskriminierenden und bei nachgefragtem Wohnraum das Belegenheitsrecht als Diskriminierungssachrecht zur Anwendung berufen wird.[554] Dies kann aufgrund der dadurch erzeugten Vorhersehbarkeit in der Regel überzeugen, bringt jedoch auch einzelne Konstellationen hervor, in denen das Verweisungsergebnis aus Wertungsgesichtspunkten erneut in Frage zu stellen ist. An diesen Stellen erlangen die Eingriffsnormen ihre Relevanz. Als ein Beispiel dafür bietet sich

---

549 Zum Ganzen siehe *Wendtland*, in: BeckOK BGB, 60. Aufl. 2021, AGG § 21, Rn. 35, 37.

550 Vgl. nur die Klarstellung in § 22 Abs. 3 AGG.

551 ***Kapitel 3 § 2 A. I.***

552 ***Kapitel 3 § 2 A. II.***

553 Vgl. Bezeichnung des Abschnittes ***Kapitel 3 § 2 A.***

554 Zum Ganzen *Hoffmann/Bierlein*, ZEuP 2020, S. 47 (61f.).

folgender Sachverhalt an: Der Verbraucher V hat mit dem Unternehmer U einen Dienstleistungsvertrag mit Berührungspunkten zu mehreren Staaten abgeschlossen. Im Rahmen der Vertragserfüllung kommt es zu einem diskriminierungsrechtlich relevanten Verhalten des U gegenüber V. Dabei ist zu unterstellen, dass der Vertrag nicht von der Ausnahmeregelung in Art. 6 Abs. 4 lit. a Rom I-VO betroffen (die geschuldeten Dienstleistungen sind nicht ausschließlich in einem anderen als dem Staat zu erbringen, in dem der Verbraucher seinen gewöhnlichen Aufenthalt hat) und damit nach Art. 6 Abs. 1 Rom I-VO anzuknüpfen ist. Danach ist das Heimatrecht des V berufen. Es käme nun in Betracht, dass das Sitzrecht von U einen umfassenderen Diskriminierungsschutz bereithält. Dieses umfangreichere Antidiskriminierungsschutzprogramm wäre für den diskriminierten V jedoch nicht zugänglich. Als Konsequenz würde sich ergeben, dass U bei einem Verbraucher mit divergierendem Heimatrecht, das einen geringeren Diskriminierungsschutzstandard umsetzt, weitergehender diskriminieren könnte als gegenüber innerstaatlichen Verbrauchern.[555] Das kann im Ergebnis nicht überzeugen und rückt beispielhaft die Relevanz von Eingriffsnormen für einen umfassenden Diskriminierungsschutz in das Blickfeld.

Für den deutschen Benachteiligungsschutz stellt sich die Frage: Sind die Anspruchsgrundlagen und Nichtigkeitsfolgen aus § 21 AGG – trotz Unanwendbarkeit des deutschen Sachrechts – bei einer solchen Konstellation mitunter als Eingriffsnormen zu beachten? Dies würde einen Geltungsanspruch über die nationale Sachebene hinaus bedeuten. Sowohl die Nichtigkeitsfolge als auch die niedergelegten Ansprüche könnten dann auch Relevanz entfalten, wenn das berufene Sachrecht ein anderes wäre.[556] Es käme bei mehrstaatlichen Diskriminierungssachverhalten unter Privaten zum ‚Hineingrätschen' staatlicher Antidiskriminierungsprogramme anderer (als der zur Anwendung berufenen) Rechtsordnungen. Insofern wäre es denkbar, dass die Eingriffsnormen im Einzelfall als Schutzgaranten der Antidiskriminierung im Internationalen Privatrecht fungieren. Weiter oben[557] wurde bereits eine Untersuchung angekündigt, ob dies tatsächlich der Fall ist. Dem ist nunmehr nachzukommen.[558] Hierzu werden in Vorbereitung

555 Ausführlich *Hoffmann/Bierlein*, ZEuP 2020, S. 47 (62f.), die zahlreiche konkrete Sachverhaltskonstellationen als Beispiele aufführen, die eine Relevanz von Eingriffsnormen für die Verhinderung von Schutzlücken notwendig machen.

556 Hierzu *Mörsdorf*, in: BeckOGK, AGG § 21, Rn. 95.

557 Bei ***Kapitel 1 § 2 B.*** a. E.

558 Für eine Einführung in die Thematik der Eingriffsnormen sei auf das Kapitel 1 § 2 B. verwiesen. Die bereits dort erfolgten Ausführungen sollen hier nicht nochmals wiederholt werden. Des Weiteren wird hier der Schwerpunkt auf dem Verständnis der

auf den sich anschließenden Abschnitt ***C. Eingriffsqualitäten im AGG*** zuvor nochmals diejenigen generellen Aspekte aufgegriffen, die insbesondere für die Beurteilung eben jener Eingriffsqualitäten im AGG entscheidend sind. Aus diesem Grund werden zunächst die Charakterisierungsmerkmale der Eingriffsnormen nach europäischem Verständnis in Art. 9 Abs. 1 Rom I-VO erneut aufgegriffen (hierzu folgend ***I.***) und anschließend die Funktionsweise der ‚Anwendung' eingriffsrechtlicher Normen, d. h. die Rechtsfolgenseite, nach unionalem Verständnis thematisiert (hierzu folgend ***II.***).

I. Charakterisierungsmerkmale nach europäischem Verständnis

Eingriffsnormen sind Vorschriften, die aufgrund der mit ihnen verfolgten, übergeordneten Interessen auf private (Mehrstaaten-)Rechtsverhältnisse Einfluss nehmen wollen, ohne Teil des regulär berufenen Statuts sein zu müssen.[559] Diese Einflussnahme kann u. a. in der Statuierung von Anspruchsmöglichkeiten, Nichtigkeitsanordnungen oder auch Verfügungsverboten bestehen, die nach dem anwendbaren Sachrecht ausgeblieben wären.[560] Zu finden ist Eingriffsrecht in Gesetzen, Gewohnheitsrecht und Richterrecht. „Primär finden sich Eingriffsnormen [allerdings] in Gesetzen, da ein Staat Rechtssätze, die er als entscheidend für die Wahrung seines öffentlichen Interesses ansieht, im Zweifel auch kodifizieren wird."[561] Allerdings wird der Kreis der überindividuellen Interessen, die mithilfe der Eingriffsnormen durchgesetzt werden sollen, immer größer. Lag ursprünglich der Anwendungsschwerpunkt auf wirtschaftsrechtlichen Aspekten im weiteren Sinne, sind heute die verschiedensten Rechtsbereiche betroffen.[562] Diese Entwick-

---

Eingriffsnormen seit Schaffung der einheitlichen europäischen Kollisionsnormen in den Rom I- und II-VO liegen. Für die Auseinandersetzung mit den Rechtstraditionen der Eingriffsnormen auf nationaler Ebene sei auf *Mühlbauer*, Berücksichtigung der ausländischen Eingriffsnormen im Art. 9 Rom I-VO, S. 7 ff. (Dogmatischer Hintergrund des Eingriffsrechts) verwiesen.

559 Siehe hierzu auch bereits bei ***Kapitel 1 § 2 B.***

560 *Köhler*, Eingriffsnormen – Der »unfertige Teil« des europäischen IPR, S. 6; *Kuckein*, Die „Berücksichtigung" von Eingriffsnormen im deutschen und englischen internationalen Vertragsrecht, S. 1; *Wenninger*, Arbeitsrechtliche Schutzvorschriften als inländische Eingriffsnormen, S. 63 weist bei Fußnote 381 darauf hin, dass das Eingriffsrecht primär die positive Durchsetzung eigener fundamentaler Rechtsvorstellungen und gerade nicht die Abwehr fremden Rechts bezwecke. Vgl. zudem S. 118ff.

561 *Thorn*, in: Rauscher EuZPR/EuIPR Band 3, Art. 9 Rom I-VO, Rn. 18.

562 Vgl. die Aufzählung bei *Kuckein*, Die „Berücksichtigung" von Eingriffsnormen im deutschen und englischen internationalen Vertragsrecht, S. 1; mit dieser Beobachtung korrespondiert es auch, dass Eingriffsnormen traditionell nur dem einzelstaatlichen

lung bedingt Unklarheiten bei der Konturierung des Rechtsinstituts ‚Eingriffsnorm' und bedarf vor dem Hintergrund der Durchbrechung der Privatautonomie einer sorgsamen Austarierung.[563] Die Feststellung des Eingriffscharakters einer Norm wird mitunter zum juristischen Hochreck.[564] Dem hat auch die erstmalige, unionseinheitliche Legaldefinition der Eingriffsnormen im Rahmen der Rom I-VO nicht vollständig abhelfen können. Zwar erfolgte in diesem Zuge durch Art. 9 Abs. 1 Rom I-VO[565] deren begriffliche Anerkennung.[566] Ein Ausfüllungs- bzw. Konturierungsbedürfnis ist jedoch geblieben.[567] Dennoch wurde im Ganzen betrachtet der Forderung, „aufgrund der weit reichenden Folgen, die die Anwendung von Eingriffsrecht mit sich bringt, […] auf einen einheitlichen Beurteilungsmaßstab bzw. kalkulierbare Kriterien zurückgreifen zu können“[568], nachgekommen.[569] Insbesondere die durch die gemeinschaftsrechtliche Gesetzgebung des Art. 9 Abs. 1 Rom I-VO geschaffene Kontrollmöglichkeit des EuGH steht im Interesse eines

---

Recht entstammten und mittlerweile auch im Europarecht ihren Ursprung finden, vgl. hierzu *Thorn*, in: Rauscher EuZPR/EuIPR Band 3, Art. 9 Rom I-VO, Rn. 19.

563 *Staudinger*, in: Internationales Vertragsrecht, VO (EG) 593/2008 Art. 9 Eingriffsnormen, Rn. 9.

564 Zu den Problemen in der Anwendungspraxis auch *Wenninger*, Arbeitsrechtliche Schutzvorschriften als inländische Eingriffsnormen, S. 60.

565 Zum genauen Wortlaut des Art. 9 Abs. 1 Rom I-VO bereits bei ***Kapitel 3*** *§ 2 B. I.*

566 *Wenninger*, Arbeitsrechtliche Schutzvorschriften als inländische Eingriffsnormen, S. 67 zu den gleichbedeutenden Begriffen der „overriding mandatory provisions“ und der „lois d'application immediate“ im englischen und französischen Recht.

567 *Lüttringhaus*, IPRax 2014, 146 (149) fordert, dass „der Gerichtshof künftig auch die äußeren Grenzen [der Eingriffsnormthematik] im internationalen Unionsprivatrecht definieren [solle]: Insbesondere [sollte] der EuGH unbestimmte Rechtsbegriffe wie ‚öffentliche Interessen' […] mit Inhalt füllen und so den Kreis der unter Art. 9 Abs. 1 Rom I-VO fallenden Eingriffsnormen begrenzen“.

568 *Wenninger*, Arbeitsrechtliche Schutzvorschriften als inländische Eingriffsnormen, S. 63.

569 Zu dieser Forderung bzw. dem Wunsch nach mehr Kontur *Bitterich*, GPR 2006, 161 (164); *Staudinger*, in: Internationales Vertragsrecht, VO (EG) 593/2008 Art. 9 Eingriffsnormen, Rn. 5 ausführlich zu der Bedeutung der begrifflichen Orientierung an der durch den EuGH entschiedenen Rechtssache „Arblade“ [EuGH, Urt. v. 23.11.1999 - verb. Rs.-C-369/96 u. C-376/96]. Ganz anders sieht dies m. w. N. *Mankowski*, IHR 2008, 133 (147). Mankowski geht ebenfalls ausführlich auf die „Arblade“ Rechtsprechung ein und kritisiert die Anlehnung der Legaldefinition an die Rechtsprechung. Dadurch seien zahlreiche Schwächen in die Fassung des Art. 9 Abs. 1 Rom I-VO übernommen worden. Besonders die Weite der Definition erfährt Kritik. Sie gewährleiste keine sichere Grenzziehung für den Rechtsanwender.

einheitlichen Verständnisses der Unionsstaaten vom Begriff der Eingriffsnormen.[570] Obwohl es (zunächst) gerade die Aufgabe der Mitgliedstaaten selbst ist, den Vorschriften ihren eingriffsrechtlichen Charakter zuzuschreiben, besteht die Möglichkeit von Vorabentscheidungsersuchen an den EuGH, um eben diesen feststellen zu lassen.[571] Und auch abgesehen von einem Vorabentscheidungsverfahren unterliegen die mit der Legaldefinition formulierten Anforderungen vollständiger gerichtlicher Überprüfung, an deren Ende der EuGH letztverbindlich über die Einordnung einer Vorschrift als Eingriffsnorm entscheidet.[572] Der Rahmen für die Qualifizierung einer Regelung als Eingriffsnorm wurde damit gesteckt und dieses Verständnis im Binnenmarkt verankert.[573] Auch wurde zumindest einer allzu weit ausuferndem Aushebelung des Anknüpfungssystems so probiert entgegenzuwirken.[574]

Die drei[575] Kernelemente der Definition des Art. 9 Abs. 1 Rom I-VO sind: eine zwingende Vorschrift (1.), die ein besonderes öffentliches Regelungsinteresse des normsetzenden Staates transportiert (2.) und aus diesem Grund internationalen Geltungswillen beansprucht (3.).[576] Diese Voraussetzungen des europäischen Kollisionsrechtsgesetzgeber erschließen sich jedoch nur in einer Zusammenschau. Zunächst muss die Norm nach der Legaldefinition überhaupt zwingend sein. Damit können die Begriffsmerkmale der Eingriffsnormen von vornherein nur solche Bestimmungen erfüllen, die im Erlassstaat der Parteidisposition nicht zugänglich sind. Auf dieser Voraussetzung bauen die weiteren Eingrenzungskriterien

---

570 *Lüttringhaus*, IPRax 2014, 146 (149) fordert einen umfassenderen Gebrauch des EuGH von seiner Auslegungskompetenz; *Mühlbauer*, Berücksichtigung der ausländischen Eingriffsnormen im Art. 9 Rom I-VO, S. 139 m. w. N.

571 Konkret zur Auslegungszuständigkeit des EuGH im Vorabentscheidungsverfahren *Pfeiffer*, EuZW 2008, 622 (622); Explizit mit Blick auf Art. 9 Abs. 1 Rom I-VO *Staudinger*, in: Internationales Vertragsrecht, VO (EG) 593/2008 Art. 9 Eingriffsnormen, Rn. 10.

572 *Bitterich*, GPR 2006, 161 (164).

573 Ebenso *Staudinger*, in: Internationales Vertragsrecht, VO (EG) 593/2008 Art. 9 Eingriffsnormen, Rn. 5.

574 *Bitterich*, GPR 2006, 161 (164).

575 Teilweise werden auch nur zwei einzelne Qualifikationsmerkmale ausgemacht. In diesen Fällen wird eine „zwingende Vorschrift mit internationalem Geltungswillen" als zusammengefasste Voraussetzung benannt und daneben nur die „überindividuellen Normzwecke" gesondert geprüft. So z. B. *Hauser*, Eingriffsnormen in der Rom I-Verordnung, S. 7.

576 Statt aller *Maultzsch*, in: BeckOGK, Rom I-VO Art. 9, Rn. 17.

auf.[577] Das besondere Gemeininteresse, welches vom normsetzenden Staat durch die in Rede stehende (Eingriffs-)Norm transportiert werden muss,[578] provoziert die Frage nach dem Normzweck. Überindividuelle Interessen dürfen dabei nicht nur Beiwerk der gesetzgeberisch intendierten Regelung sein.[579] Dieses Verständnis wird durch die ‚Eingriffs'-Terminologie untermauert. Gerade die zu wahrenden, übergeordneten Belange, die mit der politischen, sozialen und wirtschaftlichen Organisation in der Legaldefinition des Art. 9 Abs. 1 Rom I-VO exemplarisch angesprochen werden, müssen Schutzobjekt der kollisionsrechtlichen Einmischung sein.[580] Zur Orientierung bei der weiteren Auslegung des Eingriffscharakters wird mit den drei Aspekten lediglich ein Teil der qualifizierten öffentlichen Interessen angerissen. Die Formulierung „insbesondere" aus Art. 9 Abs. 1 Rom I-VO verdeutlicht die nicht als abschließend zu verstehende Struktur der Aufzählung.[581] Die Bewahrung reiner Individualinteressen wird hiervon jedoch unstrittig nicht erfasst. Das Eingriffsrecht dient nicht dem Synallagma der Parteien, sondern ordnungspolitischen Interessen.[582] Es lässt sich aus diesem Grund auch zutreffend als „Schutzwall der Wirtschafts- und Sozialordnung [seines] Erlassstaates"[583] bezeichnen. Es sind damit im weit gefassten Sinne öffentliche Interessen, die sich als Regelungsziel über die Einheitsanknüpfung aus der Warte der klassischen IPR-Verweisung stülpen. Hieran anknüpfend können eindeutig zumindest genuin öffentlich-rechtliche Normen als Eingriffsrecht fungieren. Hier wird die Norm ausschließlich von dem verfolgten Gemeininteresse beherrscht.[584] Ob dies auch auf zwingendes Zivilrecht übertragbar ist, erscheint fraglich.[585] Das Privatrecht regelt doch gerade den Interessenausgleich zwischen den an einem Rechtsverhältnis beteiligten Personen, was soeben als ausschließlicher Regelungszweck der Eingriffsnormen ausgeschlossen worden ist. Kern der Frage ist damit, ob zwingende Normen des Zivilrechts auch qualifizierte öffentliche

577 Siehe nur *Bitterich*, GPR 2006, 161 (164) m. w. N.

578 Vgl. Wortlaut des Art. 9 Abs. 1 Rom I-VO.

579 Zum Ganzen *Hauser*, Eingriffsnormen in der Rom I-Verordnung, S. 7.

580 *Bitterich*, GPR 2006, 161 (164); Bezug nehmend auch auf *Mankowski*, RIW 2006, 321 (327); Ebenso *Pfeiffer*, EuZW 2008, 622 (628).

581 *Mühlbauer*, Berücksichtigung der ausländischen Eingriffsnormen im Art. 9 Rom I-VO, S. 151.

582 Siehe nur *Mankowski*, RIW 2006, 321 (326) vor der Geltung der Rom I-VO bereits ganz grundsätzlich zum Eingriffsrecht.

583 *Mankowski*, RIW 2006, 321 (326).

584 *Sonnenberger*, IPRax 2003, 104 (109).

585 *Maultzsch*, in: BeckOGK, Rom I-VO Art. 9, Rn. 25.

Interessen als Regelungszweck verfolgen können. Der Weite des Wortlautes des Art. 9 Abs. 1 Rom I-VO ist es geschuldet, dass sich diesem eine eindeutige Antwort hierauf nicht entnehmen lässt.[586] Die Legaldefinition kann ihrer Ausgestaltung nach (nur) als zu überschreitende Schwelle verstanden werden, die eine Plausibilitätskontrolle bezogen auf das Gemeininteresse anmahnt.[587] Denkbar ist es daher, solche Normen auch als Eingriffsrecht in Betracht zu ziehen, die vordergründig der Regelung von Privatinteressen verschrieben sind, dahinterstehend aber zugleich Ausdruck staatlich verfolgter Ordnungs- und Sozialpolitik sind. Bei diesen Überlegungen ist jedoch kritisch zu hinterfragen, ob damit nicht in zu weiten Teilen dem eigentlichen Kollisionsrecht der Zugriff auf das Vertragsrecht entzogen würde.[588] Für eine (einzelfallabhängige) Einbeziehung auch privatrechtlicher Normen sprechen zwei entscheidende Aspekte: Zum einen die Tatsache, dass staatliche Gemeininteressen ebenso gut durch zivilrechtliche Vorschriften transportiert werden können und zum anderen die Gegebenheit, dass eine Differenzierung zwischen öffentlichem und privatem Recht, wie sie der deutschen Rechtsordnung innewohnt, kein staatenübergreifendes Phänomen ist, anderen Rechtsordnung demnach schlicht unbekannt.[589] Damit kommen auch solche Regelungen als Eingriffsrecht (vorbehaltlich der Erfüllung der anderen Voraussetzungen der Legaldefinition) in Betracht, die dem Synallagma der Parteien dienen, mithilfe derer der Gesetzgeber jedoch zugleich überindividuelle Zwecke verfolgt.[590] Für die Beurteilung der Verfolgung von qualifizierten Allgemeininteressen erlangen entsprechende Erklärungen des Gesetzgebers und

---

586 *Freitag*, IPRax 2009, 109 (112); *Mühlbauer*, Berücksichtigung der ausländischen Eingriffsnormen im Art. 9 Rom I-VO, S. 152 jeweils m. w. N.

587 *Hemler*, Die Methodik der »Eingriffsnorm«, S. 12.

588 Hierzu *Sonnenberger*, IPRax 2003, 104 (107ff.).

589 Ausführlich *Hemler*, Die Methodik der »Eingriffsnorm«, S. 11f.; nach *Lüttringhaus*, Grenzüberschreitender Diskriminierungsschutz, S. 226 sei bei Vorschriften mit unionsrechtlichem Hintergrund „nicht die Wahl eines bestimmten – privatrechtlichen oder hoheitlichen – Mittels, sondern vielmehr die Substanz der Regelung entscheidend".

590 *Bitterich*, GPR 2006, 161 (165) arbeitet mit Verweis insbesondere auf die englische Rechtsordnung ein divergierendes Lagebild der Mitgliedstaaten gegenüber dem Ausschluss rein individualschützender Normen als Eingriffsrecht heraus. Der erhöhte Anpassungsdruck, den Bitterich für England konstatiert dürfte angesichts des vollzogenen Brexits jedoch hinfällig geworden sein; *Mühlbauer*, Berücksichtigung der ausländischen Eingriffsnormen im Art. 9 Rom I-VO, S. 165.

verbindliche Entscheidungen der Gerichte damit vordergründige Bedeutung.[591] Die Entscheidung über den eingriffsrechtlichen Gehalt einer Regelung hat dabei stets im Rahmen einer Einzelfallbetrachtung zu erfolgen. Dabei kann es sich unter Umständen sogar als zwingend erweisen, einzelne Normbestandteile gesondert zu betrachten. Aus der damit angesprochenen überindividuellen Zielrichtung muss sich schließlich – in Abgrenzung zu dem ersten Kriterium – der „internationale und nicht nur der intern zwingende Geltungsanspruch"[592] ergeben.[593] Dieser internationale Charakter des Geltungsanspruchs ist gerade entscheidend für die Klassifizierung einer Eingriffsnorm und stellt den kollisionsrechtlichen Teil der Merkmalsdefinition dar.[594] Es bedarf einer Beständigkeit der Regelung im internationalprivatrechtlichen Gefüge sowohl gegen die objektive Anknüpfung als auch gegen eine möglicherweise getroffene Rechtswahl. Bildlich gesprochen muss das gesamte Anknüpfungsstatut ‚durchbrochen' werden.[595] Die als Eingriffsrecht einzuordnenden Vorschriften bedingen damit im herkömmlichen Kollisionsmechanismus eine Disqualifikation. Ihr Sachnormzweck lässt sie aus diesem System, der Bündelung an Kollisionsnormen, herausfallen, sodass eine unabhängige Anknüpfung notwendig wird.[596] Fraglich erscheint vor diesem Hintergrund, woraus dieser Anspruch zur Anwendung (auch *Anwendungsbefehl*) der jeweiligen Eingriffsnorm resultiert, der sie aus der Bündelung herausfallen

591 *Mühlbauer*, Berücksichtigung der ausländischen Eingriffsnormen im Art. 9 Rom I-VO, S. 166 verweist in diesem Zusammenhang ausdrücklich auf die durch den EuGH erfolgte Anerkennung des Ausgleichsanspruchs des Handelsvertreters als Eingriffsnorm i. S. v. Art. 9 Rom I-VO; *Sonnenberger*, IPRax 2003, 104 (109 m. w. N.) insofern noch vor Geltung der Rom I-VO.

592 *Hauser*, Eingriffsnormen in der Rom I-Verordnung, S. 8.

593 Vgl. *Mühlbauer*, Berücksichtigung der ausländischen Eingriffsnormen im Art. 9 Rom I-VO, S. 141 zu der Formulierung „mehr zwingender Charakter" m. w. N. zu ähnlichen Bezeichnungen auch bei anderen Autoren.

594 *Bitterich*, GPR 2006, 161 (165) mit dem Hinweis auf die bildliche Sprache vom „Eingriff"; *Mühlbauer*, Berücksichtigung der ausländischen Eingriffsnormen im Art. 9 Rom I-VO, S. 141.

595 *Hauser*, Eingriffsnormen in der Rom I-Verordnung, S. 7; *Staudinger*, in: Internationales Vertragsrecht, VO (EG) 593/2008 Art. 9 Eingriffsnormen, Rn. 6 mit Verweis auf Erwägungsgrund 37 zu der Rom I-VO.

596 *Köhler*, Eingriffsnormen – Der »unfertige Teil« des europäischen IPR, S. 330; *Kuckein*, Die „Berücksichtigung" von Eingriffsnormen im deutschen und englischen internationalen Vertragsrecht, S. 285.

lässt.[597] Unstrittig ist, dass dieser der Norm selbst bzw. dem sie umkleidenden Normgefüge[598] entnommen werden muss. Bei ausdrücklicher Anordnung durch den Normgeber kann der Anwendungsbefehl durch Lesen des Wortlautes der Regelung festgestellt werden. Es handelt sich dann um eine *Eingriffsnorm im formalen Sinne.* Der Gesetzgeber ist prinzipiell frei, den von ihm erlassenen Regelungen ausdrückliche Anwendungsbefehle beizuordnen.[599] Das Gegenstück hierzu bilden die *Eingriffsnormen im materiellen Sinne.* Sie enthalten keine ausdrückliche Beiordnung ihres Anwendungsbefehls. In diesem Fall kommt im Rahmen der Feststellung des Geltungswillens in entscheidendem Maße wiederum den verfolgten Gemeininteressen Aussagekraft zu.[600] Entscheidungsrelevant ist die Frage danach, ob „der durch die Norm beabsichtigte Schutz des öffentlichen Interesses erreicht werden kann, wenn die Norm nur national zwingend bleibt oder doch eine parteiautonomieübergreifende, grenzüberschreitende Wirkung für die Erreichung des Normziels notwendig erscheint“[601]. Es bedarf der Heranziehung des jeweils verfolgten übergeordneten Interesses zur Beurteilung des internationalen Geltungsanspruchs einer Regelung.[602] Das eine lässt sich ohne das andere nicht feststellen, sodass von einer untrennbaren Verkopplung dieser Voraussetzungen der Legaldefinition gesprochen werden kann.[603] Die in einer Eingriffsnorm transportierten besonderen staatspolitischen Gemeininteressen müssen ein so großes Auseinanderfallen zwischen den kollisionsrechtlichen Interessen der angesprochenen Regelung einerseits und denjenigen, die der eigentlich einschlägigen Kollisionsnorm unterliegen, andererseits bedingen, dass für die Eingriffsnorm (im materiellen Sinne) eine ihrem Normzweck gerecht werdende Kollisionsnorm im Wege der Rechtsfortbildung zu entwickeln ist. Diese Kollisionsnorm muss der betreffenden Norm ihre spezielle statusunabhängige

---

597 *Köhler*, Eingriffsnormen – Der »unfertige Teil« des europäischen IPR, S. 10 formuliert diese Frage ebenfalls ausdrücklich.

598 Damit ist eine auf die Norm bezogene Kollisionsregel gemeint. Siehe hierzu auch die Aufzählung bei *Hauser*, Eingriffsnormen in der Rom I-Verordnung, S. 8.

599 *Hauser*, Eingriffsnormen in der Rom I-Verordnung, S. 8.

600 Hierzu *Sonnenberger*, IPRax 2003, 104 (109) [allerdings noch vor Geltung der Rom I-VO]; nach aktuellem Stand *Staudinger*, in: Internationales Vertragsrecht, VO (EG) 593/2008 Art. 9 Eingriffsnormen, Rn. 7.

601 *Mühlbauer*, Berücksichtigung der ausländischen Eingriffsnormen im Art. 9 Rom I-VO, S. 142.

602 Zu der Notwendigkeit jede einzelne Normaussage getrennt auf ihren möglichen eingriffsrechtlichen Charakter zu überprüfen *Mankowski*, RIW 2006, 321 (327).

603 Vgl. wiederum bei *Mühlbauer*, Berücksichtigung der ausländischen Eingriffsnormen im Art. 9 Rom I-VO, S. 141f.

Durchsetzung ermöglichen.[604] Dies hat im Wege der Rechtsfortbildung zu erfolgen, weil die Auslegung sich in den Wortlautgrenzen der jeweiligen Norm erschöpfen muss, die bei den materiellen Eingriffsnormen gerade keinen Hinweis auf den kollisionsrechtlichen Inhalt der Vorschrift enthält.[605] Diese methodische Feinheit wird von denjenigen Stimmen verkannt, die lediglich von einer erforderlichen *Auslegung* des Anwendungswillens sprechen.[606] Davon abgesehen drängt sich der Eindruck auf, dass aber grundsätzlich dasselbe Vorgehen gemeint ist, wenn von der Ermittlung des Anwendungsbefehls bei materiellen Eingriffsnormen die Rede ist: Die durch den fehlenden Anwendungsbefehl entstehende Regelungslücke ist auszufüllen.[607] Neben diese grundsätzlichen Aspekte treten in neuerer Zeit zudem Anhaltspunkte, die sich für die Feststellung von Eingriffsnormen aus der Jurisdiktion des EuGH ergeben.[608] In seinem Urteil vom 31. Januar 20219 in der Sache *Agostinho da Silva Martins* gegen *Dekra Claims Services Portugal SA*[609] hat sich der EuGH ausdrücklich zu der Feststellung von

---

604 Vgl. zu der notwendig werdenden Rechtsfortbildung *Freitag*, in: *Leible (Hrsg.),* Das Grünbuch zum Internationalen Vertragsrecht: Beiträge zur Fortentwicklung des Europäischen Kollisionsrechts der vertraglichen Schuldverhältnisse, S. 176; *Köhler*, Eingriffsnormen – Der »unfertige Teil« des europäischen IPR, S. 20f., 124; ebenfalls *Kuckein*, Die „Berücksichtigung" von Eingriffsnormen im deutschen und englischen internationalen Vertragsrecht, S. 285; Diese Notwendigkeit der Rechtsfortbildung ist jedoch umstritten. Andere Stimmen wollen den kollisionsrechtlichen Anwendungsbefehl schlicht durch Auslegung der betreffenden Norm herleiten, siehe. u. a. *Staudinger*, in: Internationales Vertragsrecht, VO (EG) 593/2008 Art. 9 Eingriffsnormen, Rn. 7.

605 *Epe*, Die Funktion des Ordre Public im deutschen Internationalen Privatrecht, S. 90f. warnt in diesem Zusammenhang zutreffend vor einer Konstruktion ‚versteckter' Kollisionsnormen, um bereits im Wege der Auslegung der enge des allgemeinen Anknüpfungssystems entgehen zu können.

606 *Köhler*, Eingriffsnormen – Der »unfertige Teil« des europäischen IPR, S. 13.

607 *Köhler*, Eingriffsnormen – Der »unfertige Teil« des europäischen IPR, S. 329; *Kuckein*, Die „Berücksichtigung" von Eingriffsnormen im deutschen und englischen internationalen Vertragsrecht, S. 285.

608 Für eine präzise Übersicht der Implikationen der Entscheidungsreihe des EuGH im Handelsvertreterrecht (Entscheidungssachen „Ingmar", „Unamar" und „Agro") für die Ermittlung von Eingriffsrecht *Mühlbauer*, Berücksichtigung der ausländischen Eingriffsnormen im Art. 9 Rom I-VO, S. 145f.

609 EuGH Urt. v. 31.01.2019 - C-149/18, „Da Silva Martins" – zurückgehend auf ein Vorabentscheidungsersuchen des Tribunal da Relação de Lisboa.

Eingriffsrecht verhalten.[610] Es bedürfe einer Gesamtbetrachtung von Wortlaut, allgemeiner Systematik, Telos sowie Entstehungszusammenhang, um Aufschluss über die Eingriffsqualität einer Vorschrift zu erlangen.[611] Hierdurch wird die in der Legaldefinition des Art. 9 Abs.1 Rom I-VO festgehaltene Kodependenz von Sachnormzweck und international zwingendem Charakter bei der Qualifizierung als Eingriffsnorm nochmals unterstrichen.[612] Festhalten lässt sich somit: Der Eingriffscharakter entsprechend Art. 9 Abs. 1 Rom I-VO ist maßgeblich von dem zu identifizierenden Normzweck abhängig. Nur hieran anknüpfend lässt sich eine Regelung überzeugend als Eingriffsnorm qualifizieren und kann der Antagonismus zwischen der Durchsetzung staatspolitischer Belange und den allgemeinen kollisionsrechtlichen Anknüpfungsregeln aufgelöst werden.[613] Dieses Vorgehen wird auch sogleich hinsichtlich dem AGG einzuhalten sein.

II. Abgrenzung zum ordre public

Zunächst soll allerdings noch – beispielhaft anhand des Art. 21 Rom I-VO – kurz auf die Abgrenzung der Eingriffsnormen zum ordre public eingegangen werden. Fraglich erscheint, ob international zwingenden Vorschriften des Rechts des Gerichtsstandortes auch mithilfe des Art. 21 Rom I-VO Abhilfe verschafft werden könnte. Die Fassung der Vorschrift des Art. 21 Rom I-VO lautet:

> *Art. 21 Rom I-VO Öffentliche Ordnung im Staat des angerufenen Gerichts*
>
> *Die Anwendung einer Vorschrift des nach dieser Verordnung bezeichneten Rechts kann nur versagt werden, wenn ihre Anwendung mit der öffentlichen Ordnung („ordre public“) des Staates des angerufenen Gerichts offensichtlich unvereinbar ist.*

Demnach wäre berufenes ausländisches Sachrecht im Inland dann nicht nach Art. 21 Rom I-VO anzuwenden, wenn dieses mit wesentlichen Grundsätzen des Staates des angerufenen Gerichts nicht zu vereinbaren wäre. So sollen unverhandelbare Rechtsprinzipien des Rechts des Gerichtsstandortes geschützt werden.[614] Für die Durchsetzung von zwingenden Regelungen mit Gemeinwohlinteresse,

---

610 Beginnend bei Rn. 27 der Entscheidungs-Randnummern, vgl. *Mühlbauer*, Berücksichtigung der ausländischen Eingriffsnormen im Art. 9 Rom I-VO, S. 145.

611 EuGH Urt. v. 31.01.2019 - C-149/18, „Da Silva Martins“ Rn. 31.

612 Siehe auch *Mühlbauer*, Berücksichtigung der ausländischen Eingriffsnormen im Art. 9 Rom I-VO, S. 147.

613 *Mankowski*, RIW 2006, 321 (327).

614 *Bach*, in: Recht der elektronischen Medien, Rom I Art. 9, Rn. 2 weist entsprechend darauf hin, dass der ordre public Vorbehalt auf Wertungen der lex fori begrenzt sei, während Art. 9 Rom I-VO auch Wertungen des Rechts am Erfüllungsort einbezieht;

die internationalen Geltungswillen besitzen, stellt Art. 9 Rom I-VO hingegen eine Spezialvorschrift dar. Aus dem Normzweck des Art. 9 Rom I-VO ergibt sich, dass der Weg über den ordre public-Vorbehalt aus Art. 21 Rom I-VO bei der Handhabung von Eingriffsrecht gem. der Verordnungsdefinition gesperrt ist. Nur dort, wo es um solche zwingenden Bestimmungen geht, die von der Legaldefinition des Art. 9 Abs. 1 Rom I-VO ausgeklammert werden, kann eine Korrektur durch den ordre public überhaupt noch in Betracht kommen. Greift Art. 9 Rom I-VO, würde die gewöhnliche Anknüpfung bereits zuvorderst ausgesetzt und eine Notwendigkeit für das ‚Eingreifen' des Art. 21 Rom I-VO wäre gar nicht gegeben.[615] Die inländischen Sachnormen kämen *positiv* bereits hierdurch uneingeschränkt zur Anwendung. Die *negative* Abwehrfunktion des Art. 21 Rom I-VO wird in diesen Konstellationen nicht mehr benötigt.[616] Für das AGG drängt sich damit abermals die Frage auf, welchen eingriffsrechtlichen Gehalt die dortigen Vorschriften enthalten. Sind Regelungen des AGG als Eingriffsnormen im Sinne des Art. 9 Abs. 1 Rom I-VO zu qualifizieren, kann Art. 21 Rom I-VO zur Durchsetzung des deutschen Diskriminierungsschutzes insoweit nicht mehr eingreifen.[617] Art. 21 Rom I-VO wäre erst dann zu konsultieren, sollte das deutsche Sachrecht überhaupt nicht zur Anwendung gelangen.[618]

C. Eingriffsqualitäten im AGG

Daraus ergibt sich: Sollten durch diskriminierungsrechtlich relevante Normierungen einer nationalen Rechtsordnung besondere öffentliche Regelungsinteressen umgesetzt sein, käme es abhängig von dem jeweiligen Geltungsanspruch der Vorschrift in Betracht, dass diese als Eingriffsnormen im Kollisionsrecht – entgegen der eigentlichen Verweisung – zwingend durchgesetzt werden könnten.

---

grundsätzlich hierzu vgl. *Looschelders*, JZ 2012, 105 (112f.), explizit mit Blick auf den Schutz vor Diskriminierungen; *Schlachter*, in: ErfK, VO (EG) 593/2008 Art. 9, Rn. 26.

615 *Martiny*, in: MüKoBGB, Rom I-VO Art. 9, Rn. 111.

616 Zu den Unterschieden generell *Bach*, in: Recht der elektronischen Medien, Rom I Art. 9, Rn. 2; siehe auch *Spickhoff*, in: BeckOK BGB, VO (EG) 593/2008 Art. 9, Rn. 3; nicht zu verwechseln ist die Zuschreibung von „positiver" und „negativer" Wirkweise mit der von *Kuckein*, Die „Berücksichtigung" von Eingriffsnormen im deutschen und englischen internationalen Vertragsrecht, S. 55ff. und anderen Stimmen vorgenommenen Zuordnung der Eingriffsnormen-Thematik als „positiver" Ausprägung des ordre public.

617 Hiernach fragt auch *Looschelders*, JZ 2012, 105 (113).

618 Ebenso *Mansel*, in: FS Canaris zum 70. Geburtstag, S. 826f. vor der Geltung der Rom I-VO mit Blick auf das EGBGB.

Beispielhaft steht hier das europäisch indizierte Antidiskriminierungsrecht, wie es seine Ausgestaltung im Allgemeinen Gleichbehandlungsgesetz in der Bundesrepublik Deutschland gefunden hat.[619] Obwohl das AGG EU-Richtlinien in das deutsche Recht umsetzt und damit einen unionsrechtlichen Hintergrund aufweist, erübrigt sich die Frage nach dem internationalen Anwendungswillen selbst im Untereinander der Mitgliedstaaten nicht. Wie bereits dargestellt,[620] hat der bestehende Umsetzungsspielraum zu verschiedenen Ausgestaltungen der nationalen Sachrechte geführt. Die aus diesem Grund – trotz derselben Herkunft aus den EU-Richtlinien – sich unterscheidenden Vorschriften bedingen die Frage nach ihrem eingriffsrechtlichen Gehalt.[621] Erst recht gilt dies für das zwischenstaatliche Verhältnis zur englischen Rechtsordnung als heutiger Drittstaat.

Dabei ist eine Einkleidung der Eingriffsnormen in ein öffentlich-rechtliches Normgefüge nicht entscheidend.[622] Auch privatrechtliche Regelungen können eingriffsrechtliche Relevanz entfalten, sofern sie nicht vorrangig dem privaten Interessenausgleich dienen.[623] Sehr wohl im überwiegenden öffentlichen Interesse können allerdings solche Vorschriften liegen, die sich der angemessenen Ausgestaltung von Vertragsverhältnissen annehmen.[624] Hinsichtlich des Benachteiligungsschutzes im allgemeinen Zivilrechtsverkehr rücken dabei die §§ 19 und 21 des AGG in den Fokus der Betrachtung.[625] Ihnen könnte (zusammen gedacht) Eingriffscharakter gem. Art. 9 Abs. 1 Rom I-VO zukommen. Um dies beurteilen zu können, ist entsprechend den oben benannten Voraussetzungen der Legaldefinition zu prüfen. Es müsste sich um intern zwingende Vorschriften handeln (1.), die ein besonderes öffentliches Regelungsinteresse des normsetzenden Staates transportieren (2.) und aus diesem Grund internationalen Geltungswillen beanspruchen (3.).[626] Bei der Beurteilung bedarf es einer stetigen, kritischen Reflexion

619 *Thorn*, in: Rauscher EuZPR/EuIPR Band 3, Art. 9 Rom I-VO, Rn. 84f. weist darauf hin und führt aus, dass sich im englischen Recht Eingriffsnormen hauptsächlich im case law finden würden.

620 Siehe ***Kapitel 1 § 1 A. I.***

621 Hierzu *Schrader/Straube*, NZA 2007, 184 (184).

622 Dazu bereits bei ***Kapitel 3 § 2 B. I.***

623 *Hoffmann/Bierlein*, ZEuP 2020, S. 47 (63).

624 *Hoffmann/Bierlein*, ZEuP 2020, S. 47 (64); *Staudinger*, in: Internationales Vertragsrecht, VO (EG) 593/2008 Art. 9 Eingriffsnormen, Rn. 8f.

625 *Lüttringhaus*, Grenzüberschreitender Diskriminierungsschutz, S. 276 spezifiziert, dass „Gegenstand der Qualifikation [...] im zivilrechtlichen Teil des AGG das Diskriminierungsverbot nach § 19 AGG sowie die individuellen Ansprüche der Benachteiligungsopfer gem. § 21 Abs. 1 und 2 AGG“ sind.

626 Statt aller *Maultzsch*, in: BeckOGK, Rom I-VO Art. 9, Rn. 17.

des Umstandes, dass einer zu weiten Ausdehnung der zwingenden Durchsetzung eigener Vorstellungen mithilfe des Eingriffsnormen-Instrumentariums Einhalt zu gebieten ist.[627]

I. Zwingender Charakter und besondere öffentliche Regelungsinteressen

Hinsichtlich des intern zwingenden Charakters ist an erster Stelle auf die eigene Anordnung, die das Allgemeine Gleichbehandlungsgesetz trifft, abzustellen. Danach soll gelten:

> *§ 31 AGG Unabdingbarkeit*
>
> *Von den Vorschriften dieses Gesetzes kann nicht zu Ungunsten der geschützten Personen abgewichen werden.*

Dem Wortlaut nach sind die Vorschriften des AGG gem. § 31 AGG *einseitig* zwingend. Es wird lediglich normiert, dass „nicht zu Ungunsten der geschützten Person“[628] von dem im AGG niedergelegten Normgefüge abgewichen werden dürfe, dementsprechend ein Mindest-Schutzstandard festgelegt. Dies ist für den zwingenden Charakter der Vorschriften aber unschädlich. Dass von den Regelungen in positiver Hinsicht zugunsten des Geschützten abgewichen werden kann, entspricht gerade dem Zweck eines gesetzgeberisch intendierten Mindestschutzniveaus.[629] Entsprechend sind die §§ 19, 21 AGG der Vorschrift des § 31 AGG nach unproblematisch zwingendes deutsches Sachrecht gem. Art. 9 Abs. 1 Rom I-VO.[630]

Problematischer erscheint, ob die §§ 19 und 21 AGG besondere öffentliche Regelungsinteressen, wie sie in der Legaldefinition des Art. 9 Abs. 1 Rom I-VO vorausgesetzt werden, transportieren. Als Ausgangspunkt für die Beurteilung dessen bietet sich das AGG als ganzheitlich zu betrachtendes Regelungsgefüge an. Auf der Hand liegt, dass das Allgemeine Gleichbehandlungsgesetz den individuellen Interessen von Diskriminierungsopfern Rechnung trägt, indem es ihnen verschiedene Ansprüche gegenüber den benachteiligenden Personen zugesteht. In diesem Individualschutz erschöpft sich der Regelungsgedanke des AGG jedoch nicht vollständig.[631] Als „Baustein einer umfassenden Integrationspolitik auf dem

---

627 Vgl. erneut bei *Freitag*, NJW 2018, 430 (431).

628 Wortlaut des § 31 AGG.

629 *Mansel*, in: FS Canaris zum 70. Geburtstag, S. 827f.

630 *Hoffmann/Bierlein*, ZEuP 2020, S. 47 (64).

631 Siehe nur *Lüttringhaus*, Grenzüberschreitender Diskriminierungsschutz, S. 276.

Weg zu einer gesamteuropäischen Werteordnung“[632] setzt das AGG eine Idee des Benachteiligungsschutzes um, die über die individuellen Belange hinausgeht.[633] Das Vertragsrecht ist hierfür über die Bereitstellung eines neutralen Ordnungsrahmens für privatautonomes Handeln hinaus eingespannt worden. Wesentlichen Teil dieser angesprochenen Werteordnung stellen gesellschaftspolitische Zielsetzungen dar.[634] Die Geschlechtergleichstellung nimmt dabei eine Vorreiterrolle ein.[635] Der Umfang der im AGG gefundenen Vorschriften und die Breite des diese begleitenden Maßnahmenkatalogs spiegelt die Relevanz des Gemeininteresses, welche der Gesetzgeber dem Regelungskatalog zuschreibt. Die Intention von einem umfassenden, in die Gesellschaft hineinzutragenden Diskriminierungsschutzes spiegelt sich im AGG unmittelbar wider.[636]

Diese Doppelfunktionalität des AGG als Regelungswerk zeigt sich auch in den §§ 19 und 21 AGG als einzelnen Normen. In den dort niedergelegten Benachteiligungs-Ansprüchen werden neben dem denknotwendigen Individualschutz auch übergeordnete gemeingesellschaftliche Zwecke verfolgt.[637] Es bietet sich an, insoweit von einer „Indienstnahme“[638] des Zivilrechts zu einer überindividuellen Zielsetzung zu sprechen. Doch selbst wenn man lediglich davon ausginge, dass die §§ 19 und 21 AGG *unmittelbar* nur dem Schutz individueller Interessen dienten, würde dies der Qualifikation als Eingriffsnorm nicht entgegenstehen. Die Bewahrung der entsprechenden Individualinteressen müsste dann allerdings

---

632 *Wenninger*, Arbeitsrechtliche Schutzvorschriften als inländische Eingriffsnormen, S. 148.

633 *Lüttringhaus*, Grenzüberschreitender Diskriminierungsschutz, S. 222, 276: „Der Staat kann seine Einflussnahme durch den Zugriff einzelner Privater [...] partiell [...] verstärken, um Allgemeinbelange zu schützen.“; *Wenninger*, Arbeitsrechtliche Schutzvorschriften als inländische Eingriffsnormen, S. 149 insoweit mit Blick auf die arbeitsrechtlichen Bestimmungen des AGG.

634 *Magnus*, in: Staudinger, Art. 9 Rom I-VO, Rn. 151 schreibt den §§ 19-21 AGG einen ausgeprägten Gemeinwohlcharakter zu.

635 *Looschelders*, JZ 2012, 105 (107, 113) mit Hinweis auf die sich aus Art. 3 Abs. 2 S. 2 GG und Art. 23 Grundrechte-Charta ergebenden Förderpflichten mit Blick auf die Geschlechtergerechtigkeit.

636 Entsprechend des von *Mansel*, in: FS Canaris zum 70. Geburtstag, S. 828 aufgestellten Erfordernisses.

637 *Hoffmann/Bierlein*, ZEuP 2020, S. 47 (64); *Lüttringhaus*, Grenzüberschreitender Diskriminierungsschutz, S. 276 weist auf die Abschreckungs- und Verhaltenssteuerungsfunktionen der Ersatz- und Beseitigungsansprüche hin; vgl. auch die zugrunde liegenden Zwecke nach BT Drs. 16/1780, S. 30.

638 Formulierung *Looschelders*, JZ 2012, 105 (107).

als Schutzgut von Gemeininteresse eingeordnet werden können und entsprechend ein Verstoß gegen dieselben für den Staat unzumutbar sein.[639] Für den deutschen Gesetzgeber ist dies bei den privatrechtlichen Diskriminierungsverboten eindeutig der Fall.[640] Dies zeigt sich besonders darin, dass er die Vorgaben im Rahmen des Diskriminierungsschutzes überobligatorisch bzw. überschießend umgesetzt und damit sein besonderes Interesse an der sozialen Organisation im Bereich des Antidiskriminierungsrechts verfolgt hat.[641] Gerade die vom AGG bereitgestellten *(Ersatz-)Ansprüche* stellen das Herzstück des Gesamtkonzepts zur gesamtgesellschaftlichen Antidiskriminierung in der deutschen Rechtsordnung dar.[642] Erst mithilfe der auf die Diskriminierungsverbote bezogenen Ansprüche hat der Normgeber seine gemeingesellschaftlichen Ziele umfassend abgesichert.[643] Des Weiteren werden durch die Konfrontation des Diskriminierenden mit Ansprüchen aus dem AGG sozialordnungspolitische Ziele in dem Sinne umgesetzt, dass die Anspruchsverpflichtung verhaltenssteuernd wirken soll. Der Schutz des diskriminierten Individuums wird mit „ordnungspolitischer Einflussnahme“[644] kombiniert, woraus sich eine untrennbare Verzahnung von Individual- und Allgemeininteressen ergibt.[645]

II. International zwingender Charakter

Vor dem soeben dargestellten Hintergrund stellt sich die Frage, ob die §§ 19 und 21 AGG aufgrund ihres verfolgten Regelungszweckes einen über den national zwingenden Charakter hinausgehenden, auch internationalen Geltungswillen beanspruchen. Die Normen müssten insofern von ‚stärkerer‘ Qualität sein, als dass sie die mit ihnen umgesetzten Interessen *absolut* gegenüber anderen Rechtsordnungen behaupten könnten. Der intern zwingende Gehalt sagt dabei noch nichts darüber aus, ob eine Bestimmung auch über die Grenzen der eigenen Rechtsordnung hinaus Anwendungswillen beansprucht. Nur bei einem kleinen Teil der intern zwingenden Normen kommt ein internationaler Geltungswille

639 *Lüttringhaus*, IPRax 2014, 146 (148).

640 Hierzu *Mörsdorf*, in: BeckOGK, AGG § 21, Rn. 95.1 mit entsprechendem Verweis auf; EuGH Urt. v. 17.10.2013 - C-184/12, „Unamar“ Rn. 50.

641 *Lüttringhaus*, IPRax 2014, 146 (148).

642 Vgl. *Kocher*, ZEuP 2004, 260 (272) zu einer rechtsordnungsspezifischen Bestandsaufnahme [jedoch vor Geltung des AGG]; *Lüttringhaus*, Grenzüberschreitender Diskriminierungsschutz, S. 223.

643 *Lüttringhaus*, Grenzüberschreitender Diskriminierungsschutz, S. 222.

644 *Lüttringhaus*, Grenzüberschreitender Diskriminierungsschutz, S. 230.

645 *Lüttringhaus*, Grenzüberschreitender Diskriminierungsschutz, S. 277.

hinzu.[646] Im Gegensatz zum Arbeitsrecht, für welches ein partieller internationaler Anwendungsbefehl in § 2 Nr. 7 AEntG vorgeschrieben ist, ist dem AGG selbst oder denen es begleitenden Gesetzesbegründungen nicht zu entnehmen, ob und/ oder in welchem Umfang dessen Diskriminierungsvorschriften – des allgemeinen Zivilrechtsverkehrs – sich auch bei Mehrstaatensachverhalten durchsetzen (sollen).[647] Entsprechend sucht man auch nach Hinweisen bezüglich der Reichweite des Benachteiligungsschutzes, welcher von den Mitgliedstaaten umzusetzen war, in den betreffenden Richtlinienvorgaben vergeblich.[648] Aufgrund der fehlenden ausdrücklichen Festschreibung durch den Gesetzgeber kann eine endgültige, rechtsverbindliche Entscheidung über die Qualifikation als Eingriffsrecht nur von den obersten nationalen Gerichten herbeigeführt werden. Für die arbeitsrechtlichen Normen im AGG demnach regelmäßig nur vom BAG und für die allgemein-zivilrechtlichen Normen regelmäßig nur vom BGH.[649] Solange eine solche Entscheidung fehlt, ist die Feststellung des internationalen Anwendungsbefehls der Rechtspraxis überlassen. Auf Beurteilungsaspekte, welche hierfür wesentlich sind, soll nunmehr mit Fokus auf die §§ 19 und 21 AGG eingegangen werden:[650]

Der Anwendungsbefehl muss der Norm selbst bzw. dem sie umkleidenden Normgefüge[651] (im Wege der Rechtsfortbildung) entnommen werden können. Bereits angesprochen worden ist, dass eine ausdrückliche Anordnung des international zwingenden Charakters im AGG nicht zu finden ist. Um Eingriffsnormen *im formalen Sinne* kann es sich damit bei §§ 19 und 21 AGG nicht handeln. Einzig § 31 AGG beschäftigt sich mit dem zwingenden Anspruchs des AGG-Normgefüges, lässt jedoch keinerlei Schlüsse auf die Geltung bei transnationalen Sachverhalten zu,[652] obwohl die Beiordnung eines ausdrücklichen internationalen

646 Siehe nur *Junker*, NZA-Beil. 2008, 59 (63) zu den diskriminierungsrelevanten Vorschriften des Arbeitsrechts.

647 *Schrader/Straube*, NZA 2007, 184 (184); *Kocher*, in: FS Martiny zum 70. Geburtstag, S. 414 verweist auf gerade diesen Gegensatz zum Arbeitsrecht, für welches eben jener partielle internationale Anwendungsbefehl in § 2 Nr. 7 AentG niedergelegt ist.

648 *Wenninger*, Arbeitsrechtliche Schutzvorschriften als inländische Eingriffsnormen, S. 147.

649 *Schrader/Straube*, NZA 2007, 184 (185) zu den arbeitsrechtlichen Diskriminierungsschutznormen im AGG.

650 Siehe zu den generellen Beurteilungsaspekten bereits ausführlich oben bei ***Kapitel 3 § 1 B. I.*** – Charakterisierungsmerkmale nach europäischem Verständnis.

651 Damit ist eine auf die Norm bezogene Kollisionsregel gemeint. Siehe hierzu auch die Aufzählung bei *Hauser*, Eingriffsnormen in der Rom I-Verordnung, S. 8.

652 *Schrader/Straube*, NZA 2007, 184 (185).

Anwendungsbefehls durchaus möglich gewesen wäre.[653] Die §§ 19 und 21 AGG könnten jedoch Eingriffsnormen *im materiellen Sinne* sein. Bei diesen Normen, denen eine ausdrückliche Beiordnung ihres internationalen Anwendungsbefehls fehlt, ist für die Gewinnung desselben im Wege der Rechtsfortbildung auf die verfolgten Gemeininteressen abzustellen.[654] Die in den §§ 19 und 21 AGG transportierten Gemeininteressen müssten von solchem Rang sein, dass ein schwerer Interessenskonflikt aufgrund der Anknüpfung nach der eigentlich einschlägigen Kollisionsnorm zu befürchten wäre, mithin die Notwendigkeit für die Rechtsfortbildung einer diesen gerecht werdenden Kollisionsnorm entstünde.[655] Besonderer Anhaltspunkt für das Gewicht der Normzwecke kann deren „verfassungsrechtliche Verankerung"[656] sein. Verfassungsrechtliches Fundament findet der Diskriminierungsschutz in dem Benachteiligungsverbot des Art. 3 Abs. 3 GG.[657] Dieses Verfassungsprinzip wurde vom Gesetzgeber in dem einfachgesetzlichen AGG verwirklicht. Die verfolgten Normzwecke sind damit unmittelbar an das Grundgesetz rückgekoppelt.[658] Auch die Gesetzesbegründung verweist explizit auf diesen Zusammenhang. Dort wird der Art. 3 GG als „Grundkonsens der Bundesrepublik Deutschland" bezeichnet, wonach „bestimmte Unterscheidungen auch im Bereich des Privatrechts [...] als unerwünscht gelten können"[659]. Gerade in den Dienst dieses von Art. 3 GG ausgedrückten Grundkonsens wurde die Ausgestaltung des AGG in Entsprechung der Richtlinienvorgaben gestellt. Der vor dem Erlass des AGG bestehende Rechtsschutz sollte gerade im Lichte des Art. 3 Abs. 3 GG für den allgemeinen Privatrechtsverkehr umfassender ausgestaltet werden.[660] In diesem Kontext lässt sich auch hinterfragen, welche Rolle der Herkunft

653 *Hauser*, Eingriffsnormen in der Rom I-Verordnung, S. 8; *Schrader/Straube*, NZA 2007, 184 (186).

654 Hierzu *Sonnenberger*, IPRax 2003, 104 (109) [allerdings noch vor Geltung der Rom I-VO]; nach aktuellem Stand *Staudinger*, in: Internationales Vertragsrecht, VO (EG) 593/2008 Art. 9 Eingriffsnormen, Rn. 7.

655 Vgl. zu der notwendig werdenden Rechtsfortbildung nur *Köhler*, Eingriffsnormen – Der »unfertige Teil« des europäischen IPR, S. 20f., 124.

656 *Schrader/Straube*, NZA 2007, 184 (186).

657 *Lüttringhaus*, Grenzüberschreitender Diskriminierungsschutz, S. 277 spricht von der „verfassungs- sowie insbesondere grund- und menschenrechtlichen Fundierung des Antidiskriminierungsrechts [aus] Art. 3 sowie Art. 1 i.V.m. Art. 2 Abs. 1 GG".

658 Vgl. nur *Wenninger*, Arbeitsrechtliche Schutzvorschriften als inländische Eingriffsnormen, S. 147; ebenso *Zwickel*, in: InternVertragsR § 5 Rn. 5.78.

659 BT Drs. 16/1780, S. 22.

660 *Lüttringhaus*, Grenzüberschreitender Diskriminierungsschutz, S. 277 sieht in den §§ 19 und 21 AGG doppelfunktionale Normen, welche besondere kollisionsrechtliche

des Antidiskriminierungsgefüges aus den EU-Richtlinien bei der Beurteilung der Eingriffsqualität der §§ 19, 21 AGG zukommt.[661] Für die Fortbildung eines Rechtsbefehls zur zwingenden internationalen Durchsetzung *nationaler* Normen kann den europäischen Vorgaben jedoch nur begrenzte Aussagekraft zukommen. Die Eingriffsqualität muss gerade auf die bezweckte Durchsetzung unverhandelbarer, nationalstaatlicher Gemeininteressen im internationalen Rechtsgefüge zurückgehen.[662] Dennoch ergeben sich aus dem sekundärrechtlichen Antidiskriminierungssystem Implikationen für den Durchsetzungsumfang der in Umsetzung der Richtlinien erlassenen Vorschriften des AGG. Es spricht vieles dafür, dass das Richtlinienrecht „eine international zwingende Ausgestaltung der zivilrechtlichen Antidiskriminierungsbestimmungen des AGG ein[fordert]“[663], um einen Verlust des Schutzniveaus aufgrund einer kollisionsrechtlichen Anknüpfung an drittstaatliches Recht zu verhindern.[664] Die Richtlinienherkunft des im AGG umgesetzten Antidiskriminierungsprogramms eignet sich zudem, um dessen Stellenwert auch auf übergeordneter Unionsebene zu untermauern.[665] Mit dieser Bewertung übereinstimmend stellt auch die Gesetzesbegründung zum AGG den Ansatz der zugrundeliegenden Richtlinien in den Dienst des durch die Verfassung geschaffenen Grundkonsens zum Benachteiligungsschutz.[666] Der Gesetzgeber wollte mithilfe des AGG Diskriminierungen in Deutschland umfassend Einhalt gebieten und so eine *Signalwirkung* schaffen.[667] Mit *Hoffmann/Bierlein* wird hier davon ausgegangen, dass gerade die angestrebte „Kultur gegen Diskriminierung“ eine auch rechtsordnungsübergreifend zwingende Anwendung der nationalen Antidiskriminierungsvorschriften impliziert, sofern eine Verbindung zur Bundesrepublik Deutschland besteht.[668]

Interessen hervorrufen würden; BT Drs. 16/1780, S. 39.

661 Zu den europarechtlichen Aspekten auch *Lüttringhaus*, Grenzüberschreitender Diskriminierungsschutz, S. 278ff.

662 So wohl *Hoffmann/Bierlein*, ZEuP 2020, S. 47 (64) zu verstehen; ausdrücklich *Schrader/Straube*, NZA 2007, 184 (186).

663 *Lüttringhaus*, Grenzüberschreitender Diskriminierungsschutz, S. 278.

664 *Lüttringhaus*, Grenzüberschreitender Diskriminierungsschutz, S. 279f. m. w. N.

665 *Wenninger*, Arbeitsrechtliche Schutzvorschriften als inländische Eingriffsnormen, S. 147; *Staudinger*, in: Internationales Vertragsrecht, VO (EG) 593/2008 Art. 9 Eingriffsnormen, Rn. 29 bezeichnet die §§ 19f. AGG insofern als „primärrechtsverstärktes» Eingriffsrecht.

666 BT Drs. 16/1780, S. 23.

667 BT Drs. 16/1780, S. 30: Das Gesetz sei „Ausdruck des politischen Willens, eine Kultur der Vielfalt und gegen Diskriminierung in Deutschland“ zu etablieren.

668 *Hoffmann/Bierlein*, ZEuP 2020, S. 47 (66).

Für die Beurteilung des internationalen Anwendungsbefehls ebenfalls herangezogen wird das Bestehen eines öffentlich-rechtlichen Durchsetzungssystems bezüglich der in Rede stehenden Norm. Bei Vorliegen eines solchen soll sich eine starke Gewichtung zugunsten der Qualifikation als Eingriffsrecht ergeben.[669] Zurückzuführen ist das auf die Annahme, dass ein hoheitliches Durchsetzungsregime zuverlässig auf die überindividuelle Intention und hervorgehobene Bedeutung einer privatrechtlichen Vorschrift rückschließen lasse.[670] Dies wiederum sind wichtige Kriterien für die Qualifikation als Eingriffsrecht. Als den Diskriminierungsschutz flankierende Behörde sieht das AGG in § 25 Abs. 1 die Einsetzung der Antidiskriminierungsstelle des Bundes vor. Durch die der Antidiskriminierungsstelle in den sich daran anschließenden Paragrafen verliehenen öffentlich-rechtlichen Durchsetzungsbefugnissen wird abermals die Zweischneidigkeit der in den AGG-Normen transportierten Interessen verdeutlicht: die private Anspruchsführung wird untermauert und unterstützt von der gesamtgesellschaftlichen Schutzprämisse.[671] Der Befugnisbereich der Antidiskriminierungsstelle ist dabei jedoch nicht nur auf die unmittelbare Begleitung der individuellen Anspruchsverfolgung begrenzt: Gem. § 27 Abs. 3 AGG umfasst das Aufgabenspektrum ebenso zu betreibende Öffentlichkeitsarbeit und weitere Maßnahmen.[672] Dies, und bereits die bloße Existenz einer solchen Behörde wie der Antidiskriminierungsstelle, unterstreichen die Wichtigkeit der Bewahrung der geschützten Belange für die Gesamtgesellschaft.[673]

Danach lässt sich zusammenfassend feststellen: Dem von den §§ 19, 21 AGG transportierten Regelungsprogramm ist Eingriffsqualität zuzusprechen. Die benannten diskriminierungsrechtlichen Normierungen setzen besondere öffentliche

---

669 *Junker*, NZA-Beil. 2008, 59 (64) spricht von einer „Rechtsdurchsetzung mittels Behörden"; *Kocher*, in: FS Martiny zum 70. Geburtstag, S. 414; *Lüttringhaus*, Grenzüberschreitender Diskriminierungsschutz beschreibt einen entsprechenden Erfahrungssatz des IPR, wonach sich von öffentlich-rechtlichen Bewehrung einer privatrechtlichen Vorschrift auf ihre Eingriffsqualität schließen lasse; *Mansel*, in: FS Canaris zum 70. Geburtstag, S. 829 stellt das Bestehen einer solchen Einrichtung in den Kontext der Frage nach der Verfolgung gesamtgesellschaftlicher Ziele des Gesetzes. Aufgrund der wechselseitigen Abhängigkeit der Voraussetzungen für Eingriffsnormen ergibt sich hieraus jedoch kein Unterschied.

670 *Lüttringhaus*, Grenzüberschreitender Diskriminierungsschutz, S. 227.

671 *Kocher*, in: FS Martiny zum 70. Geburtstag, S. 415; *Lüttringhaus*, Grenzüberschreitender Diskriminierungsschutz, S. 227 nennt dies die „hoheitliche Flankierung der privaten Rechtsdurchsetzung".

672 *Kocher*, in: FS Martiny zum 70. Geburtstag, S. 415.

673 *Lüttringhaus*, Grenzüberschreitender Diskriminierungsschutz, S. 230.

Regelungsinteressen des deutschen Gesetzgebers um und beanspruchen (daher) internationale Geltung. Der so aufgestellte nationale Diskriminierungsschutz kann als Eingriffsrecht im Kollisionsrecht entgegen der eigentlichen Verweisung – zwingend – durchgesetzt werden.[674] Art. 9 Abs. 1 Rom I-VO spricht selbst davon, dass die Eingriffsnormen ungeachtet des nach Maßgabe der Verordnung auf den Vertrag anzuwendenden Rechts auf alle Sachverhalte „anzuwenden" seien, die in ihren Anwendungsbereich fallen würden. Was unter dieser „Anwendung" im Einzelnen zu verstehen ist, ergibt sich aus der Legaldefinition nicht. *Mankowski* hat hinsichtlich der Funktionsweise formuliert, „das Eingriffsrecht wirk[e] exogen und überwölbend auf das betroffene Rechtsverhältnis ein"[675]. Dies, und die weiteren Voraussetzungen der Durchsetzung von Eingriffsrecht im Rahmen des unionsrechtlichen Kollisionsrechts, sind im Folgenden zu erörtern.

§ 3 Durchsetzung von Eingriffsnormen der lex fori

Hierfür ist zwischen solchen Eingriffsnormen zu unterscheiden, die dem Recht der *lex fori* zugehören und jenen, die eine andere – im weiteren Verlauf der Arbeit zu differenzierende – Verbindung zu dem in Rede stehenden Sachverhalt aufweisen.[676] Art. 9 Abs. 2 Rom I-VO und Art. 16 Rom II-VO haben ihrem Wortlaut nach die „Anwendung" von Eingriffsrecht des Gerichtsstandortes zum Regelungsgegenstand.[677] Beide Vorschriften setzen dabei voraus, dass das Forumsrecht nicht

---

674 Zu selbigem Ergebnis kommen *Hoffmann/Bierlein*, ZEuP 2020, S. 47 (64); *Magnus*, in: Staudinger, Art. 9 Rom I-VO, Rn. 151; Ebenso *Mansel*, in: FS Canaris zum 70. Geburtstag, S. 830 [zu der Einordnung als Eingriffsnormen im Sinne des Art. 34 EGBGB]; *Martiny*, ZEuP 2008, 79; Mit explizitem Blick lediglich auf § 21 AGG ebenfalls zustimmend *Mörsdorf*, in: BeckOGK, AGG § 21, Rn. 95; *Staudinger*, in: Internationales Vertragsrecht, VO (EG) 593/2008 Art. 9 Eingriffsnormen, Rn. 29; *Weller/Lieberknecht*, JZ 2019, 317 (323); *Zwickel*, in: InternVertragsR § 5 Rn. 5.78; a. A. *Schrader/Straube*, NZA 2007, 184 (186), die die Eingriffsqualität zumindest mit Blick auf die arbeitsrechtlichen Regelungen des AGG ablehnen.

675 *Mankowski*, RIW 2006, 321 (326).

676 *Staudinger*, in: Internationales Vertragsrecht, VO (EG) 593/2008 Art. 9 Eingriffsnormen, Rn. 45 stellt die notwendig werdende Differenzierung anhand der unterschiedlichen Rechtsfolgenanordnung der Abs. 2 und 3 des Art. 9 Rom I-VO heraus (Abs. 2 „Anwendung"; Abs. 3 „Wirkung verliehen").

677 *Maultzsch*, in: BeckOGK, Rom I-VO Art. 9, Rn. 70 stellt klar, dass die relevante Norm demnach Bestandteil der Rechtsordnung sein muss, in die das entscheidende Gericht eingebettet ist; *Wenninger*, Arbeitsrechtliche Schutzvorschriften als inländische Eingriffsnormen, S. 62 bezeichnet diese als Bestimmungen des mit dem Verfahren befassten Gerichts.

das ohnehin nach dem Kollisionsrecht berufene Sachrecht ist, laufen demnach auf eine Sonderanknüpfung hinaus:[678]

> *Art. 9 Rom I-VO Eingriffsnormen*
>
> *Abs. 2*
>
> *Diese Verordnung berührt nicht die Anwendung der Eingriffsnormen des Rechts des angerufenen Gerichts.*
>
> *Art. 16 Rom II-VO Eingriffsnormen*
>
> *Diese Verordnung berührt nicht die Anwendung der nach dem Recht des Staates des angerufenen Gerichts geltenden Vorschriften, die ohne Rücksicht auf das für das außervertragliche Schuldverhältnis maßgebende Recht den Sachverhalt zwingend regeln.*

Hieraus ergibt sich eine Grundregel, wonach das zuständige Gericht berechtigt ist, das (eigene) Eingriffsrecht des Forums (aus kollisionsrechtlicher Perspektive) durchzusetzen, sofern es nur die Voraussetzungen der Legaldefinition aus Art. 9 Abs. 1 Rom I-VO erfüllt.[679] Weitergehende ausdrückliche Einschränkungen treffen die beiden Normierungen insofern nicht. Allerdings ergibt sich denknotwendig mit Blick auf den konkreten Sachverhalt, dass es nicht genügt, eine Vorschrift abstrakt als Eingriffsrecht in Entsprechung der Legaldefinition zu qualifizieren. Die inländische Eingriffsnorm muss auch für den *bestimmten*, in Rede stehenden Fall inhaltlich Geltung beanspruchen.[680] Dass Art. 9 Abs. 2 Rom I-VO und Art. 16 Rom II-VO keine weitergehende Eingrenzung der Anwendbarkeit von Eingriffsrecht der *lex fori* vornehmen, findet seine Erklärung darin, dass sich die Verpflichtung des Gerichts zur Beachtung desselben bereits aus der Rückkopplung an das Gewaltengefüge des eigenen Staates ergibt.[681] Bei diesem Aspekt findet sich auch die Schnittmenge zu dem Ausgangspunkt der Bestimmung des internationalen Anwendungsbereiches von Normen mit Eingriffscharakter ‚vom Gesetz her'[682].[683] Für die internationalprivatrechtliche Durchsetzung der Eingriffsnormen folgt hieraus die Heranziehung der konkreten Wertungen

---

678 *Hoffmann/Bierlein*, ZEuP 2020, S. 47 (63); *Martiny*, in: MüKoBGB, Rom I-VO Art. 9, Rn. 41; *Wenninger*, Arbeitsrechtliche Schutzvorschriften als inländische Eingriffsnormen, S. 62.

679 *Freitag*, NJW 2018, 430 (431); *Zwickel*, in: InternVertragsR § 5 Rn. 5.59.

680 Weiterführend hierzu *Maultzsch*, in: BeckOGK, Rom I-VO Art. 9, Rn. 72 m. w. N.

681 Zum Ganzen vgl. nur *Maultzsch*, in: BeckOGK, Rom I-VO Art. 9, Rn. 73.

682 Hierzu bereits ***Kapitel 1 § 1 A***.

683 *Hemler*, Die Methodik der »Eingriffsnorm«, S. 61.

einer Rechtsordnung und damit des Gesetzes selbst.[684] Art. 9 Abs. 2 Rom I-VO und Art. 16 Rom II-VO öffnen damit lediglich den Weg für die „Perspektive des sachlichen und räumlichen Regelungswillens der jeweiligen Norm“[685], sodass sie gemeinhin als Öffnungsklauseln gelten.[686] Bezüglich der alleinigen Beurteilungsrelevanz des nationalen Normgebers wird jedoch diskutiert, ob dieser Grenzen zu ziehen sind. Insbesondere steht die Forderung auf kollisionsrechtlicher Ebene nach einem hinreichenden Inlandsbezug als zusätzlichem Anwendungskriterium für das Eingriffsrecht der *lex fori* in der Diskussion.[687]

A. Hinreichender Inlandsbezug?

Diese Diskussion geht bereits auf die Vorgängernorm des Art. 7 Abs. 2 EVÜ[688] zurück. Art. 7 EVÜ sah dem Wortlaut nach kein explizites Erfordernis eines hinreichenden Inlandsbezugs für die Anwendung des Eingriffsrechts vor; dennoch entsprach die Annahme eines solchen der wohl überwiegenden Ansicht.[689] Auch Art. 9 Abs. 2 Rom I-VO und Art. 16 Rom II-VO benennen einen hinreichenden Inlandsbezug zum Gerichtsstandort nicht als Anwendungsvoraussetzung für Eingriffsnormen der *lex fori*.[690] Es erscheint daher erwägenswert, ob dennoch weiterhin ein solcher zu fordern ist. Teilweise wird zur Begründung eines solchen Kriteriums auf die Herkunft der Möglichkeit der Sonderanknüpfung aus der positiven Funktion des ordre public verwiesen.[691] Die hinreichende Inlandsbeziehung sei – trotz fehlender ausdrücklicher Festschreibung durch den Unionsgesetzgeber – notwendig,

684 *Wenninger*, Arbeitsrechtliche Schutzvorschriften als inländische Eingriffsnormen, S. 39f.

685 *Maultzsch*, in: BeckOGK, Rom I-VO Art. 9, Rn. 73.

686 *Wenninger*, Arbeitsrechtliche Schutzvorschriften als inländische Eingriffsnormen, S. 69 m. w. N.

687 *Maultzsch*, in: BeckOGK, Rom I-VO Art. 9, Rn. 74; selbiger auch in: FS Kronke zum 70. Geburtstag, S. 364 m. w. N.

688 Abgedruckt in: Amtsblatt der Europäischen Gemeinschaft L 266: Informationsnummer 1980/L 266/1 Übereinkommen über das auf vertragliche Schuldverhältnisse anzuwendende Recht, aufgelegt zur Unterzeichnung am 19.Juni 1980 in Rom/* Konsolidierte Fassung CF 498Y0126(03) */.

689 Vgl. *Martiny*, in: MüKoBGB, Rom I-VO Art. 9, Rn. 109; ebenso *Zwickel*, in: InternVertragsR § 5 Rn. 5.61 zur Diskussion zum früheren Recht.

690 Siehe zum Ganzen nur *Kohler*, in: FS Kronke zum 70. Geburtstag, S. 258; *Zwickel*, in: InternVertragsR § 5 Rn. 5.61.

691 *Spickhoff*, in: BeckOK BGB, VO (EG) 593/2008 Art. 9, Rn. 16; auch *Staudinger*, in: Internationales Vertragsrecht, VO (EG) 593/2008 Art. 9 Eingriffsnormen, Rn. 11 will insofern „Anlehnung an Art. 21 [Rom I-VO]“ nehmen“.

um die ausnahmsweise Durchbrechung des Kollisionsrechtssystems durch die Sonderanknüpfung zu legitimieren. Das zusätzliche Erfordernis wird damit in den Dient der Begrenzung der Durchsetzung nationalstaatlicher Interessen gestellt:[692] Der geforderte Inlandsbezug dient aufgrund der damit verschärften Gefährdungssituation für die Rechtsgüter der Legitimation des Schutzes derselben.[693] Aus diesem Grund hält die wohl herrschende Meinung zutreffend an dem Erfordernis fest.[694] Die Festlegung eines einheitlichen Kriteriums dafür, wann die Inlandsbeziehung ‚hinreichend' ist, ist jedoch abzulehnen. Das Abstellen auf den Umstand, ob Handlungen auf dem Gebiet des eingreifenden Staates erfolgt sind – wie es vereinzelt als (einzig) maßgeblicher Feststellungsmoment vorgeschlagen wird –, wird der „Vielseitigkeit der vertraglichen [bzw. deliktischen] Verpflichtungen einerseits und [den] zwingenden Normen andererseits"[695] nicht gerecht.[696] Stattdessen hat eine ausdifferenzierte Betrachtung der räumlichen, funktionalen, gegenständlichen und persönlichen Umstände im Einzelfall zu erfolgen.[697] Demnach bieten sich zur Beurteilung dessen, ob ein hinreichender Inlandsbezug gegeben ist, verschiedene Anknüpfungsmomente an. Zum einen ist auf die konkrete Vertrags- bzw. Deliktsbeziehung der Parteien zum normsetzenden Staat abzustellen. Es ist danach zu fragen, ob das in Rede stehende Eingriffsrecht gerade auf den durch das Rechtsverhältnis umgrenzten Lebensbereich abzielen will, oder anders formuliert: Ob dort der Kern des durch die Eingriffsnorm geschützten Interesses liegt.[698] In die Beurteilung des Inlandsbezugs hineinzufließen hat auch der Umstand, dass für den Anwendungsbereich des Art. 9 Abs. 2 Rom I-VO und Art. 16 Rom II-VO zumindest eine (international zivilverfahrensrechtliche) Zuständigkeit des inländischen Gerichtsapparates bestehen muss. Ein gewisser

---

692 *Staudinger*, in: Internationales Vertragsrecht, VO (EG) 593/2008 Art. 9 Eingriffsnormen, Rn. 11.

693 *Kohler*, in: FS Kronke zum 70. Geburtstag, S. 258; Nach *Staudinger*, in: Internationales Vertragsrecht, VO (EG) 593/2008 Art. 9 Eingriffsnormen, Rn. 11 erscheint die Durchsetzung von international zwingenden Bestimmungen desto eher gerechtfertigt, je stärker die Verbindung zum deutschen Hoheitsgebiet ausfällt.

694 *Martiny*, in: MüKoBGB, Rom I-VO Art. 9, Rn. 109, 124; *Spickhoff*, in: BeckOK BGB, VO (EG) 593/2008 Art. 9, Rn. 17; *Staudinger*, in: Internationales Vertragsrecht, VO (EG) 593/2008 Art. 9 Eingriffsnormen, Rn. 11; *Zwickel*, in: InternVertragsR § 5 Rn. 5.61 jeweils m. w. N.

695 *Martiny*, in: MüKoBGB, Rom I-VO Art. 9, Rn. 125.

696 Zusammenfassend *Spickhoff*, in: BeckOK BGB, VO (EG) 593/2008 Art. 9, Rn. 17.

697 *Martiny*, in: MüKoBGB, Rom I-VO Art. 9, Rn. 125.

698 Hierzu ausführlich *Spickhoff*, in: BeckOK BGB, VO (EG) 593/2008 Art. 9, Rn. 17 mit einer Aufzählung konkreter Beispiele für maßgebliche Beurteilungsaspekte.

Inlandsbezug besteht demnach bereits denknotwendig.[699] Der erforderliche Inlandsbezug bei Art. 9 Abs. 2 Rom I-VO und Art. 16 Rom II-VO, der *Eingriffsrecht aus dem AGG* betrifft, ist grundsätzlich zudem weit auszulegen. Hierfür ist relevant, dass das AGG eine umfassende Diskriminierungseindämmung mit Bezug zum deutschen Staat bezweckt. Beispielhaft für einen gefestigten Inlandsbezug im Antidiskriminierungsbereich lässt sich auf ein tatsächliches Handeln im Bundesgebiet, die Relevanz einer in Deutschland zu verortenden ökonomischen Chance oder ein landesbezogenes Marktverhalten abstellen.[700]

B. ‚Anwendbarkeit' der Eingriffsnormen der lex fori

Hinsichtlich der ‚Anwendbarkeit' ist bereits die überwölbende Einwirkung auf das betreffende Rechtsverhältnis angesprochen worden.[701] Hält das Eingriffsrecht einen Normtatbestand und dazugehörige Rechtsfolge(n) bereit, beschreibt ‚Anwendbarkeit' nichts anderes als das unmittelbare Eingreifen der vorgesehenen Rechtsfolge(n) bei erfüllten Tatbestandsvoraussetzungen.[702] Damit sind die forumseigenen Eingriffsnormen vollumfänglich von der Unterwerfung unter das Vertragsstatut ausgenommen. Das Gericht hat die Auswirkungen auf das Rechtsverhältnis zwingend nach der *lex fori* auszurichten.[703] Für die darüber hinausgehenden Implikationen, beispielsweise die Frage nach der Rückabwicklung eines Vertragsverhältnisses im Fall der angeordneten Nichtigkeit,[704] gilt hingegen wiederum das ursprünglich berufene Sachrecht.[705]

---

699 *Staudinger*, in: Internationales Vertragsrecht, VO (EG) 593/2008 Art. 9 Eingriffsnormen, Rn. 11; a. A. zum Ganzen wohl *Maultzsch*, in: BeckOGK, Rom I-VO Art. 9, Rn. 85 m. w. N. Allerdings bei Rn. 81 mit dem zutreffenden Hinweis darauf, dass die Frage nach dem hinreichenden Inlandsbezug wohl nur dann praktische Relevanz erlange, wenn eine mitgliedstaatliche Eingriffsnorm ihrerseits explizit auch für Vertragsverhältnisse [bzw. Deliktsverhältnisse] ohne einen hinreichenden Inlandsbezug Geltung beanspruche. Regelmäßig seien Eingriffsnormen mangels eines solchen Regelungsgehalts bereits auf national-rechtlicher Ebene so auszulegen, das sie nur im Falle eines relevanten Inlandsbezugs eingreifen sollen.

700 Die konkreten Beispiele nach *Zwickel*, in: InternVertragsR § 5 Rn. 5.78.

701 Statt aller sei erneut auf *Mankowski*, RIW 2006, 321 (326) verwiesen.

702 Hierzu *Sonnenberger*, IPRax 2003, 104 (111).

703 *Staudinger*, in: Internationales Vertragsrecht, VO (EG) 593/2008 Art. 9 Eingriffsnormen, Rn. 46; ebenso *Zwickel*, in: InternVertragsR § 5 Rn. 5.62.

704 Beispiel nach *Staudinger*, in: Internationales Vertragsrecht, VO (EG) 593/2008 Art. 9 Eingriffsnormen, Rn. 46.

705 Zum Ganzen vgl. ebenfalls bei *Freitag*, NJW 2018, 430 (431).

C. Unionsrechtliche Implikationen

Schließlich stellt sich die Frage, ob im Rahmen von Art. 9 Abs. 2 Rom I-VO und Art. 16 Rom II-VO unionsrechtliche Implikationen zu beachten sind. Zumindest entlang ihrer Wortlautgrenzen treffen die beiden Vorschriften keine Unterscheidung zwischen mitglied- und drittstaatlichen Sachverhaltskonstellationen.[706] Erwägenswert erscheint jedoch, ob sich für die Anwendung von Eingriffsrecht dennoch Unterschiede eröffnen. Ergeben sich Abweichungen dadurch, dass der englische Staat nicht mehr Mitglied der Union ist? Zumindest denkbar wären Unterschiede für die Durchsetzung von Eingriffsnormen der *lex fori* gegenüber einem Land, das EU-Mitgliedstaat ist, im Gegensatz zu Nichtmitgliedern der Union. Gegenüber Unionsstaaten wäre vorstellbar, dass aufgrund des Gedankens der europäischen Integration lediglich eine zurückhaltendere Geltendmachung der (gerichts-)eigenen Rechtssätze indiziert sein könnte. Auch erscheint aufgrund der Gegebenheiten im Antidiskriminierungsrecht interessant, wie es sich bei überschießend umgesetztem Richtlinienrecht mit dem Eingriffsnormcharakter gegenüber anderen EU-Mitgliedstaaten und gegenüber der nicht (mehr) mitgliedstaatlichen, englischen Rechtsordnung verhält. Muss sich hieraus gegebenenfalls eine nunmehr abweichende Handhabung ergeben?

Zunächst lässt sich die Notwendigkeit des Konformgehens des relevanten Eingriffsrechts mit dem normhierarchisch übergeordneten Unionsrecht herausstellen.[707] In erster Linie sind insofern die Unions-Grundfreiheiten als Schranken zu benennen.[708] Ein Verstoß gegen die Grundfreiheiten – oder jedes andere relevante Unionsrecht – bedingt die Unanwendbarkeit der in Rede stehenden Eingriffsnorm.[709] Insofern wird eine Ausuferung der Durchsetzung nationalstaatlicher Gemeininteressen über Art. 9 Rom I-VO und Art. 16 Rom II-VO entgegen europäischer Rechtsinteressen durch das weitere unionale Rechtsgefüge bereits von vornherein eingefangen.[710] Die englische Rechtsordnung ist bekanntlich aus dem Regelungsgefüge des Unionsprimär- und -sekundärrechts herausgefallen. Aus diesem Grund müssen sich auch zukünftig zu erlassende Eingriffsnormen der

706 *Martiny*, in: MüKoBGB, Rom I-VO Art. 9, Rn. 41.

707 Zu den allgemeinen unionsrechtlichen Schranken *Lüttringhaus*, IPRax 2014, 146 (149); ebenso *Mankowski*, RdA 2017, 273 (277).

708 *Martiny*, in: MüKoBGB, Rom I-VO Art. 9, Rn. 27.

709 *Mankowski*, RdA 2017, 273 (277); ausführlich zu den Vorgaben des Primärrechts *Zwickel*, in: InternVertragsR § 5 Rn. 5.40ff.

710 Eine umfassende Auseinandersetzung mit den Grenzen des Eingriffsrechts leistet *Fetsch*, Eingriffsnormen und EG-Vertrag [allerdings vor dem Erlass der Rom I- und II-VO], worauf hiermit verwiesen sei.

englischen Rechtsordnung nicht mehr an diesen Rechtssätzen messen lassen. Hiervon unabhängig ist die Frage, ob als Eingriffsrecht zu qualifizierenden nationalen Normen, die allerdings unionaler Herkunft – aus Verordnungen oder Richtlinien – sind, eine besondere Behandlung zuteil werden muss. Konkret steht in diesem Fall eine „gesteigerte kollisionsrechtliche Durchsetzung“[711] in Rede. Dies ist mit der hier gebotenen Kürze abzulehnen.[712] In der Durchsetzungsqualität kann sich für Vorschriften unionaler Herkunft kein Unterschied im Rahmen des Eingriffsrechts ergeben.[713] Auch nationale Eingriffsnormen, die ursprünglich aus dem europäischen Recht herrühren, sind herkömmlich zu handhaben. Für sie können sich keine abweichende Wertungen ergeben.[714] Auf einem anderen Blatt steht wiederum die Frage, wie es sich mit der Durchsetzungsqualität solcher Eingriffsnormen verhält, die aus einer überschießenden Richtlinienumsetzung eines Mitgliedstaates herrühren und nunmehr gegen das die Richtlinie mindest umsetzende, kollisionsrechtlich berufene Sachrecht eines anderen Mitgliedstaates durchgesetzt werden sollen. Diese – im weitesten Sinne sich aus dem innergemeinschaftliche Rücksichtnahmegebot und dem unionsrechtlichen Entscheidungseinklag eröffnende – Frage war Gegenstand der vom EuGH verhandelten Rechtssache *Unamar*[715]. Der EuGH billigte in seiner Entscheidung die so verursachte Schutzausdehnung und sprach dem überobligatorisch umgesetzten Normteil die grundsätzliche Möglichkeit der Durchsetzung als Eingriffsrecht zu. In dem vom EuGH entschiedenen Sachverhalt zu *Unamar* standen dabei Vorschriften des Handelsvertreterrechts in Rede. Hierzu wurde festgestellt, dass das angerufene Gericht – um die Bestimmungen der *lex fori* zwingend durchzusetzen – substantiiert festzustellen habe, dass der Gesetzgeber des Staates dieses Gerichts es im Rahmen der Umsetzung dieser Richtlinie für unerlässlich erachtet hat, dem Handelsvertreter in der betreffenden Rechtsordnung einen Schutz zu gewähren, der über den in der genannten Richtlinie vorgesehenen hinausgeht.[716] Auf das Antidiskriminierungsrecht übertragen würde dies bei

711 *Köhler*, Eingriffsnormen – Der »unfertige Teil« des europäischen IPR, S. 148.

712 Zum Ganzen ausführlich *Köhler*, Eingriffsnormen – Der »unfertige Teil« des europäischen IPR, S. 148ff. m. w. N.

713 *Mankowski*, RIW 2006, 321 (329).

714 *Kuckein*, Die „Berücksichtigung“ von Eingriffsnormen im deutschen und englischen internationalen Vertragsrecht, S. 61; *Köhler*, Eingriffsnormen – Der »unfertige Teil« des europäischen IPR, S. 149.

715 EuGH Urt. v. 17.10.2013 - C-184/12, „Unamar“ konkret diese Fragestellung formulierend bei Rn. 29.

716 EuGH Urt. v. 17.10.2013 - C-184/12, „Unamar“ Rn. 52; ebenso zitiert von *Martiny*, in: MüKoBGB, Rom I-VO Art. 9, Rn. 29.

innergemeinschaftlichen Durchsetzungsfragen bedeuten, dass „die Umsetzung der Richtlinie im Staat des angerufenen Gerichts durch eine Ausweitung ihres Anwendungsbereiches oder durch die Entscheidung für eine erweiterte Nutzung des in der Richtlinie vorgesehenen Ermessensspielraums auf Grund der besonderen Bedeutung, die der Mitgliedstaat [dem Antidiskriminierungsrecht] beimisst, einen stärkeren Schutz dieser [Thematik]“[717] bieten müsste.[718] Dieser Entscheidung des EuGH ist beizupflichten.[719] Sie bleibt den Grundgedanken des Eingriffsrechts verhaftet und stellt keinerlei sachfremde Erwägungen aufgrund der unionalen Mindestharmonisierung an. Die Mindestharmonisierung impliziert ihrem Wortlaut nach bereits, dass es den Mitgliedstaaten freisteht, darüber hinausgehende Schutzansprüche zu artikulieren. Diese Ansprüche müssen auch – nach verständiger Abwägung – als zwingendes Recht, bei entsprechendem Willen, durchgesetzt werden können.[720] Dennoch erscheint die substantiierte Darstellung des zwingend erforderlichen, ausgeweiteten Schutzanspruchs nicht ohne Weiteres leistbar: Der von dem Richtliniengeber EU festgesetzte Schutzstandard ist grundsätzlich bereits sehr umfassend. Es muss in der Erwägung dargelegt werden, warum ein noch über dieses Schutzniveau hinausgehender Regelungsansatz unverzichtbar für den Mitgliedstaat erscheint.[721] Diese Rechtfertigung des zwingenden Anwendungswillens stellt sich gegenüber der nicht mehr als mitgliedstaatlichem Recht zu behandelnden englischen Rechtsordnung einfacher dar. Solche innergemeinschaftlichen Durchsetzungsfragen stellen sich in diesem Verhältnis nicht mehr.

§ 4 Berücksichtigung ausländischer Eingriffsnormen – Art. 9 Abs. 3 Rom I-VO

Neben der *lex fori* gibt es im Rahmen des europäischen Kollisionsrechtssystems – wie es aufgrund der Übernahme durch die englische Rechtsordnung zunächst auch dort weiterhin fort gilt – auch noch andere Verbindungen, die zur ‚Wirkungsverleihung‘[722] hinsichtlich bestimmten Eingriffsrechts führen (können).[723]

---

717 EuGH Urt. v. 17.10.2013 - C-184/12, „Unamar“ Rn. 50.

718 Siehe hierzu die Darstellungen der Antidiskriminierungssachrechte der deutschen und der englischen Rechtsordnung in ***Kapitel 2***.

719 Ebenso *Lüttringhaus*, IPRax 2014, 146 (148).

720 In diesem Sinne auch *Zwickel*, in: InternVertragsR § 5 Rn. 5.51.

721 Zum Ganzen *Zwickel*, in: InternVertragsR § 5 Rn. 5.51.

722 Zu dieser Begrifflichkeit sogleich.

723 Hierzu *Maultzsch*, in: FS Kronke zum 70. Geburtstag, S. 364: „Ein noch umstritteneres Terrain betritt, wer sich in den Bereich forumsfremder Eingriffsnormen begibt. Das

Die damit angesprochenen Eingriffsnormen lassen sich in Abgrenzung zu denjenigen der *lex fori* unter dem Stichwort ‚ausländisch' zusammenfassen.[724] Hierunter fällt zum einen Eingriffsrecht des anwendbaren Statuts und zum anderen solches von Drittstaaten.[725] Art. 9 Abs. 3 Rom I-VO differenziert nicht[726] weitergehend die kollisionsrechtliche Behandlung der verschiedenen forumsfremden Eingriffsnormen.[727] Mit Art. 9 Abs. 3 Rom I-VO ist auch der Grund dafür angesprochen, dass, sobald es um die Handhabung *ausländischen* Eingriffsrechts geht, eine Differenzierung zwischen der Rom I- und der Rom II-VO notwendig wird. Letztere enthält keinerlei Normierung bezüglich anderer Eingriffsnormen als solcher, der *lex fori*.[728] Für die Rom I-VO stellt hingegen Art. 9 Abs. 3 Rom I-VO den zentralen Ausgangspunkt für Überlegungen im Zusammenhang mit – so definiertem – ausländischen Eingriffsrecht dar. Um einen Zugang zu der Berücksichtigung aus-

---

Spannungsverhältnis zur Idee der Regelanknüpfung wird hier noch deutlicher als bei Eingriffsnormen der lex fori, da das Argument der gebotenen Rücksicht auf die hoheitlichen Interessen der Forums wegfällt [...]."

724 Zutreffend grenzt *Mühlbauer*, Berücksichtigung der ausländischen Eingriffsnormen im Art. 9 Rom I-VO, S. 186 zwischen „drittstaatlichem" und „ausländischem" Eingriffsrecht ab. „Ausländisches" Eingriffsrecht ist dabei die weitere Begriffsdefinition und liegt dem Art. 9 Abs. 3 Rom I-VO zugrunde.

725 Hierzu siehe nur *Kuckein*, Die „Berücksichtigung" von Eingriffsnormen im deutschen und englischen internationalen Vertragsrecht, S. 285. Ebenfalls sei auf die dort im Anschluss getroffene Unterscheidung nach der „normativen Anwendung ausländischen Eingriffsrechts" und „der Berücksichtigung ausländischen Eingriffsrechts als Tatsache" hingewiesen. Die letztere „Berücksichtigung faktischer Wirkungen des fremden Rechts" soll hier nicht im Vordergrund der Betrachtung stehen, sodass für weitergehende Überlegungen diesbezüglich auf die benannte Quelle verwiesen sei; Weiterführende Quellen in diesem Bereich: Ausführlich differenziert *Mankowski*, RIW 2019, 180 (182) zwischen einer „Sonderanknüpfung ausländischen Eingriffsrechts als Recht über Art. 9 Abs. 3 Rom I-VO einerseits und Fakten, welche als Folge der Durchsetzung dieses Rechts durch seinen Erlassstaat geschaffen [werden]" vor dem Hintergrund des Rechtsstreits betreffend Kuwait Airways und das Israel-Boykottgesetz (OLG Frankfurt a.M., 25.09.2018 - 16 U 209/17); Zu der „Art und Weise" der Berücksichtigung ausländischer Eingriffsnormen ebenfalls *Thon*, IPRax 2019, 301 (302) ebenfalls vor dem Hintergrund des Rechtsstreits zu Kuwait Airways.

726 Zu der sich hieran anschließenden Frage danach, ob es auch tatsächlich überzeugen kann, die Tatbestandsvoraussetzungen des Art. 9 Abs. 3 Rom I-VO gleichermaßen auf Eingriffsnormen des anwendbaren Sachrechts zu erstrecken, sogleich bei ***Kapitel 4 A. III.***

727 Vgl. nur *Mühlbauer*, Berücksichtigung der ausländischen Eingriffsnormen im Art. 9 Rom I-VO, S. 187.

728 *Freitag*, NJW 2018, 430 (431f.).

ländischer Eingriffsnormen zu erhalten, soll daher im Folgenden zunächst die Normgenese und der Gegenstand des Art. 9 Abs. 3 Rom I-VO analysiert werden (hierzu sogleich bei ***A.***). Hieran anschließend werden Überlegungen hinsichtlich der rechtlichen Implikationen bezüglich der Berücksichtigungsfähigkeit ausländischer Eingriffsnormen im Rahmen der – eine diesbezügliche Regelung entbehrenden – Rom II-VO angestellt (hierzu sogleich bei ***B.***). Abschließend erscheint eine Erörterung der Auswirkungen des Brexits auf die Handhabung des Art. 9 Abs. 3 Rom I-VO indiziert (hierzu sogleich bei ***C.***).

A. Normgenese und Gegenstand des Art. 9 Abs. 3 Rom I-VO

Um die Regelung des Art. 9 Abs. 3 Rom I-VO in ihrer Gänze erfassen zu können, erscheint es geboten, sowohl die Normherkunft als auch die einzelnen Voraussetzungen näher zu betrachten. Es stellt sich die Frage: Welche Grundlinien liegen derjenigen Vorschrift zugrunde, durch deren „Filter“[729] sich aus deutscher Sicht jede forumsfremde Eingriffsnorm zwängen muss, sofern nur der Anwendungsbereich der Rom I-VO eröffnet ist.[730]

I. Normgenese

Chronologisch betrachtet findet die Vorschrift des Art. 9 Abs. 3 Rom I-VO ihre Herkunft in der Vorgängerregelung des Art. 7 Abs. 1 EVÜ.[731] Mit dem Vorhaben der Transformation des EVÜ in eine – zu diesem Zeitpunkt noch auszu-

---

729 Formulierung so zu finden bei *Mankowski*, RIW 2019, 180 (181).

730 *Mankowski*, RIW 2019, 180 (181).

731 Art. 7 Abs. 1 EVÜ lautete: „Bei Anwendung des Rechts eines bestimmten Staates auf Grund dieses Übereinkommens kann den zwingenden Bestimmungen des Rechts eines anderen Staates, mit dem der Sachverhalt eine enge Verbindung aufweist, Wirkung verliehen werden, soweit diese Bestimmungen nach dem Recht des letztgenannten Staates ohne Rücksicht darauf anzuwenden sind, welchem Recht der Vertrag unterliegt. Bei der Entscheidung, ob diesen zwingenden Bestimmungen Wirkung zu verleihen ist, sind ihre Natur und ihr Gegenstand sowie die Folgen zu berücksichtigen, die sich aus ihrer Anwendung oder ihrer Nichtanwendung ergeben würden“, abgedruckt in: Amtsblatt der Europäischen Gemeinschaft L 266: Informationsnummer 1980/L 266/1 Übereinkommen über das auf vertragliche Schuldverhältnisse anzuwendende Recht, aufgelegt zur Unterzeichnung am 19.Juni 1980 in Rom/* Konsolidierte Fassung CF 498Y0126(03) */. Vertiefende Ausführungen zu Art. 7 Abs. 1 EVÜ sollen hier der Übersichtlichkeit halber ausgespart werden. Insofern sei auf einschlägige Quellen zu der Thematik des EVÜ verwiesen. Erörterungen erfolgen hier nur sofern sie für das Verständnis des Art. 9 Abs. 3 Rom I-VO angezeigt erscheinen.

gestaltende – Rom I-VO[732] gelangte notwendigerweise auch die Frage nach der zukünftigen Handhabung ausländischen Eingriffsrechts auf das Programm der Verordnungsgeber. Die Europäische Kommission wollte die „Umwandlung des EVÜ in die Rom I-VO" zum Anlass nehmen, „den gordischen Knoten im Streit um ausländische Eingriffsnormen jedenfalls für den Bereich des Internationalen Vertragsrechts [zu] durchschlagen"[733]. Um dies zu verstehen, ist der vorausgegangene gescheiterte Versuch der Europäischen Kommission zu erwähnen, bereits im Rahmen der Schaffung der Rom II-VO für den Bereich der außervertraglichen Schuldverhältnisse die Handhabung ausländischen Eingriffsrechts einer Regelung zuzuführen.[734] Ein erster Entwurf für die Rom I-VO wurde von der Kommission im Jahr 2005 präsentiert.[735] Dieser enthielt bezüglich der Handhabung ausländischer Eingriffsnormen einen Normvorschlag, der sich wesentlich an Art. 7 Abs. 1 EVÜ orientierte, und eine weitgehende Angleichung ihrer Handhabung zu den eigenen Eingriffsnormen intendierte.[736] Vorgesehen war folgender Wortlaut: „*Weist der Sachverhalt eine* ***enge Verbindung***[737] *zu einem anderen Staat auf, kann den Eingriffsnormen dieses Staates ebenfalls Wirkung verliehen werden. Bei der Entscheidung, ob diesen Normen Wirkung zu verleihen ist, berücksichtigt das Gericht Art und Zweck dieser Normen nach Maßgabe der Begriffsbestimmung in Absatz 1 sowie die Folgen, die sich aus ihrer Anwendung oder Nichtanwendung für das mit der betreffenden Eingriffsnorm verfolgte Ziel sowie für die Parteien ergeben*

732 Zu den Hintergründen vgl. Vorschlag für eine Verordnung des Europäischen Parlaments und des Rates über das auf vertragliche Schuldverhältnisse anzuwendende Recht (Rom I), KOM (2005) 650 endg., S. 2: „Der Vertrag von Amsterdam hat dem Internationalen Privatrecht gemeinschaftsrechtlichen Ursprungs neue Impulse verliehen. So hat die Gemeinschaft auf dieser Rechtsgrundlage u. a. die so genannte Verordnung Brüssel I erlassen [und] am 22. Juli 2003 [...] hat die Kommission einen Verordnungsvorschlag über das auf außervertragliche Schuldverhältnisse anzuwendende Recht („Rom II") vor[gelegt]. Damit ist das Übereinkommen von Rom im Bereich des Internationalen Privatrechts auf Gemeinschaftsebene nunmehr das einzige Rechtsinstrument in Form eines völkerrechtlichen Vertrags.".

733 So *Freitag*, IPRax 2009, 109 (110).

734 Siehe hierzu ebenso bei *Freitag*, IPRax 2009, 109 (110); *Günther*, Die Anwendbarkeit ausländischer Eingriffsnormen im Lichte der Rom I- und Rom II- Verordnungen, S. 194; *Hauser*, Eingriffsnormen in der Rom I-Verordnung, S. 132f.

735 Vorschlag für eine Verordnung des Europäischen Parlaments und des Rates über das auf vertragliche Schuldverhältnisse anzuwendende Recht (Rom I), KOM (2005) 650 endg.

736 *Schacherreiter*, ZEuP 2015, 497 (497).

737 Hervorhebung von der Verfasserin hinzugefügt.

würden."[738] Dieser Vorschlag verzeichnete jedoch keine lange Lebensdauer.[739] Das EVÜ hatte für die partizipierenden Staaten in Art. 22 Abs. 1 lit. a EVÜ eine Vorbehaltsmöglichkeit bereitgehalten, die von einigen Ländern[740] – darunter Deutschland und das Vereinigte Königreich – gerade hinsichtlich ausländischen Eingriffsrechts ausgeübt worden war. Die Möglichkeit der Erklärung eines solchen Vorbehalts konnte den Mitgliedstaaten aufgrund der Natur der Rom I-VO als verbindlichem Rechtsakt zukünftig nicht mehr ermöglicht werden.[741] Die Rom I-VO gab es auch für diejenigen Mitgliedstaaten mit einer Optionsmöglichkeit bei der Kollisionsrechtsvereinheitlichung *entweder ganz oder gar nicht*: Eine Abwahlmöglichkeit bestimmter Regelungen wurde nicht gewährt.[742] Dies bewegte in erster Linie das Vereinigte Königreich dazu, durch eine Drohgebärde der Nichtbeteiligung wesentlichen Einfluss auf die weitere Aus- bzw. Umgestaltung der sich anschließenden Vorschläge zu nehmen.[743] Schwierige Diskussionen im Hinblick auf den Inhalt einer Kollisionsnorm, die sich mit ausländischem Eingriffsrecht beschäftigen sollte, schlossen sich – entgegen den Erwartungen

---

738 Vorgesehener Art. 8 Abs. 3 im Vorschlag für eine Verordnung des Europäischen Parlaments und des Rates über das auf vertragliche Schuldverhältnisse anzuwendende Recht (Rom I), KOM (2005) 650 endg., S. 19; Zu der gesamten Thematik vgl. *Hauser*, Eingriffsnormen in der Rom I-Verordnung, S. 58; Ebenfalls *Mühlbauer*, Berücksichtigung der ausländischen Eingriffsnormen im Art. 9 Rom I-VO, S. 115.

739 Im Anschluss an Wengler hatte sich bis zum Erlass des EVÜ die Rechtsidee entwickelt, Eingriffsnormen solcher Staaten zu berücksichtigen, die eine „enge Verbindung" zum Sachverhalt aufzeigten. Dieser Gedanke wurde in der Konsequenz Art. 7 Abs. 1 EVÜ zugrunde gelegt. Dementsprechend herrschte unter der Geltung des EVÜ ein vergleichsweise weiter Ansatz zur Berücksichtigung ausländischen Eingriffsrechts. Bereits während der Geltung des EVÜ stieß dies jedoch auf teilweise große Ablehnung. Hierzu ausführlich *Maultzsch*, in: BeckOGK, Rom I-VO Art. 9, Rn. 96f.

740 Zum Ganzen *Mankowski*, IPRax 2016, 485 (485f.); insgesamt handelte es sich um Deutschland, Großbritannien, Irland, Lettland, Luxemburg, Portugal und Slowenien, vgl. die Aufzählung bei *Schacherreiter*, ZEuP 2015, 497 (507).

741 Siehe hierzu detailliert *Mankowski*, IPRax 2016, 485 (485f.): „Eine unionsrechtliche Verordnung dagegen erhebt einen einheitlichen Geltungsanspruch. Aus ihr kann es kein opt out für einzelne Mitgliedstaaten geben."

742 *Freitag*, IPRax 2009, 109 (110); ebenfalls *Maultzsch*, in: BeckOGK, Rom I-VO Art. 9, Rn. 97.

743 Konkret war es gerade die Norm zur Handhabung ausländischen Eingriffsrechts, die das Vereinigte Königreich zum Protest bewegte, hierzu *Thorn*, in: *Ferrari/Leible (Hrsg.)*, Ein neues Internationales Vertragsrecht für Europa - Der Vorschlag für eine Rom I-Verordnung, S. 130.

der Europäischen Kommission – an.[744] Diesen Einfluss konnte das Vereinigte Königreich ausüben, da ihm ein zugesichertes Recht zur Nichtbeteiligung an dem Unionsrechtsakt zustand.[745] Allerdings wäre eine Nichtbeteiligung als Rückschritt der Kollisionsrechtsvereinheitlichung innerhalb der Europäischen Union empfunden worden.[746] Schließlich gab es von Seiten des Vereinigten Königreichs doch noch das ‚*opt-in*'. Dazwischen mussten große (politische) Widerstände vom Finanzplatz London gegenüber der Berücksichtigung ausländischen Eingriffsrechts ausgeräumt werden.[747] Ein gemeinsamer Nenner schien lange Zeit nicht greifbar. Es folgten Irrungen und Wirrungen aus verschiedensten Richtungen; Vorschläge wurden ebenso schnell vom Beratungstisch verbannt, wie sie eben dort präsentiert worden waren. Vielfältige Formulierungsvarianten für die Handhabung ausländischen Eingriffsrechts reihten sich neben die Überlegung einer gänzlichen Streichung einer solchen Vorschrift.[748] Als schließlich eine endgültige Fassung gefunden war, suchte man vergeblich nach Erläuterungen zu den Beweg-

---

744 Unter anderem *Hauser*, Eingriffsnormen in der Rom I-Verordnung, S. 52 attestiert „[rechts-]politische Brisanz"; *Mankowski*, IPRax 2016, 485 (486) spricht von der Frage nach einer „liberale[n] Zulassung fremden Eingriffsrechts"; *Mühlbauer*, Berücksichtigung der ausländischen Eingriffsnormen im Art. 9 Rom I-VO, S. 115f.

745 Ausführlich zu den Hintergründen dieser (vormals bestehenden) Sonderpositionen des Vereinigten Königreichs und Irlands aufgrund des Rechts zum ‚opt-in' bei auf Grundlage des Art. 81 AEUV erlassenen Verordnungen auf dem Gebiet des Internationalen Privatrechts, welches in Art. 69 EG-Vertrag i.V.m. Art. 3 des Protokolls zum Amsterdamer Vertrag über die Position des Vereinigten Königreichs und Irlands verbürgt wurde, *Hauser*, Eingriffsnormen in der Rom I-Verordnung, S. 52; vgl. auch *Schacherreiter*, ZEuP 2015, 497 (508); ebenfalls *Staudinger*, in: Internationales Vertragsrecht, VO (EG) 593/2008 Art. 9 Eingriffsnormen, Rn. 42; *Sonnentag*, Die Konsequenzen des Brexits für das Internationale Privat- und Zivilverfahrensrecht, S. 20ff.

746 *Thorn*, in: *Ferrari/Leible (Hrsg.)*, Ein neues Internationales Vertragsrecht für Europa - Der Vorschlag für eine Rom I-Verordnung, S. 149.

747 *Hauser*, Eingriffsnormen in der Rom I-Verordnung, S. 60 zitiert hierzu das britische Justizministerium, welches „widespread concern in commercial circles, particularly in the City of London" konstatierte. Auf S. 62ff. werden anschließend sehr ausführlich die verschiedenen Bedenken des Vereinigten Königreichs dargestellt, die gegen die ausdrückliche Normierung einer Handhabung ausländischen Eingriffsrechts in Rede standen; *Hemler*, Die Methodik der »Eingriffsnorm«, S. 43; siehe auch *Köhler*, Eingriffsnormen – Der »unfertige Teil« des europäischen IPR, S. 171; zu den Besorgnissen der City of London ebenfalls *Mankowski*, IPRax 2016, 485 (486).

748 *Maultzsch*, in: BeckOGK, Rom I-VO Art. 9, Rn. 94 bezeichnet Art. 9 Abs. 3 Rom I-VO dementsprechend als „Endpunkt einer wechselvollen Entstehungsgeschichte".

gründen für eben jene Ausgestaltung.[749] Was jedoch unmittelbar festzustellen war: die endgültige Fassung in Art. 9 Abs. 3 Rom I-VO schien Anlehnung an englische Rechtsprechungstradition zu nehmen. Konkret handelt es sich dabei um die Ähnlichkeit der Normfassung zu Formulierungen, wie sie im Rahmen der sog. *Ralli*-Rechtsprechung[750] nachzulesen sind.[751] Die *Ralli*-Rechtsprechung hat den nationalen britischen Lösungsweg für die Handhabung von ausländischem Eingriffsrecht geprägt. Ebenso wie in der *Ralli*-Entscheidung findet sich nunmehr im Art. 9 Abs. 3 Rom I-VO hinsichtlich der Maßgeblichkeit ausländischer Eingriffsnormen eine Beschränkung auf diejenigen Vorschriften, die dem Erfüllungsort angehören und zudem die Erfüllung unrechtmäßig werden lassen.[752]

Art. 9 Rom I-VO Eingriffsnormen

Abs. 3

Den Eingriffsnormen des Staates, in dem die durch den Vertrag begründeten Verpflichtungen erfüllt werden sollen oder erfüllt worden sind, kann Wirkung verliehen werden, soweit diese Eingriffsnormen die Erfüllung des Vertrags unrechtmäßig werden lassen. Bei der Entscheidung, ob diesen Eingriffsnormen Wirkung zu verleihen ist, werden Art und Zweck dieser Normen sowie die Folgen berücksichtigt, die sich aus ihrer Anwendung oder Nichtanwendung ergeben würden.

---

749 Zu den Einzelheiten ausführlich bei *Freitag*, IPRax 2009, 109 (110ff.); auch *Mühlbauer*, Berücksichtigung der ausländischen Eingriffsnormen im Art. 9 Rom I-VO, S. 117 m. w. N.

750 Court of Appeal, Ralli Brothers v. Compania Naviera Sota y Aznar (Ralli Bros.) [1920] 2 K.B. 287; *Maultzsch*, in: BeckOGK, Rom I-VO Art. 9, Rn. 99.2 fasst die Entscheidung prägnant folgendermaßen zusammen: „der Court of Appeal [hatte] auf einen dem englischen Recht unterstehenden Frachtvertrag, der den Transport einer Ware von Kalkutta nach Barcelona betraf, die spanischen Eingriffsnormen zu Höchstpreisen für Frachtverträge angewendet, weil die Zahlung des Frachtpreises in Spanien zu erfolgen hatte. In der Folge dieser Entscheidung entwickelte sich die englische Auffassung dahin, dass fremde Eingriffsnormen dann, aber auch nur dann anzuwenden seien, wenn sie eine Erfüllungshandlung betreffen, die in dem jeweiligen Staat vorzunehmen ist.“

751 *Köhler*, Eingriffsnormen – Der »unfertige Teil« des europäischen IPR, S. 265; m. w. N. *Mühlbauer*, Berücksichtigung der ausländischen Eingriffsnormen im Art. 9 Rom I-VO, S. 118; *Schacherreiter*, ZEuP 2015, 497 (509).

752 Statt aller *Freitag*, IPRax 2009, 109 (110f.); pointiert ebenfalls *Köhler*, Eingriffsnormen – Der »unfertige Teil« des europäischen IPR, S. 172; *Schacherreiter*, ZEuP 2015, 497 (509) stellt die zutreffende Beobachtung auf, dass damit eine englische Regelung, die eine sach- und nicht kollisionsrechtliche Natur hat, in das europäische Kollisionsrechtssystem transplantiert worden ist.

Es ist rückblickend davon auszugehen, dass die Übernahme der kollisionsrechtlichen Vorstellungen aus der *Ralli*-Entscheidung als Handreichung an das Vereinigte Königreich zur Wahrnehmung des ‚*opt-in*' bei der Rom I-VO zu verstehen war.[753] Art. 9 Abs. 3 Rom I-VO ist insofern bereits zutreffend als „politischen Kompromissen geschuldete Regelung"[754] bezeichnet worden.[755] Von Seiten des Vereinigten Königreichs wurde die endgültige Fassung schließlich akzeptiert und führte zu der Beteiligung an der Rom I-VO.[756]

II. Voraussetzungen des Art. 9 Abs. 3 Rom I-VO

Obwohl „forumsfremde Eingriffsnormen [trotz der in neuerer Zeit zunehmenden Fälle weiterhin] zu den seltenen Gästen vor Gericht [gehören]"[757] sind die Voraussetzungen des Art. 9 Abs. 3 Rom I-VO – wie sie sich bis heute unverändert in Geltung befinden – im Einzelnen herauszuarbeiten. Es stellt sich zudem die Frage, wie bei der Prüfung der Berücksichtigungsfähigkeit ausländischen Eingriffsrechts überhaupt vorzugehen ist. Es bietet sich hier als erstem Schritt an, den Art. 9 Abs. 3 Rom I-VO seiner Grundstruktur nach in eine Tatbestands- und eine Rechtsfolgenseite zu untergliedern. Welche Tatbestandsaspekte sind bei Art. 9 Abs. 3 Rom I-VO zu prüfen? Hierfür ist eine Zusammenschau von der in Art. 9 Abs. 1 Rom I-VO festgehaltenen Legaldefinition des kollisionsrechtlich relevanten

---

753 Zu den Hintergründen im Einzelnen *Hauser*, Eingriffsnormen in der Rom I-Verordnung, S. 65; vgl. bei *Maultzsch*, in: BeckOGK, Rom I-VO Art. 9, Rn. 100 zu der endgültigen Fassung des Art. 9 Abs. 3 Rom I-VO als „mögliche[m] Hebel, durch den [unkörperlich vollzogene Finanz-] Transaktionen gegenüber dem Geltungsanspruch etwaiger nicht-englischer Eingriffsnormen immunisiert werden können."

754 *Köhler*, Eingriffsnormen – Der »unfertige Teil« des europäischen IPR, S. 172.

755 *Maultzsch*, in: BeckOGK, Rom I-VO Art. 9, Rn. 92 stellt heraus, dass die dadurch stark divergierenden Regelungsumfänge von Abs. 2 und Abs. 3 des Art. 9 Rom I-VO dem Ziel der Herstellung eines internationalen Entscheidungseinklangs entgegenlaufen; *Schlachter*, in: ErfK, VO (EG) 593/2008 Art. 9, Rn. 22 zur fehlenden Vorbehaltsmöglichkeit des Art. 9 Abs. 3 Rom I-VO und der Auswirkung auf dessen inhaltlich stark eingeschränkten Regelungsbereich.

756 *v. Bar/Mankowski*, Internationales Privatrecht Band 2, § 1 Rn. 960 verweist darauf, dass mangelnde Begeisterung und Sympathie der anderen Mitgliedstaaten für den Kompromiss nichts daran zu ändern vermögen, dass dieser Gesetz und damit verbindlich geworden ist; zum Ganzen statt aller *Mühlbauer*, Berücksichtigung der ausländischen Eingriffsnormen im Art. 9 Rom I-VO, S. 118.

757 *Mankowski*, IPRax 2016, 485 (485).

‚Eingriffsrechts' und den weiteren, mit Blick gerade auf ‚ausländisches' Eingriffsrecht in Art. 9 Abs. 3 S. 1 Rom I-VO aufgestellten Tatbestandsvoraussetzungen notwendig:[758]

1. *Begriff der Eingriffsnorm – Art. 9 Abs. 1 Rom I-VO*

Die Messlatte des Art. 9 Abs. 1 Rom I-VO gilt dem Regelungszusammenhang nach ebenfalls für ausländisches Eingriffsrecht, dessen Berücksichtigung nach Art. 9 Abs. 3 Rom I-VO im Raum steht.[759] Zu den Anforderungen der Legaldefinition sei der Übersichtlichkeit halber auf die ausführlichen Darstellungen bereits bei ***Kapitel 3 § 2 B. I.*** verwiesen.

2. *‚ausländische'*

Aus einer Zusammenschau von Art. 9 Abs. 2 und Abs. 3 Rom I-VO ergibt sich als weiterem Tatbestandskriterium die Frage danach, ob die Handhabung ‚ausländischer' Eingriffsnormen im Raum steht. Dahinter verbirgt sich eine vorzunehmende Abgrenzung zwischen Eingriffsrecht der *lex fori*, das in den Anwendungsbereich von Abs. 2 fällt, und solchem Eingriffsrecht, das entweder dem anwendbaren Statut oder einem Drittstaat zugehört, zusammengefasst also als ‚forumsfremd' bezeichnet werden kann.[760] Dass Art. 9 Abs. 3 Rom I-VO nicht weitergehend die kollisionsrechtliche Behandlung der verschiedenen, forumsfremden Eingriffsnormen differenziert, ist bereits weiter oben angesprochen worden und soll bei ***Kapitel 3 § 4 A. II. 4.*** vertiefend erörtert werden.

3. *Vorschriften, die die Erfüllung des Vertrags unrechtmäßig werden lassen*

Dem ausdrücklichen Normtext nach grenzt Art. 9 Abs. 3 S. 1 Rom I-VO die Berücksichtigungsfähigkeit ausländischen Eingriffsrechts auf solche Vorschriften ein, die „die Erfüllung des Vertrags unrechtmäßig werden lassen". Das so statuierte Unrechtmäßigkeitskriterium ist einer der Aspekte, die der *Ralli*-Rechtsprechung entnommen sind.[761] Zu Beginn der Verordnungsvorschläge hatte es eine solche Eingrenzung nicht gegeben. Die sodann in Kraft getretene Endfassung mit Art.

---

758 *Mühlbauer*, Berücksichtigung der ausländischen Eingriffsnormen im Art. 9 Rom I-VO, S. 136, 176f.

759 *Wenninger*, Arbeitsrechtliche Schutzvorschriften als inländische Eingriffsnormen, S. 64.

760 Statt aller *Hauser*, Eingriffsnormen in der Rom I-Verordnung, S. 52.

761 *Freitag*, IPRax 2009, 109 (112); *Staudinger*, in: Internationales Vertragsrecht, VO (EG) 593/2008 Art. 9 Eingriffsnormen, Rn. 41.

9 Abs. 3 S. 1 Rom I-VO hat den Kreis der berücksichtigungsfähigen Eingriffsnormen dann jedoch – entgegen der anfangs vorgesehenen Weite – empfindlich eingedämmt. Eine Berücksichtigung forumsfremden Eingriffsrechts kann dem Wortlaut nach nur noch bei einer Bewirkung der Unrechtmäßigkeit der Vertragserfüllung erfolgen. Allerdings gibt es an der streng entlang der Wortlautlinien verlaufenden Eingrenzung berechtigte Kritik.[762] Zwar wird unproblematisch solches Eingriffsrecht erfasst, das aufgrund der eigenen Natur als echter Verbotsnorm die Unwirksamkeit des Vertrags als Rechtsfolge vorsieht.[763] Darüber hinaus besteht jedoch hinsichtlich der weiteren, ebenfalls nach dem Kriterium noch berücksichtigungsfähigen Eingriffsnormen Unklarheit.[764] In der Diskussion stehen vor allem solche Normen, die Vertragsinhalte lediglich modifizieren und gerade nicht zu einer gänzlichen Unrechtmäßigkeitserklärung führen und Vorschriften, die zwingende Ansprüche für die Vertragsparteien konstituieren.[765] Können auch sie als Eingriffsnormen Eingang in den Art. 9 Abs. 3 S. 1 Rom I-VO finden? Von dem Wortlaut der Norm scheinen sie zunächst ausgeschlossen, „denn die Erfüllung einer zu niedrig vereinbarten Leistung ist […] nicht unrechtmäßig und bei anspruchsbegründenden Normen steht überhaupt keine Erfüllung als rechtmäßig oder unrechtmäßig in Frage“[766]. Als Grundvoraussetzung lässt sich in jedem Fall festhalten, dass das in Rede stehende Eingriffsrecht gerade mit dem Inhalt der geschuldeten Erfüllung besonders zusammenhängen muss.[767] Alles andere würde die Wortlautgrenze des Art. 9 Abs. 3 S. 1 Rom I-VO in nicht mehr zu vertretenem Maße strapazieren. Dennoch soll die Berücksichtigungsfähigkeit der Normen von Rechtsordnungen, die dem Kern der Regelungsidee des Art. 9 Abs. 3 Rom I-VO nach einen besonderen faktischen Einfluss auf das Rechtsverhältnis ausüben können und auch alle weiteren zuvor benannten Voraussetzungen erfüllen, nicht an Wortformalismen scheitern.[768] Aus diesem Grund wird sich zutreffend dafür ausgesprochen das Unrechtmäßigkeitskriterium weit auszulegen.[769] Dies wird

762 Statt aller *Schacherreiter*, ZEuP 2015, 497 (511).

763 Siehe nur *Spickhoff*, in: BeckOK BGB, VO (EG) 593/2008 Art. 9, Rn. 29, wonach bei der Beurteilung „ähnliche Kriterien zugrunde [zu legen seien], wie die, die ein Verbotsgesetz iSv § 134 BGB auslösen“.

764 *Freitag*, IPRax 2009, 109 (112).

765 *Freitag*, IPRax 2009, 109 (112).

766 *Schacherreiter*, ZEuP 2015, 497 (511).

767 *Maultzsch*, in: BeckOGK, Rom I-VO Art. 9, Rn. 124.

768 *Maultzsch*, in: BeckOGK, Rom I-VO Art. 9, Rn. 128.

769 *Mühlbauer*, Berücksichtigung der ausländischen Eingriffsnormen im Art. 9 Rom I-VO, S. 226.

auch durch die Rechtsprechung des EuGH unterstützt. Dieser hat den nachvertraglichen Ausgleichsanspruch des Handelsvertreters als taugliches Eingriffsrecht im Sinne des Art. 9 Abs. 3 S. 1 Rom I-VO anerkannt.[770] Hierbei handelt es sich um eine Regelung, die die Vergütungsuntergrenze modifiziert und damit die vertraglichen Verpflichtungen betrifft. Ein entsprechendes Normverständnis ist danach auch für die generelle Handhabung des Unrechtmäßigkeits-Kriteriums anzulegen.[771] An diese Wertung anknüpfend sind zudem auch anspruchsbegründende Eingriffsnormen dem Anwendungsbereich des Art. 9 Abs. 3 S. 1 Rom I-VO zuzuschlagen.[772] Mit dieser Feststellung ergibt sich ein vollständiges Bild des Unrechtmäßigkeitskriteriums.

4. *Nur Eingriffsnormen des ‚Erfüllungsortes'*

Als letztem Kriterium beschränkt Art. 9 Abs. 3 S. 1 Rom I-VO die Eröffnung seiner Rechtsfolge auf „Eingriffsnormen des Staates, in dem die durch den Vertrag begründeten Verpflichtungen erfüllt werden sollen oder erfüllt worden sind".[773] Damit genügt im Gegensatz zu Art. 7 Abs. 1 EVÜ nicht mehr nur eine „enge Verbindung" zum Herkunftsstaat des Eingriffsrechts, damit dieses berücksichtigt wird.[774] Auch hierbei handelt es sich um eine Implementierung englischer

770 EuGH Urt. v. 09.11.2000 - C-381/98, „Ingmar"; EuGH Urt. v. 17.10.2013 - C-184/12, „Unamar".

771 Vgl. nur *Freitag*, IPRax 2009, 109 (113); ebenfalls *Schacherreiter*, ZEuP 2015, 497 (511).

772 *Maultzsch*, in: BeckOGK, Rom I-VO Art. 9, Rn. 128 mit der Ergänzung, dass dem begründeten erfüllungstauglichen Anspruch noch eine vertragliche Natur zukommen und es sich zudem um einen die Erfüllung betreffenden Primäranspruch handeln müsse; siehe auch *Schacherreiter*, ZEuP 2015, 497 (511).

773 *v. Bar/Mankowski*, Internationales Privatrecht Band 2, § 1 Rn. 954 spricht von einer räumlichen Beschränkung.

774 *v. Bar/Mankowski*, Internationales Privatrecht Band 2, § 1 Rn. 954: „Nur das Erfüllungsortrecht soll neben dem Forumrecht Einfluss haben. Darauf sollen sich die Beteiligten einstellen können. [...] Art. 9 Abs. 3 S. 1 Rom I-VO soll aus der Sicht europäischer Foren gegen Eingriffe von anderer Seite als jener des Erfüllungsortrechts immunisieren."; nach *Leible/Lehmann*, RIW 2008, 528 (542f.) sähen sich die Parteien so nicht mehr mit der Anwendung von Eingriffsrecht eines „x-beliebigen Staates" konfrontiert und könnten sich auf die Eingriffsnormen des Erfüllungsortes konzentrieren. Allerdings wird sodann die Frage aufgeworfen, ob sich mit dieser Begrenzung noch den berechtigten Interessen von - anderweitig involvierten - Drittstaaten ausreichend Rechnung tragen lässt.

Rechtsprechungstradition in das unionale Kollisionsrecht;[775] im englischen Recht sind seit jeher nur ausländische Eingriffsnormen des Erfüllungsortes überhaupt berücksichtigt worden.[776] Eine eigene – unionale – Legaldefinition des damit als entscheidend ausgemachten Erfüllungsortes leistet Art. 9 Abs. 3 S. 1 Rom I-VO unglücklicherweise nicht.[777] Allerdings ergeben sich aus der Vorschrift zwei mögliche Anknüpfungskriterien für einen Erfüllungsort: Zum einen der Ort, an dem erfüllt werden soll und zum anderen der Ort, an dem erfüllt worden ist. Weitergehende Vorgaben – z. B. zum Verhältnis der Erfüllungsortalternativen – werden diesbezüglich jedoch ebenfalls nicht getroffen.[778] Aufgrund dieser Unklarheiten werden bezüglich des Erfüllungsortes eine Vielzahl von Handhabungsmöglichkeiten vorgeschlagen.[779]

In erster Linie stellt sich die Frage danach, inwieweit es bei der Berücksichtigungsfähigkeit von ausländischem Eingriffsrecht jeweils auf den normativ festzustellenden oder den faktischen Erfüllungsort ankommen soll.[780] Das englische Recht, dem das Kriterium ursprünglich entnommen ist, stützt sich auf den vertraglich vereinbarten Erfüllungsort. Es könnte aus diesem Grund nahe liegen, auch im Rahmen des Art. 9 Abs. 3 S. 1 Rom I-VO auf den Ort zu rekrutieren, an dem nach den Regeln des Vertragsstatuts – und somit im Rechtssinne – die Erfüllung geschuldet ist.[781] Für diese Lösungsweise könnten zudem die Natur der

---

775 *v. Bar/Mankowski*, Internationales Privatrecht Band 2, § 1 Rn. 979 spricht davon, „dass England dem Kontinent einen veralteten Ansatz nachgerade aufgenötigt“ habe.

776 *Freitag*, IPRax 2009, 109 (113); *Mühlbauer*, Berücksichtigung der ausländischen Eingriffsnormen im Art. 9 Rom I-VO, S. 187 bezeichnet die Begrenzung auf Eingriffsnormen des Erfüllungsortes als „gewichtige Restriktion“ und damit „Kompromissfassung“.

777 *Martiny*, in: MüKoBGB, Rom I-VO Art. 9, Rn. 117.

778 Vgl. *Martiny*, in: MüKoBGB, Rom I-VO Art. 9, Rn. 118, wo sich zudem die englische und französische Sprachfassung der relevanten Passage abgedruckt befinden; ebenfalls *Spickhoff*, in: BeckOK BGB, VO (EG) 593/2008 Art. 9, Rn. 29.

779 *Mühlbauer*, Berücksichtigung der ausländischen Eingriffsnormen im Art. 9 Rom I-VO, S. 188ff. sehr ausführlich zu den Einzelheiten der Bestimmung des Erfüllungsortes.

780 Statt aller *Maultzsch*, in: BeckOGK, Rom I-VO Art. 9, Rn. 114; *Zwickel*, in: InternVertragsR § 5 Rn. 5.131 stellt heraus, dass die Bestimmung des Erfüllungsortes i. S. d. Art. 9 Abs. 3 Rom I-VO im Wesentlichen zwei zentrale Fragen aufwerfe: Erstens gelte es zu klären, nach welchen Maßstäben der Erfüllungsort zu bestimmen sei, zweitens darum, wie mit Fällen multipler Erfüllungsorte umzugehen sei.

781 Zu dieser Möglichkeit vgl. bei *Freitag*, IPRax 2009, 109 (114), allerdings i.E. mit a. A.; hierauf ebenfalls hinweisend *Martiny*, in: MüKoBGB, Rom I-VO Art. 9, Rn. 117;

Begrifflichkeit ‚Erfüllungsort' als *Rechts*begriff und eine zu ziehende Parallele zu Art. 7 Nr. 1 lit. a Brüssel Ia-VO sprechen.[782] Insoweit ist jedoch weitergehend unsicher, anhand welcher Kriterien der rechtliche Erfüllungsort überhaupt zu bestimmen ist.[783] Dabei ist einer Konkretisierung anhand der Anknüpfung des Art. 3 ff. i.V.m. Art. 12 Abs. 1 lit. b Rom I-VO und damit dem Sachrecht der *lex causae* der Vorzug gegenüber einer Orientierung an den Wertungen der Brüssel Ia-VO zu geben.[784] Allerdings kann die vorrangige Berücksichtigung des rechtlichen Erfüllungsortes schon vom Ansatz her nicht überzeugen. Zum einen, weil somit durch die (der Privatautonomie geschuldeten) Möglichkeit der Vereinbarung des Erfüllungsortes den Parteien die Macht gegeben würde, auf die Anwendbarkeit von Eingriffsrecht Einfluss zu nehmen.[785] Zum anderen, weil der Vergleich zu Art. 7 Nr. 1 lit. a Brüssel Ia-VO und dessen Abstellen auf den Erfüllungsort des *lex causae* nicht überzeugen kann: Art. 9 Abs. 3 Rom I-VO ist vor dem Bestreben nach Rechtssicherheit (wie es Grundgedanke des Art. 7 Nr. 1 lit. a Brüssel Ia-VO und dessen Normierung ist) in erster Linie dem Gedanken verschrieben, solche Eingriffsnormen zu berücksichtigen, die faktisch die Vertragserfüllung behindern können. Rechtlich soll nicht sein können, was tatsächlich nicht sein kann. Dies überwiegt den Gedanken der Rechtssicherheit.[786] Aus diesen Gründen sprechen die besseren Argumente dafür, vorrangig auf den tatsächlichen Erfüllungsort abzustellen.[787] Dies ist auch die vorherrschende Meinung in der deutschsprachigen Literatur.[788] Der Ort der faktischen Erfüllung überzeugt als primärer Anknüpfungsmoment allerdings nicht nur wegen der besseren Handhabbarkeit

---

und *Maultzsch*, in: BeckOGK, Rom I-VO Art. 9, Rn. 114; dies tatsächlich vertretend *Spickhoff*, in: BeckOK BGB, VO (EG) 593/2008 Art. 9, Rn. 29.

782 Dies schlägt *Freitag*, IPRax 2009, 109 (114) vor [zu diesem Zeitpunkt noch mit Blick auf Art. 5 Nr. 1 lit. a EUGVVO].

783 *Maultzsch*, in: BeckOGK, Rom I-VO Art. 9, Rn. 119.

784 *Martiny*, in: MüKoBGB, Rom I-VO Art. 9, Rn. 117; ausführlich bei *Maultzsch*, in: BeckOGK, Rom I-VO Art. 9, Rn. 120f. und insbesondere bei Rn. 122 zu den Hintergründen für diese Wertung; *Spickhoff*, in: BeckOK BGB, VO (EG) 593/2008 Art. 9, Rn. 29.

785 Dies sehen auch *Martiny*, in: MüKoBGB, Rom I-VO Art. 9, Rn. 117; und *Spickhoff*, in: BeckOK BGB, VO (EG) 593/2008 Art. 9, Rn. 29.

786 So anschaulich *Freitag*, IPRax 2009, 109 (114); ebenfalls *Maultzsch*, in: BeckOGK, Rom I-VO Art. 9, Rn. 116, der von einem „besonderen tatsächlichen Einfluss auf [die] Rechtsbeständigkeit [des Vertrages]" spricht.

787 Statt aller *Zwickel*, in: InternVertragsR § 5 Rn. 5.134.

788 So neben *Pfeiffer*, EuZW 2008, 622 (628); beispielsweise auch *Schacherreiter*, ZEuP 2015, 497 (511), der mit dem faktischen Erfüllungsort die Nähebeziehung zwischen

realer Erfüllungshindernisse. Nur diese Auslegung wird dem Sinn und Zweck des Eingriffsrecht auch bei Forumsfremdheit gerecht.[789] Des Weiteren wird so eine Handhabung der Frage des Erfüllungsortes bei Flugreisefällen mit Zwischenlandung möglich.[790] In den Reihen derjenigen, die grundsätzlich den faktischen Erfüllungsort bevorzugen, herrscht jedoch Uneinigkeit für den richtigen Anknüpfungsmoment, sofern noch nicht erfüllt worden ist. Hier bietet es sich an, darauf abzustellen, wo die tatsächliche Erfüllung nach dem Vertrag zu erwarten ist und insofern einen Zwischenweg einzuschlagen. Es ist im Wege der Vertragsauslegung „primär zu ermitteln, wo der Schuldner seine relevante Erfüllungshandlung tatsächlich vornehmen wird, was im Zweifel gerade am rechtlichen Erfüllungsort der Fall sein dürfte“[791]. Für den Fall eines noch ausstehenden Leistungserfolgs erscheint es damit am sachgerechtesten, subsidiär auf den rechtlichen Erfüllungsort abzustellen.[792] Insgesamt kann hierzu jedoch auch festgehalten werden, dass sich nur in seltenen Fällen relevante Unterschiede zwischen dem rechtlichen und dem tatsächlichen Erfüllungsort ergeben werden.[793]

Was jedoch praktische Relevanz entfaltet, ist die Frage danach, ob es nur einen einzelnen oder auch mehrere Erfüllungsorte bzw. -staaten geben kann. Hierfür ist, ebenfalls um den Sinn und Zweck des Art. 9 Abs. 3 Rom I-VO nicht zu konterkarieren, die letztere Variante anzunehmen.[794] Das nunmehr zugrunde gelegte Verständnis von der Bestimmung des Erfüllungsortes in Art. 9 Abs. 3 S. 1 Rom I-VO *bedingt* die Möglichkeit multipler Erfüllungsorte. Handelt es sich um einen gegenseitigen Vertrag mit multiplen Verbindlichkeiten, ist für jede dieser Verpflichtungen selbstständig – vorrangig – der tatsächliche und ggf. – nachgelagert

---

Rechtsverhältnis und fremdem Staat berücksichtigt sieht und sich daraus eine sachgerechtere Lösung als vom rechtlichen Erfüllungsort verspricht.

789 *Mühlbauer*, Berücksichtigung der ausländischen Eingriffsnormen im Art. 9 Rom I-VO, S. 205.

790 Hierzu *Martiny*, in: MüKoBGB, Rom I-VO Art. 9, Rn. 118 mit Verweis auf; *Freitag*, NJW 2018, 430 (432).

791 *Zwickel*, in: InternVertragsR § 5 Rn. 5.134.

792 *Freitag*, IPRax 2009, 109 (114); *Hauser*, Eingriffsnormen in der Rom I-Verordnung, S. 129; Zur vorgeschlagenen Möglichkeit lediglich im Vorstadium der Leistung auf den nach dem Vertragsstatut zu ermittelnden Erfüllungsort abzustellen auch *Staudinger*, in: Internationales Vertragsrecht, VO (EG) 593/2008 Art. 9 Eingriffsnormen, Rn. 40.

793 *Maultzsch*, in: BeckOGK, Rom I-VO Art. 9, Rn. 115; *Spickhoff*, in: BeckOK BGB, VO (EG) 593/2008 Art. 9, Rn. 29.

794 Zu den Gründen einer abzulehnenden Orientierung an Art. 5 Nt. 1 lit. b Brüssel Ia-VO in diesem Zusammenhang *Freitag*, IPRax 2009, 109 (113).

– auch der rechtliche Erfüllungsort zu ermitteln.[795] In der Konsequenz kann so das Eingriffsrecht verschiedener Drittstaaten zur Berücksichtigung gelangen.[796] Der Erfüllungsstaat wird damit nicht für das gesamten Vertragsverhältnis einheitlich bestimmt; dies würde der Zwecksetzung des Eingriffsrechts entgegenlaufen, die ein gewisses Maß an Flexibilität voraussetzt.[797] Nur so kann denjenigen Rechten Rechnung getragen werden, die tatsächlich – unter Umständen auch entgegen dem Parteiwillen – auf den Vertrag einwirken können.[798]

Neben diesen beiden unmittelbar auf die Konkretisierung bzw. Auslegung des Erfüllungsortkriteriums bezogenen Aspekten lassen sich im vorliegenden Diskussionszusammenhang auch zwei weitere Fragen im Umgang mit forumsfremdem Eingriffsrecht ausmachen. Dabei handelt es sich in beiden Fällen um Fragen der besonderen Handhabung von bestimmten forumsfremden Eingriffsnormen. Zum einen solcher der *lex causae* und zum anderen solcher von Unionsmitgliedstaaten. Hinsichtlich des Umgangs mit Eingriffsrecht der *lex causae* ist klarzustellen, dass eine in irgendeiner Form von den Voraussetzungen des Art. 9 Abs. 3 Rom I-VO losgelöste Berücksichtigungsfähigkeit (unter verringerten Voraussetzungen) nach momentaner Rechtslage abzulehnen ist.[799] Das Eingriffsrecht sämtlicher forumsfremder Rechtsordnungen hängt, unabhängig von einer Zugehörigkeit zum Schuldstatut, von der Erfüllung der Tatbestandsvoraussetzungen des Art. 9 Abs. 3 Rom I-VO ab.[800] Es wird ebenfalls diskutiert, ob eine besondere Handhabung des Eingriffsrechts anderer Unionsmitgliedstaaten zu erfolgen hat. Dies

795 *Leible/Lehmann*, RIW 2008, 528 (543); ausführlich *Maultzsch*, in: BeckOGK, Rom I-VO Art. 9, Rn. 109ff. vgl. auch *Martiny*, in: MüKoBGB, Rom I-VO Art. 9, Rn. 118; ebenfalls *Zwickel*, in: InternVertragsR § 5 Rn. 5.135.

796 *Spickhoff*, in: BeckOK BGB, VO (EG) 593/2008 Art. 9, Rn. 29.

797 *Mühlbauer*, Berücksichtigung der ausländischen Eingriffsnormen im Art. 9 Rom I-VO, S. 210, 214.

798 *Freitag*, IPRax 2009, 109 (114).

799 *Mühlbauer*, Berücksichtigung der ausländischen Eingriffsnormen im Art. 9 Rom I-VO, S. 184: „die Unterwerfung aller forumsfremden Eingriffsnormen der Prüfung nach den Tatbestandsvoraussetzungen des Art. 9 Abs. 3 Rom I VO ist derzeit die einzige Auslegung des Art. 9 Rom I-VO, die im Einklang mit dem Sinn und Zweck der Verordnung und der Dogmatik des Eingriffsrechts steht."; *Zwickel*, in: InternVertragsR § 5 Rn. 5.136. Die Beurteilung dessen, ob diese momentane Rechtslage überzeugen kann, erfolgt an späterer Stelle.

800 So zutreffend *Mühlbauer*, Berücksichtigung der ausländischen Eingriffsnormen im Art. 9 Rom I-VO, S. 181, 184 mit dem Verweis auf die damit für die praktische Rechtsanwendung zu engen Tatbestandsvoraussetzungen und anschließender ausführlicher Diskussion ab S. 185. Hiernach sei es eigentlich erwartbar, dass mit dem anwendbaren

würde eine Differenzierung zwischen mitgliedstaatlichem und drittstaatlichem Eingriffsrecht implizieren. In der Normfassung des Art. 9 Abs. 3 Rom I-VO ist eine solche Unterscheidung nicht angelegt. Die dort festgehaltenen Kriterien sind als absolut verbindlich zu interpretieren.[801] Dennoch wurde (insbesondere in der Vergangenheit) und wird (immer noch) von einigen Seiten eine besondere, teilweise sogar eine *zwingende*, Berücksichtigungspflicht für Eingriffsnormen anderer EU-Mitgliedstaaten gefordert.[802] Zuletzt hat *Kohler* die Notwendigkeit einer solchen zwingenden Anwendung erneut mit Nachdruck postuliert. Nach ihm sei die „Durchsetzungskraft mitgliedstaatlicher Eingriffsnormen höher anzusetzen als die drittstaatlicher Eingriffsnormen“[803]. Der Grund hierfür liege in dem Leitsatz der loyalen Zusammenarbeit aus Art. 4 Abs. 3 EUV. Dieser bedinge, dass im Verhältnis der Unionsstaaten untereinander eine paritätische Anwendung von Eingriffsrecht zu erfolgen habe.[804] Bereits aus einer primärrechtskonformen Auslegung des Art. 9 Abs. 3 Rom I-VO würde sich die Unbeachtlichkeit der einschränkenden Kriterien der Norm (Stichwort: Erfüllungsort) gegenüber anderen EU-Mitgliedstaaten ergeben.[805] Einer solchen Interpretation ist jedoch entschieden entgegenzutreten. Ganz maßgebend sprechen der Normtelos des Art. 9 Abs. 3 Rom I-VO und seine Entstehungsgeschichte gegen eine solche Handhabung.[806] Auch mitgliedstaatliches Eingriffsrecht ist den einschränkenden Tatbestandsvo-

---

Vertragsrecht in irgendeiner Form auch dessen Eingriffsrecht eine besondere Würdigung zuteil würde.

801 So auch *Hauser*, Eingriffsnormen in der Rom I-Verordnung, S. 115 allgemein zu einer Weiterfassung des Art. 9 Abs. 3 Rom I-VO und dessen Kriterien [unabhängig von der Frage nach der besonderen Handhabung mitgliedstaatlicher Eingriffsnormen].

802 *Zwickel*, in: InternVertragsR § 5 Rn. 5.126 benennt hierfür zahlreiche Quellen von Ende der 90er Jahre.

803 *Kohler*, in: FS Kronke zum 70. Geburtstag, S. 261.

804 *Kohler*, in: FS Kronke zum 70. Geburtstag, S. 263f.

805 *Kohler*, in: FS Kronke zum 70. Geburtstag, S. 264 und bei S. 262 Fn. 36 mit dem zusätzlichen Verweis auf; *Roth*, in: FS Dauses zum 70. Geburtstag, S. 331ff.; *Köhler*, Eingriffsnormen – Der »unfertige Teil« des europäischen IPR, S. 309ff. will die zwingende Anwendungspflicht aus dem Ziel der Binnenmarktverwirklichung herleiten; das Meinungsspektrum skizzierend *Martiny*, in: MüKoBGB, Rom I-VO Art. 9, Rn. 32 m. w. N. weitere Begründungsansätze finden sich zusammenfassend dargestellt bei *Zwickel*, in: InternVertragsR § 5 Rn. 5.44. Es wird neben dem Argument des „Binnenmarktprinzips“ auch auf den „Gedanken einer akzessorischen Funktionssicherung der international-zivilprozessualen Vorschriften der Brüssel I-VO bzw. Brüssel Ia-VO“ hingewiesen.

806 *Zwickel*, in: InternVertragsR§ 5 Rn. 5.126.

raussetzungen des Art. 9 Abs. 3 S. 1 Rom I-VO zu unterwerfen. Überhaupt diese begrenzenden Kriterien haben nur die Kompromissfassung des Art. 9 Abs. 3 Rom I-VO ermöglicht.[807] Gebilligte „Störfaktoren"[808] sind unter dem geltenden Normtext nur das Eingriffsrecht der *lex fori* und dasjenige am Erfüllungsort.[809] Eine andere Vorgehensweise würde – weitergedacht – zu einer kumulativen Berücksichtigung sämtlicher mitgliedstaatlicher Rechtsordnungen führen.[810] Die auf den Vertrag einwirkenden (Eingriffs-)Vorschriften wären gänzlich nicht mehr vorherzusehen.[811] Ein solches Ergebnis kann nicht mit der Ausnahmestruktur des Art. 9 Abs. 3 Rom I-VO in Einklang gebracht werden. Dies wurde so auch zu einem Teil bereits vom EuGH entschieden.[812] Demnach könne der abschließende Charakter des Art. 9 Rom I-VO mit seinen zwingenden unionalen Voraussetzungen (zumindest) nicht (allein) durch den Loyalitätsgrundsatz aus Art. 4 Abs. 3 EUV umgangen werden.[813] So wird vermieden, dass „über den Umweg der loyalen Zusammenarbeit die nationale Eingriffsnorm in ihrer Bedeutung über die Rom I-VO gestellt würde"[814]. Hierfür kann auch noch unterstreichend auf den Gedanken des Binnenmarktprinzips verwiesen werden: „Eingriffsrecht ist Interventionsrecht. Es liberalisiert Waren- und Leistungsströme nicht, sondern beschränkt. […] Im Binnenmarkt sind nationale Beschränkungen abzubauen.

807 Statt aller *Hauser*, Eingriffsnormen in der Rom I-Verordnung, S. 117.

808 Bezeichnung so bei *Zwickel*, in: InternVertragsR § 5 Rn. 5.44.

809 Nach *Hauser*, Eingriffsnormen in der Rom I-Verordnung, S. 117 bedürfte jede andere Auslegung eines legislativen Überarbeitung. Hauser bezieht sich bei diesen Ausführungen allerdings lediglich auf einen vorgebrachten Vorschlag aus dem Schrifttum, wonach Art. 9 Abs. 3 Rom I-VO nur als Anhaltspunkt für die Berücksichtigung ausländischer Eingriffsnormen und in diesem Sinne als Mindestkonsens zu verstehen sei und das Erfüllungsortkriterium lediglich als festgehaltenes Beispiel diene. Hauser beschäftigt sich nicht ausdrücklich mit der Thematik der Eingriffsnormen anderer Mitgliedstaaten.

810 Ebenfalls *Zwickel*, in: InternVertragsR § 5 Rn. 5.44.

811 *Martiny*, in: MüKoBGB, Rom I-VO Art. 9, Rn. 32.

812 EuGH Urt. v. 18.10.2016 - C-135/15, „Nikiforidis" Rn. 54; auf die Entscheidung verweisend *Martiny*, in: MüKoBGB, Rom I-VO Art. 9, Rn. 32.

813 Vgl. *Pfeiffer*, LMK 2016, 382315 dazu, dass nach der Entscheidung des EuGH weiterhin in Betracht zu ziehen ist, dass andere primärrechtliche Erwägungen zu einem Gebot der Beachtung der Eingriffsnormen anderer Mitgliedstaaten über den eingrenzenden Tatbestand des Art. 9 Abs. 3 Rom I-VO führen könnten.

814 *Duden*, EuZW 2016, 940 (944), der zugleich darauf verweist, dass Art. 4 Abs. 3 EUV ebenfalls den Effektivitätsgrundsatz enthalte, der einer ausufernden Berücksichtigung mitgliedstaatlichen Eingriffsrechts entgegenstünde.

Dass andere Mitgliedstaaten Beschränkungen anerkennen müssten, würde dem Binnenmarktansatz also zuwiderlaufen.“[815]

III. Rechtsfolge

Sollten die Tatbestandsvoraussetzungen des Art. 9 Abs. 3 und Abs. 1 Rom I-VO für ausländisches Eingriffsrecht vorliegen, schließt sich die Frage nach der normierten Rechtsfolge für die Handhabung dieser Eingriffsnormen an.[816] Art. 9 Abs. 3 Rom I-VO spricht in S. 1 dem Wortlaut nach davon, dass den nach dem Tatbestand zu berücksichtigenden Eingriffsnormen „Wirkung verliehen werden [*kann*]“. In S. 2 wird das Vorgehen bei der Wirkungsverleihung anschließend dahingehend konkretisiert, dass „Art und Zweck dieser Normen sowie die Folgen berücksichtigt [werden], die sich aus ihrer Anwendung oder Nichtanwendung ergeben würden“. Es stellt sich die Frage, ob sich aus einer Zusammenschau von S. 1 und S. 2 lediglich die Möglichkeit ergibt oder darüber hinausgehend eine Pflicht zur Wirkungsverleihung besteht (hierzu sogleich bei ***1.***). Auch welche konkrete Form der Berücksichtigung ausländischer Eingriffsnormen mit der Wirkungsverleihung durch den Art. 9 Abs. 3 Rom I-VO intendiert ist, bleibt unklar. Ein bestimmtes Anknüpfungskonzept ergibt sich jedenfalls aus der Normfassung nicht (hierzu sogleich bei ***2.***).[817]

1. Möglichkeit oder Pflicht der ‚Wirkungsverleihung‘?

Das dem entscheidenden Gericht in Art. 9 Abs. 3 S. 1 Rom I-VO mit der ‚kann‘-Formulierung zwingend eröffnete Ermessen wurde durch den Verordnungsgeber durch die in S. 2 aufgestellten Erwägungen eingegrenzt.[818] Die Voraussetzungen aus Art. 9 Abs. 3 S. 2 Rom I-VO *binden* demnach die Ermessensentscheidung des Gerichts, sodass auf der Rechtsfolgenseite von einer durch die Norm geschaffenen, gebundenen Ermessensentscheidung zu sprechen ist.[819] Dass dem Gericht aber überhaupt ein Ermessen bezüglich der Berücksichtigung von ausländischen Eingriffsnormen des Erfüllungsortes eingeräumt wird, ist dem Kom-

815 *v. Bar/Mankowski*, Internationales Privatrecht Band 2, § 1 Rn. 989.

816 Zu dieser grundsätzlichen Prüfungsstruktur *Hauser*, Eingriffsnormen in der Rom I-Verordnung, S. 67.

817 *Hauser*, Eingriffsnormen in der Rom I-Verordnung, S. 94, 105.

818 *Mühlbauer*, Berücksichtigung der ausländischen Eingriffsnormen im Art. 9 Rom I-VO, S. 227, 229 zur fast wortgleichen Übernahme des S. 2 aus der Vorgängervorschrift; ebenfalls mit Verweis hieraus *Ringe*, in: jurisPK-BGB, Art. 9 Rom I-VO Eingriffsnormen, Rn. 36.

819 Hierzu statt aller *Ringe*, in: jurisPK-BGB, Art. 9 Rom I-VO Eingriffsnormen, Rn. 34f.

promisscharakter der Norm geschuldet.[820] Ein strikter Anwendungsbefehl – wie bei Art. 9 Abs. 2 Rom I-VO – besteht für Eingriffsnormen des Erfüllungsstaates nicht.[821] Die Entscheidung darüber, ob und inwieweit dem in Rede stehenden Eingriffsrecht Rechnung zu tragen ist, trifft der zuständige Spruchkörper nach den „Maßgaben zur richterlichen Ermessensausübung" aus Art. 9 Abs. 3 S. 2 Rom I-VO.[822] Der Rechtsfolgenseite des Art. 9 Abs. 3 Rom I-VO liegt damit eine zweistufige Regelungskonzeption zugrunde:[823] In einem ersten Schritt hat das Gericht hinsichtlich des ‚Ob' der Wirkungsverleihung die in S. 2 aufgestellten Abwägungspunkte *zwingend* zu berücksichtigen. Ist dies ordnungsgemäß erfolgt, schließt sich hinsichtlich der Vereinbarkeitsbewertung inländischer Grundsätze ein Ermessensspielraum an.[824] Dabei ist das Gericht jedoch nicht von einer Begründungspflicht hinsichtlich der für die Berücksichtigungsfähigkeit getroffenen Entscheidung entbunden.[825]

Art. 9 Abs. 3 S. 2 Rom I-VO kann – umgangssprachlich formuliert – als ‚Bewertungsmechanismus' ausländischen Eingriffsrechts vom Erfüllungsort bezeichnet

820 Siehe nur *Mankowski*, IPRax 2016, 485 (488): „Das ‚kann', ‚may', ‚pourra' war zentraler Bestandteil des Kompromisses bei Erlass von Art. 9 Abs. 3 Rom I-VO. [...] Ohne diese einzelfallbezogene Einschränkung hätten viele mitgliedstaatliche Delegationen nicht zugestimmt. Eine unbedingte Pflicht zur Anwendung fremden Eingriffsrechts sollte es nicht geben.".

821 *Staudinger*, in: Internationales Vertragsrecht, VO (EG) 593/2008 Art. 9 Eingriffsnormen, Rn. 47.

822 So zutreffend *Staudinger*, in: Internationales Vertragsrecht, VO (EG) 593/2008 Art. 9 Eingriffsnormen, Rn. 48.

823 Diese Zweistufigkeit herausstellend *Freitag*, IPRax 2009, 109 (111); ebenfalls so zu verstehen *Hauser*, Eingriffsnormen in der Rom I-Verordnung, S. 67, 129.

824 Dazu *Mankowski*, IPRax 2016, 485 (488): „Art. 9 Abs. 3 S. 2 Rom I-VO kommt [...] nur im Rahmen des von Art. 9 Abs. 3 S. 1 Rom I-VO eröffneten Ermessens zum Zuge und enthält genau dieses Ermessen leitende Kriterium."; *Mühlbauer*, Berücksichtigung der ausländischen Eingriffsnormen im Art. 9 Rom I-VO, S. 227f. mit Verweis auf die Eigenheit der deutschen Sprachfassung, zunächst in S. 1 von „kann Wirkung verliehen werden" und anschließend in S. 2 von „Wirkung zu verleihen ist" zu sprechen. Zutreffend lehnt Mühlbauer eine Deutung aufgrund dieser Sprachfassung ab, wonach doch eine Anordnung und kein Ermessensspielraum hieraus vorgehe. Mühlbauer verweist hierfür auf die anderen Sprachfassungen der Vorschrift, aus denen sich unverkennbar ergebe, dass die Wirkungsverleihung an ausländisches Eingriffsrecht im Ermessen des Gerichts stehe (und nicht in irgendeiner Form zwingend sei).

825 *Freitag*, IPRax 2009, 109 (111).

werden.[826] Die danach angezeigte ‚Bewertung' hat an erster Stelle *Art und Zweck* der in Rede stehenden Eingriffsnorm zu berücksichtigen. Des Weiteren sollen die *Folgen der Anwendung oder Nichtanwendung* für die Wirkungsverleihung nach Art. 9 Abs. 3 S. 2 Rom I-VO Beachtung finden.[827] Für eine Wirkungsverleihung streiten Art und Zweck der Vorschrift(en) jedenfalls dann, wenn das Eingriffsrecht Anwendungswillen besitzt und mit den Grundwertungen der Rechtsordnung des Gerichtsstandortes harmoniert. Dies wird auch als *‚shared values approach'* bezeichnet.[828] Darüber hinaus ist einzubeziehen, wenn der Normzweck von der internationalen Rechtsgemeinschaft geteilt wird.[829] Hierfür sind übereinstimmende Wertvorstellungen im transnationalen Kontext zu bestimmen.[830] Umso deutlicher es sich um ein allgemein anerkanntes Ziel handelt, desto stärker streitet die Bewertung für eine Wirkungsverleihung. Hieran anknüpfend hat das zur Entscheidung berufene Gericht sodann eine Für- und Widerabwägung der relevant werdenden Argumente vorzunehmen.[831] Dabei ist auch die „rechtliche und soziale Organisation des Normerlassstaates [einzubeziehen], um feststellen zu können, um welche Art von Vorschrift es sich im konkreten Fall handelt"[832]. Ergibt sich dem Abwägungsergebnis nach die Übereinstimmung mit den Rechtsgrundsätzen entweder der internationalen Rechtsgemeinschaft oder der *lex fori*, hat das ausländische Eingriffsrecht einen Anspruch auf Berücksichtigung im Rahmen einer auszuübenden Ermessensentscheidung.[833] Nicht außer Acht gelassen werden darf dabei jedoch das zweite, sich aus Art. 9 Abs. 3 S. 2 Rom I-VO ergebende Bewertungskriterium. Hinter dem Bewertungskriterium der Beachtung der Folgen der Anwendung oder Nichtanwendung der fraglichen Eingriffsnormen steht unter anderem die Frage nach der faktischen Durchsetzungsmacht des

826 *Mühlbauer*, Berücksichtigung der ausländischen Eingriffsnormen im Art. 9 Rom I-VO, S. 227 spricht von „Abwägungsfaktoren", die Art. 9 Abs. 3 S. 2 Rom I-VO beinhalte.

827 So auch *Pfeiffer*, EuZW 2008, 622 (628).

828 Dazu *Pfeiffer*, EuZW 2008, 622 (628).

829 *Ringe*, in: jurisPK-BGB, Art. 9 Rom I-VO Eingriffsnormen, Rn. 37 mit dem Beispiel eines Embargos der Vereinten Nationen.

830 Siehe nur *Mühlbauer*, Berücksichtigung der ausländischen Eingriffsnormen im Art. 9 Rom I-VO, S. 231.

831 *Ringe*, in: jurisPK-BGB, Art. 9 Rom I-VO Eingriffsnormen, Rn. 36.

832 *Mühlbauer*, Berücksichtigung der ausländischen Eingriffsnormen im Art. 9 Rom I-VO, S. 230.

833 *Staudinger*, in: Internationales Vertragsrecht, VO (EG) 593/2008 Art. 9 Eingriffsnormen, Rn. 48.

Erfüllungsstaates.[834] Diese zweite Vorgabe – der Folgenberücksichtigung – wurde in den Art. 9 Abs. 3 S. 2 Rom I-VO aus „Präzisionsinteressen“[835] im Laufe des Verordnungserlasses aus der Vorgängervorschrift des EVÜ übernommen. Die Folgenberücksichtigung ermöglicht hinsichtlich der Wirkungsverleihung einzubeziehen, ob sich das Eingriffsrecht des Erfüllungsortes eine extraterritoriale Anwendung anmaßt, die den internationalen Rechtsfrieden gefährden könnte.[836] Hierin zeigt sich ein rechtspolitischer Hintergrund dieses Normteils, der die Berücksichtigung ermöglicht, welche Auswirkungen die Anwendung oder Nichtanwendung von bestimmtem Eingriffsrecht auf die transnationalen Rechtsbeziehungen zu anderen Staaten haben kann. Die Folgenberücksichtigung steht somit im Dienst des internationalen Rechtsfriedens.[837]

Neben dem *internationalen* Rechtsfrieden lässt sich auch nach dem Rechtsfrieden *innerhalb der Unionsgemeinschaft* fragen. In diesem Zusammenhang ist erneut auf das bereits angesprochene, dem Entscheidungsspruchkörper eingeräumte Ermessen bezüglich der tatsächlichen Wirkungsverleihung (nach ordnungsgemäßer Einbeziehung der Abwägungskriterien aus S. 2) an ausländisches Eingriffsrecht einzugehen. Könnte bei mitgliedstaatlichem Eingriffsrecht ein nur eingeschränkter (oder sogar auf Null reduzierter)[838] Ermessensspielraum auf der Rechtsfolgenseite bestehen? Hierbei handelt es sich um eine andere Erwägung als die bereits beim Erfüllungsortkriterium diskutierte Frage, ob mitgliedstaatliches Eingriffsrecht auch unabhängig von den eingrenzenden Anforderungen des Art. 9 Abs. 3 S. 1 Rom I-VO zu berücksichtigen sein könnte. Nunmehr steht eine rechtsfolgenseitige Ermessensreduzierung bei gegebener Erfüllung der Tatbestandsvoraussetzungen in Frage.[839] Auch in diesem Zusammenhang handelt es sich jedoch

---

834 *Pfeiffer*, EuZW 2008, 622 (628); *Ringe*, in: jurisPK-BGB, Art. 9 Rom I-VO Eingriffsnormen, Rn. 38, der als Anwendungsfall des Kriteriums die gleichzeitige Anwendbarkeit einander widersprechender Eingriffsnormen zweier verschiedener Staaten auf denselben Sachverhalt benennt.

835 So *Mühlbauer*, Berücksichtigung der ausländischen Eingriffsnormen im Art. 9 Rom I-VO, S. 234.

836 *Mankowski*, IPRax 2016, 485 (488).

837 Statt aller *Mühlbauer*, Berücksichtigung der ausländischen Eingriffsnormen im Art. 9 Rom I-VO, S. 236.

838 So *Fetsch*, Eingriffsnormen und EG-Vertrag, S. 382, 386 aufgrund vergleichenden Blicks auf die Vorgängervorschrift des Art. 7 Abs. 1 S. 2 EVÜ.

839 *Köhler*, Eingriffsnormen – Der »unfertige Teil« des europäischen IPR, S. 292 verweist darauf, dass der Ausgang einer Rechtsstreitigkeit trotz vereinheitlichtem europäischen Kollisionsrechts weiterhin davon abhängig sei, welches Forum zuständig sei, sofern man davon ausgehe, „dass jedes mitgliedstaatliche Forum einerseits seine eigenen

um eine Überlegung, die sich an dem Grundsatz der loyalen Zusammenarbeit der Mitgliedstaaten aufhängt und auch im Übrigen um eine Diskussion, die in weiten Teilen mit denselben Argumenten wie bereits weiter oben[840] geführt wird.[841] Den Anhaltspunkt für überhaupt anzustellende Überlegungen in dieser Hinsicht sieht *Mühlbauer* zutreffend in gleich mehreren Aspekten gegeben: Zum einen in dem zu beobachtenden Umstand, dass Unionssachverhalte der Systematik der Rom I-VO nach eine bevorzugte Behandlung erhielten.[842] Zum anderen, weil sich „eine umfassende Prüfung der fremdstaatlichen Souveränitätsinteressen für die mitgliedstaatlichen Eingriffsnormen [aufgrund des in weiten Teilen vergemeinschaftlichten Rechtshintergrundes und unionsrechtsbezogenem Interessengleichlaufes] als wenig sinnvoll“[843] erweise. Dem ist vollumfänglich zuzustimmen. Eine Ermessensausübung erscheint bei mitgliedstaatlichen Sachverhalten, in denen die Eingriffsnormen die Tatbestandsvoraussetzungen aus Art. 9 Abs. 3 S. 1 Rom I-VO erfüllen, nur wegen nationalen Besonderheiten der *lex fori* angezeigt, die Wertvorstellungen aus nichtharmonisierten Rechtsbereichen betreffen könnten. Nichtsdestotrotz besteht dem eindeutigen Wortlaut des Art. 9 Abs. 3 Rom I-VO nach allerdings *keine Pflicht* zur lediglich begrenzten Ermessensausübung bei mitgliedstaatlichen Eingriffsnormen des Erfüllungsortes.[844] Damit ist auch die Frage nach einer Pflicht oder bloßen Möglichkeit zur Wirkungsverleihung beantwortet:

Eingriffsnormen über Art. 9 Abs. 2 Rom I-VO/16 Rom II-VO durchsetzen kann, andererseits jedoch nicht verpflichtet ist, Eingriffsnormen anderer Mitgliedstaaten unter denjenigen Voraussetzungen zur Anwendung zu bringen, welche den jeweiligen mitgliedstaatlichen Erlassstaaten bei eigener Zuständigkeit zur Durchsetzung jener eingriffsrechtlichen Bestimmungen über Art. 9 Abs. 2 Rom I-VO/16 Rom II-VO berechtigten“.

840 Siehe ***Kapitel 3 § 4 A. II. 4.***

841 Vgl. ausführlich hierzu bei *Mühlbauer*, Berücksichtigung der ausländischen Eingriffsnormen im Art. 9 Rom I-VO, S. 245.

842 *Mühlbauer*, Berücksichtigung der ausländischen Eingriffsnormen im Art. 9 Rom I-VO, S. 245, wofür repräsentativ die Binnenmarktkollisionsnorm des Art. 3 Abs. 4 Rom I-VO angeführt wird.

843 *Mühlbauer*, Berücksichtigung der ausländischen Eingriffsnormen im Art. 9 Rom I-VO, S. 249.

844 *Köhler*, Eingriffsnormen – Der »unfertige Teil« des europäischen IPR, S. 293 führt zutreffend an, dass eine kollisionsrechtliche Besserstellung mitgliedstaatlicher gegenüber drittstaatlicher Eingriffsnormen vom Wortlaut der Art. 9 Rom I-VO und Art. 16 Rom II-VO nicht indiziert werde, allerdings i.E. mit abweichender Meinung; i. Ü. *Mühlbauer*, Berücksichtigung der ausländischen Eingriffsnormen im Art. 9 Rom I-VO, S. 249.

Eine *Pflicht* kann sich aus der Normfassung *de lege lata* nicht, auch nicht für mitgliedstaatliches Eingriffsrecht des Erfüllungsortes, ergeben.[845] Allerdings sind in der Praxis nur wenige Situationen denkbar, in denen die Ermessensentscheidung zur Wirkungsverleihung bei Eingriffsrecht eines Unionsmitgliedstaates ablehnend ausfallen *kann*. Die Zusammenschau aus Art. 9 Abs. 3 S. 1 und S. 2 eröffnet danach (lediglich) die *Möglichkeit* zur Berücksichtigung.

2. Die Wirkungsverleihung an sich: kollisionsrechtlicher oder materiellrechtlicher Berücksichtigungsvorgang?

Im Anschluss hieran soll im Folgenden auf die konkrete Form der Berücksichtigung ausländischen Eingriffsrechts auf der Rechtsfolgenseite des Art. 9 Abs. 3 Rom I-VO geschaut werden. Die normierte Wirkungsverleihung lässt kein eindeutiges Anknüpfungskonzept erkennen. Nach dem reinen Wortlaut kämen sowohl ein kollisionsrechtlicher als auch ein (nur) sachrechtlicher Berücksichtigungsvorgang in Betracht.[846] Im Vergleich zu Art. 9 Abs. 2 Rom I-VO lässt sich feststellen, dass dieser – im Gegensatz zu der Wirkungsverleihung – von „Anwendung" der Eingriffsnormen der *lex fori* spricht. Der sich damit anhand der Normfassungen ergebende Kontrast lässt die Rechtsfolge des Art. 9 Abs. 3 Rom I-VO allerdings nicht konkreter erscheinen. Ob und inwiefern sich Anwendung und Wirkungsverleihung voneinander abgrenzen, findet sich nicht normiert.[847] Allerdings lässt die Terminologie des Wirkung Verleihens, wie sie nach der deutschen Sprachfassung so erstmals verwendet wird, den Eindruck einer gegenüber der Anwendung verminderten bzw. abgestuften Form der Berücksichtigung zu.[848]

Ist Art. 9 Abs. 3 Rom I-VO neben seinen einschränkenden Tatbestandsvoraussetzungen auf die Weise von Abs. 2 abgegrenzt, dass dem ausländischen

845 Der Meinung von *Köhler*, Eingriffsnormen – Der »unfertige Teil« des europäischen IPR, S. 312, dass die „Durchsetzung mitgliedstaatlicher Eingriffsnormen folglich allein von denjenigen Voraussetzungen [abhänge], die an die Durchsetzung für Eingriffsnormen der lex fori zu stellen [seien]", ist demnach nicht zuzustimmen.

846 *Freitag*, IPRax 2009, 109 bezeichnet die Terminologie des Art. 9 Abs. 3 Rom I-VO daher als „ambivalent"; *Köhler*, Eingriffsnormen – Der »unfertige Teil« des europäischen IPR, S. 186 als „missverständlich"; hierzu auch statt aller *Staudinger*, in: Internationales Vertragsrecht, VO (EG) 593/2008 Art. 9 Eingriffsnormen, Rn. 49.

847 Hierzu *Mankowski*, IPRax 2016, 485 (487): „Wirkung verleihen ist nicht notwendig mit Anwendung gleichzusetzen. Anwendung heißt Anwendung als Recht, in Tatbestand und Rechtsfolge. Wirkung verleihen dagegen ist offener und kann auch anderes meinen."

848 Mit Verweis hierauf auch *Freitag*, NJW 2018, 430 (431).

Eingriffsrecht des Erfüllungsortes einzig eine Berücksichtigung als Tatsache im Rahmen der Anwendung des Vertragsstatuts auf materiell-rechtlicher Ebene zukommt? Oder ist auch dem ausländischen forumsfremden Eingriffsregime – trotz der abweichenden Normfassung in der Rechtsfolge – echte Rechtswirkung nach dem Sonderanknüpfungsgedanken zu verleihen?[849] Einzubeziehen in diese Bewertung ist die eindeutig kollisionsrechtliche Natur der Rom I-VO. Dem originären Regelungsgehalt der Rom I-VO nach müsste auch dem ausländischen Eingriffsrecht Rechtswirkung zu verleihen und dieses demnach sonderanzuknüpfen sein.[850] Es kann nicht überzeugen, eine ausschließlich auf materiell-rechtlicher Ebene erfolgende Berücksichtigung zum primären Inhalt einer im Kollisionsrecht verankerten Norm zu erheben. Dies würde dem Regelungsgedanken der Rom I-VO entgegenlaufen. Zudem könnten der Verordnung keinerlei verbindliche Anordnungen zu der konkreten Sachrechtsanwendung entnommen werden, da sie – wie gesagt – kollisionsrechtliche Inhalte zum Regelungsgegenstand hat.[851] Des Weiteren erscheint es rechtstechnisch überzeugender, ein kollisionsrechtliches Problem, und zwar das der Berücksichtigung ausländischen Eingriffsrechts, auch – unmittelbar –[852] einer kollisionsrechtlichen Regelung zuzuführen.[853] Bei einer *‚direct application‘* im Gewand einer echten Sonderanknüpfung wäre die ausländische Eingriffsnorm vom Forum so anzuwenden, wie es auch der ausländische Spruchkörper tun würde. Hierbei würde es sich um eine „spezifisch kollisionsrechtliche Vorgehensweise“[854] handeln, die nicht auf der Ebene des Sachrechts haften bliebe.[855] Eine solche Auslegung würde auch von einem Umkehrschluss zu Art. 17 Rom II-VO gestützt. Danach indiziert die zu Art. 17 Rom II-VO divergierende Begriffswahl der Wirkungsverleihung eine Berücksichtigung, die über die rein faktische Einbeziehung hinausgeht.[856] Dem ‚Wie‘ der Würdigung ausländischen Eingriffsrechts nach Art. 9 Abs. 3 Rom I-VO hat sich schließlich der

849 *Freitag*, IPRax 2009, 109 (114); Vgl. *Hauser*, Eingriffsnormen in der Rom I-Verordnung, S. 109.

850 *Hauser*, Eingriffsnormen in der Rom I-Verordnung: „dogmatisch überzeugender“; *Pfeiffer*, EuZW 2008, 622 (628).

851 So *Köhler*, Eingriffsnormen – Der »unfertige Teil« des europäischen IPR, S. 186.

852 *Hauser*, Eingriffsnormen in der Rom I-Verordnung, S. 110.

853 Hierzu *Hauser*, Eingriffsnormen in der Rom I-Verordnung, S. 111.

854 *Freitag*, IPRax 2009, 109 (114).

855 Zum Ganzen ebenfalls *Freitag*, IPRax 2009, 109 (114); *Hauser*, Eingriffsnormen in der Rom I-Verordnung, S. 110 stellt dazu einen Vergleich mit Art. 33 Brüssel I-VO her, wonach einem Urteil mit der sog. Theorie der Wirkungserstreckung bei dessen Anerkennung die gleichen Wirkungen zukämen wie im Urteilsstaat.

856 Dazu *Köhler*, Eingriffsnormen – Der »unfertige Teil« des europäischen IPR, S. 186.

EuGH in der Rechtssache *Nikiforidis* angenommen und entschieden, dass mit der Wirkungsverleihung in Art. 9 Abs. 3 Rom I-VO die Anwendung als Rechtsvorschrift gemeint sei.[857] Damit findet sich nunmehr eine Antwort auf die Frage nach dem dem Art. 9 Abs. 3 Rom I-VO zugrunde liegenden Anknüpfungskonzept: Die Wirkungsverleihung meint diejenige Berücksichtigungsform ausländischen Eingriffsrechts des Erfüllungsortes, die zu einer Sonderanknüpfung und damit originären Rechtswirkungsverleihung führt. In einer Zusammenschau mit den vorstehenden Gliederungsabschnitten zu der Normgenese (***Kapitel 3 § 4 A. I.***) und den Tatbestandsvoraussetzungen (***Kapitel 3 § 4 A. II.***) ergibt sich damit ein – soweit möglich – ganzheitliches Bild der Grundlinien des Art. 9 Abs. 3 Rom I-VO.

B. Fehlende Normierung in der Rom II-VO

In der Rom II-VO fehlt es an einem in Norm-Form gegossenen, mit Art. 9 Abs. 3 Rom I-VO vergleichbaren „Filter"[858], durch den sich aus deutscher Sicht jede forumsfremde Eingriffsnorm zwängen müsste, sofern nur der Anwendungsbereich der Rom II-VO eröffnet wäre.[859] Während damit Art. 9 Abs. 3 Rom I-VO den zentralen Ausgangspunkt für Überlegungen im Zusammenhang mit ausländischem Eingriffsrecht für die Rom I-VO darstellt, stellt sich die Frage, wie die Rom II-VO andere Eingriffsnormen als solche, der *lex fori*, handhabt.[860] Welche rechtlichen Implikationen ergeben sich aus der – eine diesbezügliche Regelung entbehrenden – Rom II-VO für die Berücksichtigungsfähigkeit ausländischen Eingriffsrechts?

Hierzu ist zunächst festzuhalten, dass die Rom II-VO vor der Rom I-VO erarbeitet und erlassen worden ist. Ursprünglich bestand auch während der Verordnungsgebung die Idee, die ausländischen Eingriffsnormen einer Regelung zuzuführen. Dem schloss sich eine (ebenso) wechselvolle Entstehungsgeschichte (wie bei Art. 9 Abs. 3 Rom I-VO) an, die schließlich in dem Scheitern einer

---

857 EuGH Urt. v. 18.10.2016 - C-135/15, „Nikiforidis"; zum Ganzen und für die Möglichkeit der materiell-rechtlichen Berücksichtigung solchen Eingriffsrechts, das nicht die Voraussetzungen aus Art. 9 Abs. 3 S. 1 i.V.m. Abs. 1 erfüllt, siehe ausführlich bei *Mühlbauer*, Berücksichtigung der ausländischen Eingriffsnormen im Art. 9 Rom I-VO, S. 229.

858 Zu dieser Bezeichnung von *Mankowski*, RIW 2019, 180 (181) bereits oben.

859 Statt aller *Spickhoff*, in: BeckOK BGB, VO (EG) 864/2007 Art. 16, Rn. 4.

860 Nach *v. Bar/Mankowski*, Internationales Privatrecht Band 2, sperre Art. 16 Rom II-VO Eingriffsnormen anderer Staaten „nach seinem Wortlaut den Weg nicht frei".

diesbezüglichen Normierung mündete.[861] Während noch in dem ersten und zweiten Kommissionsentwurf zu der Rom II-VO aus den Jahren 2003[862] und 2006[863] mit Art. 12 Abs. 1[864] (später redaktionell verschoben in Art. 13 Abs. 2) eine Normfassung vorlag, die eine Wirkungsverleihung für forumsfremdes Eingriffsrecht an eine „enge Verbindung" zu der jeweiligen Rechtsordnung knüpfte, wendete man sich im weiteren Entstehungsprozess von diesem Regelungsvorhaben gänzlich ab.[865] Der Hintergrund dafür ist in denselben Vorbringen zu finden,[866] wie sie auch später wieder im Zusammenhang mit der Berücksichtigungsfähigkeit ausländischen Eingriffsrechts in der Rom I-VO geäußert worden sind:[867] „Anders [jedoch] als im Bereich der Rom I-VO, bei der diese Bedenken den Weg für die restriktiv gefasste Vorschrift des Art. 9 Abs. 3 Rom I-VO ebneten, wurden die Vorbehalte im Rahmen der Rom II-VO [damit] noch weitergehend zum Anlass genommen, die geplante Vorschrift zur Anwendbarkeit forumsfremder Eingriffsnormen gänz-

---

861 Vgl. *Junker*, in: MüKoBGB, Rom II-VO Art. 16, Rn. 3; *Maultzsch*, in: BeckOGK, Rom II-VO Art. 16, Rn. 35 m. w. N.

862 Vorschlag für eine Verordnung des Europäischen Parlaments und des Rates über das auf außervertragliche Schuldverhältnisse anzuwendende Recht („Rom II"), KOM(2003) 427 endg.

863 Geänderter Vorschlag für eine Verordnung des Europäischen Parlaments und des Rates über das auf außervertragliche Schuldverhältnisse anzuwendende Recht („Rom II"), KOM(2006) 83 endg.

864 Art. 12 Abs. 1 des Kommissionsentwurfes 2003 für die Rom II-VO lautete: „Bei Anwendung des Rechts eines bestimmten Staates aufgrund dieser Verordnung kann den zwingenden Bestimmungen des Rechts eines anderen Staates, mit dem der Sachverhalt eine enge Verbindung aufweist, Wirkung verliehen werden, soweit diese Bestimmungen nach dem Recht des letztgenannten Staates ohne Rücksicht darauf anzuwenden sind, welchem Recht das außervertragliche Schuldverhältnis unterliegt. Bei der Entscheidung, ob diesen zwingenden Bestimmungen Wirkung zu verleihen ist, sind ihre Natur und Gegenstand sowie die Folgen zu berücksichtigen, die sich aus ihrer Anwendung oder Nichtanwendung ergeben würden."

865 *Hemler*, Die Methodik der »Eingriffsnorm«, S. 50; *Junker*, in: MüKoBGB, Rom II-VO Art. 16, Rn. 4ff. m. w. N. *Köhler*, Eingriffsnormen – Der »unfertige Teil« des europäischen IPR, S. 274; *Leible/Lehmann*, RIW 2007, 721 (726); hierzu auch *Maultzsch*, in: BeckOGK, Rom II-VO Art. 16, Rn. 36ff.

866 Siehe zu der Kritik von Seiten des Vereinigten Königreichs nur die Anmerkungen in: *European Union Committee of the House of Lords*, The Rome II Regulation: Report with Evidence - HL Paper 66 Rn. 146; *Dickinson*, The Rome II Regulation, Rn. 15.24 bewertete es als „pleasant surprise, when this aspect of the Commission Proposal was rejected by the Council's Rome II Committee".

867 Vgl. bereits bei ***Kapitel 3 § 4 A. I.***

lich zu streichen."[868] Zentrale Bedeutung kam auch hier dem Umstand zu, dass mit der zukünftigen Form als Verordnung die Möglichkeit der Erklärung eines Vorbehalts (wie noch bei Art. 7 Abs. 1 EVÜ gegeben) wegzufallen und damit eine zwingende Umsetzung der unliebsamen Vorschrift drohte.[869] Aufgrund der stark divergierenden Standpunkte unterschiedlicher Mitgliedstaaten (allen voran des Vereinigten Königreichs) schien ein (mit ausreichender Mehrheit zu erzielender) Kompromissentwurf nicht greifbar, sodass sodann von einer Normierung gänzlich abgesehen wurde. Die endgültige Rom II-VO – und damit das unionale Kollisionsrecht im Deliktsrecht – kennt eine Wirkungsverleihung an ausländisches Eingriffsrecht der Verordnungsfassung nach nicht.[870]

Die Streichung der ausländischen Eingriffsnormen aus dem Wortlaut und damit der Handhabung des Art. 16 Rom II-VO birgt seitdem Unsicherheiten über deren Schicksal im unionalen Delikts-Kollisionsrecht.[871] Dazu, *ob* und *wenn ja wie* forumsfremdes Eingriffsrecht im Rahmen der Rom II-VO trotz fehlender Normierung dennoch zu berücksichtigen ist, werden verschiedene Ansichten vertreten. Gemein ist der überwiegenden Anzahl der Meinungen allerdings, dass die fehlende Regelungszuführung als rechtspolitisch unbefriedigend angesehen wird.[872] Obwohl eine lediglich geringe praktische Relevanz der ausländischen

---

868 *Maultzsch*, in: BeckOGK, Rom II-VO Art. 16, Rn. 38.

869 Vgl. ausführlicher bei *Junker*, in: MüKoBGB, Rom II-VO Art. 16, Rn. 5.

870 *Bittmann*, in: Europäisches KollisionsR Rn. 384; *Hemler*, Die Methodik der »Eingriffsnorm«, S. 42 unterstreicht, dass es a. E. damit keine bemerkenswerten Neuerungen i.R.d. Regelungsgefüges von Art. 16 Rom II-VO gegeben habe; *Junker*, in: MüKoBGB, Rom II-VO Art. 16, Rn. 6 mit Hinweis auf Erwägungsgrund 32 der Rom II-VO, der in seinem ersten Satz zwar die Behandlung von Eingriffsnormen erwähne, für die Lösung der Zweifelsfragen des Art. 16 Rom II-VO aber keinerlei Aufschluss gebe; *Köhler*, Eingriffsnormen – Der »unfertige Teil« des europäischen IPR, S. 172, 274.

871 Dazu *Junker*, in: MüKoBGB, Rom II-VO Art. 16, Rn. 5: „Die Kenntnis [der] Vorgeschichte des Art. 16 [Rom II-VO] ist auch für den Rechtsanwender wichtig, weil es umstritten ist, welche Folgerungen aus der Nichtübernahme einer Parallelvorschrift zu Art. 7 Abs. 1 EVÜ in die Rom II-VO für die Beachtung ausländischer Eingriffsnormen zu ziehen sind."; *Köhler*, Eingriffsnormen – Der »unfertige Teil« des europäischen IPR, S. 274; ebenso bereits *Leible/Lehmann*, RIW 2007, 721 (726).

872 *Hauser*, Eingriffsnormen in der Rom I-Verordnung, S. 134ff.; *Lehmann*, Study on the Rome II Regulation (EC) 864/2007 on the law applicable to non-contractual obligations, S. 248: „It is strongly advised that a review of Rome II includes a specific rule on this question."; *Maultzsch*, in: BeckOGK, Rom II-VO Art. 16, Rn. 39; a. A. *Stone*, Stone On Private International Law In The European Union, S. 556 Rn. 17.75, dem nach „in the context of tort, it is difficult to discern any need for provisions dealing with overriding mandatory rules"

Eingriffsnormen im Bereich der außervertraglichen Schuldverhältnisse zu konstatieren ist,[873] soll auf die dogmatische Frage nach der Berücksichtigungsfähigkeit hier dennoch kurz eingegangen werden. Hierfür bietet es sich an, zunächst auf dasjenige Meinungsspektrum zu schauen, welches aufgrund der fehlenden Normierung eine Berücksichtigungsfähigkeit gänzlich ablehnt. Dort erfolgt eine Interpretation der Normgenese dahingehend, dass das ‚Hinausstreichen' des ursprünglichen Vorschlages die Handhabung forumsfremden Eingriffsrechts nach Art. 16 Rom II-VO seitdem sperre.[874] Eine Korrektur dessen dürfe auch nicht anhand „interpretatorische[r] Mittel"[875] erfolgen. Aus dem am Ende erfolgten Verzicht des Verordnungsgebers, sich der Thematik in Form einer Normkonstituierung anzunehmen, wird geschlussfolgert, dass eine Berücksichtigung nach der Rom II-VO dann tatsächlich auch ausgeschlossen werden sollte. Da ein Problembewusstsein für die Thematik durchaus bestanden habe, müsse die *bewusste* Nichtregelung hingenommen und in ihren Rechtsfolgen akzeptiert werden.[876] Dazu gehöre auch, dass sich ein Analogieschluss zugunsten ausländischen Eingriffsrechts gerade mangels einer bestehenden Planwidrigkeit (Stichwort: *bewusst*) verbiete.[877] Zur Begründung der gänzlich restriktiven Sperrwirkung aufgrund der *Nichtnormierung* wird auf die Beredtheit des Schweigens des Verordnungsgebers verwiesen. Aus diesem sei im Wege eines Umkehrschlusses die Zugänglichkeit

873 *Hemler*, Die Methodik der »Eingriffsnorm«, S. 42 bezeichnet das Vertragsrecht als „Schauplatz der Eingriffsnormproblematik"; *Kühne*, in: FS Deutsch zum 80. Geburtstag, S. 827 schreibt den Eingriffsnormen innerhalb des internationalen Schuldvertragsrechts den „bei weitem bedeutendere[n] Anwendungsbereich" zu und stellt dar, dass dies auf die historischen Wurzeln des Instituts „als Gegengewicht gegen eine staatliche Interessen unbeachtet lassende parteiautonome Lokalisation von Schuldverträgen" zurückzuführen ist; im Rahmen des National Report zu Deutschland stellt *Lehmann*, Study on the Rome II Regulation (EC) 864/2007 on the law applicable to non-contractual obligations, S. 248 fest: „No decision of importance deals with this provision [Art. 16 Rom II-VO]."; *v. Bar/Mankowski*, Internationales Privatrecht Band 2 § 2 Rn. 565 spricht von nur wenigen Eingriffsnormen im außervertraglichen Bereich. Hier ist jedoch zu beachten, dass später bei Rn. 567 auch das Antidiskriminierungsrecht nicht dem Eingriffsrecht zugeschlagen werden soll; *Maultzsch*, in: BeckOGK, Rom II-VO Art. 16, Rn. 39; *Wagner*, IPRax 2008, 1 (15) bezeichnet die Sonderanknüpfung von Eingriffsnormen generell als „eine Domäne des internationalen Vertragsrechts".

874 So dargestellt bei *Köhler*, Eingriffsnormen – Der »unfertige Teil« des europäischen IPR, S. 274, allerdings a. E. mit a. A.

875 Bezeichnung von *Wagner*, IPRax 2008, 1 (15).

876 *Bittmann*, in: Europäisches KollisionsR Rn. 384.

877 *Lurger/Melcher*, Handbuch Internationales Privatrecht, S. 314 Rn. 5/25.

(zumindest) einer Sonderanknüpfung[878] nur bei einer in Norm-Form gegossenen Möglichkeit hierzu zu schlussfolgern. Im Rahmen der Rom II-VO weiche das europäische Legislativorgan bewusst von einer Handhabung ab, wie sie anderen Rechtsakten zugrunde liege. Diese bewusste Abweichung trage den beschriebenen Umkehrschluss.[879] Eine solche Interpretation des Art. 16 Rom II-VO kann nicht überzeugen. Ein den Weg für die Berücksichtigungsfähigkeit ausländischen Eingriffsrechts vollumfänglich versperrender Wille des Normgebers lässt sich nicht konstruieren. Erwägungsgründe und Gesetzgebungsmaterialien schweigen ebenfalls zu der Thematik. Dass erwogen, aber letztlich nicht umgesetzt worden ist, kann nicht als „zwangsläufig[er] Ausdruck der rechtspolitischen Grundentscheidung [ausgelegt werden], ausländische Eingriffsnormen im Bereich des Internationalen Deliktsrechts überhaupt nicht zur Anwendung zu bringen“[880].[881] Vielmehr sprechen die besseren Argumente dafür, das Schweigen des europäischen Gesetzgebers nicht im Sinn eines grundsätzlichen Ausschlusses, sondern als bewusstem Offenlassen der Materie zu verstehen.[882] Als *zwingend* zeigen sich damit keinerlei Anhaltspunkte, das ausländische Eingriffsrecht gänzlich aus dem Delikts-Kollisionsrecht unionaler Provenienz herauszuhalten.[883] Diese Bewertung wird von weiteren Aspekten untermauert: Während der Ausarbeitung der Rom II-VO wurde (insbesondere zu Beginn) nachdrücklich an einer Regelungszuführung für die Berücksichtigungsfähigkeit des ausländischen Eingriffsrechts gearbeitet. Politische Kompromissnotwendigkeit verhinderte aufgrund der Anlehnung an Art. 7 Abs. 1 EVÜ letztendlich eine Normierung. Die zeitlich später erzielte Fassung des Art. 9 Abs. 3 in der Rom I-VO ist auch vor dem Hintergrund der bereits zuvor erfolgten Auseinandersetzungen bei der Rom II-VO einzuordnen. Durch Art. 9 Abs. 3 Rom I-VO konnte als Teil eines durch die Rom II-VO eingeläuteten Auseinandersetzungsprozesses schließlich die Ernte einer (Kompromiss-)Regelung eingefahren werden. Ein Umkehrschluss ist aufgrund dieser Entwicklungsgeschichte jedoch gerade auszuschließen. Vielmehr musste die Zeit erst reif werden,

878 Zur materiell-rechtlichen Berücksichtigung sogleich.

879 In diesem Sinne wohl zu verstehen *Junker*, in: MüKoBGB, Rom II-VO Art. 16, Rn. 23; eindeutig *v. Bar/Mankowski*, Internationales Privatrecht Band 2, § 2 Rn. 563.

880 *Köhler*, Eingriffsnormen – Der »unfertige Teil« des europäischen IPR, S. 274.

881 Zum Ganzen sehr ausführlich *Köhler*, Eingriffsnormen – Der »unfertige Teil« des europäischen IPR, S. 274ff. m. w. N. und auch noch darüber hinausgehenden, weiteren Argumenten.

882 *v. Hein*, VersR 2007, 440 (446); *Kadner Graziano*, RabelsZ 2009, 1 (72); *Leible/Lehmann*, RIW 2007, 721 (726).

883 *Köhler*, Eingriffsnormen – Der »unfertige Teil« des europäischen IPR, S. 275.

um eine ausdrückliche Regelung überhaupt durchsetzen zu können. Der zuvor im Rahmen der Rom II-VO bestehende Dissens hat damit nicht automatisch zu einer Beschränkung des Anwendungsbereiches der Verordnung geführt. Gerade hierfür hätte es eines ausdrücklichen Niederschlags im Normtext bedurft, wie ein Vergleich mit Art. 1 Abs. 2 lit. g Rom II-VO zeigt.[884] Die bloße Nichtregelung kann der später erfolgten Normsetzung in Art. 9 Abs. 3 Rom I-VO damit nicht entgegengehalten werden. Des Weiteren müsste es als klarer Wertungswiderspruch eingeordnet werden, könnte im vertraglichen Kollisionsrecht in dem durch Art. 9 Abs. 3 Rom I-VO eröffneten Umfang ausländisches Eingriffsrecht Berücksichtigung erfahren, während dies im außervertraglichen Kollisionsrecht ausgeschlossen würde. Sachgerecht ließe sich diese unterschiedliche Handhabung desselben Rechtsphänomens nicht begründen.[885] Im Einzelfall drohten so überragende wirtschafts- und sozialpolitische Interessen anderer Staaten unter den Tisch zu fallen.[886] Ein gänzlicher Ausschluss der Berücksichtigungsfähigkeit von ausländischen Eingriffsnormen im Rahmen der Rom II-VO kann damit nicht überzeugen.[887] Es stellt sich jedoch die Frage, wie aufgrund der fehlenden Regelung eine überzeugende rechtliche Handhabung auszusehen hat. Prominent diskutiert werden in diesem Zusammenhang eine entsprechende Anwendung des Art. 9 Abs. 3 Rom I-VO auf ausländisches Eingriffsrecht im außervertraglichen Kollisionsrecht mit der Folge einer echten kollisionsrechtlichen Sonderanknüpfung *oder* eine (lediglich) materiell-rechtliche Berücksichtigung der in Rede stehenden Eingriffsnormen.[888]

Dabei begegnet eine Heranziehung des Art. 9 Abs. 3 Rom I-VO drei unverkennbaren Schwierigkeiten: Zum Ersten der Beheimatung des eingrenzenden Erfüllungsort-Kriteriums.[889] Das Erfüllungsort-Kriterium bedürfte im Rahmen des außervertraglichen Kollisionsrechts eines äquivalenten Ersatzes, welcher „eine ähnlich enge Verbindung des betreffenden außervertraglichen Schuldverhältnisses zu der Erlassrechtsordnung der jeweiligen Eingriffsnorm verkörper[n]

884 *Köhler*, Eingriffsnormen – Der »unfertige Teil« des europäischen IPR, S. 278.

885 *Köhler*, Eingriffsnormen – Der »unfertige Teil« des europäischen IPR, S. 276.

886 Vgl. *Leible/Lehmann*, RIW 2007, 721 (721).

887 *von Hein*, ZEuP 2009, 6 (24); *v. Hein*, VersR 2007, 440 (446); *Junker*, in: MüKoBGB, Rom II-VO Art. 16, Rn. 25; *Leible/Lehmann*, RIW 2007, 721 (726).

888 Hierzu bei *Bittmann*, in: Europäisches KollisionsR Rn. 384; vgl. auch *Maultzsch*, in: BeckOGK, Rom II-VO Art. 16, Rn. 40.

889 Vgl. sehr ausführlich *Junker*, in: MüKoBGB, Rom II-VO Art. 16, Rn. 28; *Lehmann*, Study on the Rome II Regulation (EC) 864/2007 on the law applicable to non-contractual obligations, S. 248.

[würde]"[890]. Zum Zweiten dem Umstand des zeitlich erst späteren Erlasses der Rom I-VO und zum Dritten der Tatsache, dass gerade eine kollisionsrechtliche *Sonderanknüpfung* den Widerstand im Rahmen der Verordnungserlasses bei der Rom II-VO hervorgerufen hat.[891] Bezieht man dies in die Überlegungen ein, erscheint es überzeugender, *de lege lata* den Blick ab von einer Sonderanknüpfung hin zu einer (nur) materiell-rechtlichen Berücksichtigung zu verschieben.[892] Damit scheint ein Kompromiss zwischen der Würdigung des „reflektiert gewählten"[893] Wortlautes des Art. 16 Rom II-VO und der dennoch funktionsfähig verbleibenden Handhabung ausländischen Eingriffsrechts (*de lege lata*) gefunden. Der Anwendungsbereich der Rom II-VO schließt demnach zwar eine kollisionsrechtliche Sonderanknüpfung, allerdings keine materiell-rechtliche Berücksichtigung ausländischer Eingriffsnormen aus.[894] Hierfür versperrt die Regelung des Art. 16 Rom II-VO auch nicht den Weg. Im Unterschied zu Art. 9 Abs. 3 Rom I-VO, der aufgrund seiner restriktiven Fassung eine über seinen eigenen Regelungsgehalt hinausgehende Berücksichtigung auf sachrechtlicher Ebene grundsätzlich versperrt, enthält Art. 16 Rom II-VO keine so differenzierenden Vorgaben, dass von einer Sperrwirkung ausgegangen werden müsste.[895] Die damit ermöglichte Handhabung des ausländischen Eingriffsrechts kann jedoch nicht darüber hinwegtäuschen, dass eine andere Konzeption des Art. 16 Rom II-VO wünschenswert wäre.[896]

---

890 *Maultzsch*, in: BeckOGK, Rom II-VO Art. 16, Rn. 41.

891 Hierzu bei *v. Bar/Mankowski*, Internationales Privatrecht Band 2, § 2 Rn. 562.

892 *von Hein*, ZEuP 2009, 6 (24f.): „Zumindest wird man es den Gerichten nicht verwehren können, ausländische Eingriffsnormen wie bisher im Rahmen der Generalklauseln des materiellen Rechts zu beachten, da die Rom II-VO nicht das materielle Recht vereinheitlicht."; *Spickhoff*, in: BeckOK BGB, VO (EG) 864/2007 Art. 16, Rn. 4.

893 Bezeichnung bei *Spickhoff*, in: BeckOK BGB, VO (EG) 864/2007 Art. 16, Rn. 4.

894 *Freitag*, NJW 2018, 430 (432); *Junker*, in: MüKoBGB, Rom II-VO Art. 16, Rn. 28; *Maultzsch*, in: BeckOGK, Rom II-VO Art. 16, Rn. 42, 44, 45.

895 In diesem Sinne wohl auch *Günther*, Die Anwendbarkeit ausländischer Eingriffsnormen im Lichte der Rom I- und Rom II- Verordnungen, S. 199; zum Ganzen *Maultzsch*, in: BeckOGK, Rom II-VO Art. 16, Rn. 45 mit dem weiteren Argument der Sicherstellung der Entscheidungsanerkennung im grenzüberschreitenden Urteilsverkehr.

896 *von Hein*, ZEuP 2009, 6 (24f.) hält gerade aus diesem Grund die Annahme einer Regelungslücke für methodenehrlicher, die von der europäischen Rechtsprechung und Wissenschaft zu füllen sei. Nur so könne ein dogmatischer Rückschritt zu einem pseudomateriellrechtlichen „Krypto-IPR" verhindert werden; *Lehmann*, Study on the Rome II Regulation (EC) 864/2007 on the law applicable to non-contractual

C. Auswirkungen des Brexits auf die Auslegung des Art. 9 Abs. 3 Rom I-VO

Bei Art. 9 Abs. 3 Rom I-VO handelt es sich um eine dem politischen Kompromiss geschuldete Regelung.[897] Aufgrund des primären Drucks von Seiten des Vereinigten Königreichs hin zu der heutigen Normfassung und der damit bewirkten „entstehungsgeschichtlichen Anlehnung des Art. 9 Abs. 3 [Rom I-VO] an angelsächsische Präferenzen“[898], stellt sich jedoch die Frage, ob der Brexit zum Anlass genommen werden kann bzw. sollte, die Handhabung ausländischer Eingriffsnormen (zumindest) im Rahmen der Rom I-VO zu reflektieren, anders zu handhaben oder ggf. zu überarbeiten.[899]

Unklarheiten bei den in Art. 9 Abs. 3 Rom I-VO zu Grunde gelegten Anknüpfungsvoraussetzungen (Stichwort: ‚Erfüllungsort‘) und die Zusammensetzung des weiten Rechtsfolgeermessens mit dem engen Tatbestand führten seit jeher dazu, dass Rechtsunsicherheit bekundet wurde. Demgegenüber wurde der Vorschrift allerdings oftmals die von ihr geleistete starke Eingrenzung der zu beachtenden Eingriffsnormen zugutegehalten.[900] Vor diesem Hintergrund ist es zu sehen, dass in der jüngeren Zeit vor allem das Urteil des EuGH in der Rechtssache *Nikiforidis*[901] Kritik erfahren hat. Diese Kritik hat folgenden Hintergrund: Zwar hat der EuGH in seiner *Nikiforidis*-Entscheidung einen abschließenden Charakter des Art. 9 Abs. 3 Rom I-VO insoweit festgestellt, wie es um die *Sonderanknüpfung* sonstiger drittstaatlicher, forumsfremder Eingriffsnormen geht. Allerdings ist der EuGH davon ausgegangen, dass solche der Erfüllungsortrechtsordnung fremde Eingriffsnormen eine *materiell-rechtliche Berücksichtigung* im Rahmen

---

obligations benennt als mögliche Orientierung für eine „more general conception“ Art. 19 des Schweizer Bundesgesetz über das Internationale Privatrecht (IPRG).

897 *Hemler*, Die Methodik der »Eingriffsnorm«, S. 47 führt aus, dass die endg. Fassung des Art. 9 Abs. 3 Rom I-VO dem Vereinigten Königreich das ‚opt-in‘ „schmackhaft“ machen sollte; So *Köhler*, Eingriffsnormen – Der »unfertige Teil« des europäischen IPR, S. 172; *Zwickel*, in: InternVertragsR § 5 Rn. 5.126 bezeichnet die Formulierung des Art. 9 Abs. 3 Rom I-VO als „verunglückt“.

898 *Maultzsch*, in: BeckOGK, Rom I-VO Art. 9, Rn. 99.1.

899 *Thorn*, in: Rauscher EuZPR/EuIPR Band 3, Art. 9 Rom I-VO, Rn. 5 beschreibt zutreffend, dass „in [Art. 9] Abs. 3 [Rom I-VO] das englische und das kontinentaleuropäische Konzept zur Berücksichtigung ausländischer Eingriffsnormen schlicht aneinandergereiht [wurden], ohne beide aufeinander abzustimmen“ und bewertet die Vorschrift als „missglücktes Ergebnis“.

900 *Zwickel*, in: InternVertragsR § 5 Rn. 5.126.

901 EuGH Urt. v. 18.10.2016 - C-135/15, „Nikiforidis“.

des anwendbaren Sachrechts erfahren dürften.[902] Grund hierfür sei die fehlende Regelungskompetenz des Unions-Verordnungsgebers für das jeweilig berufene Sachrecht. Der kollisionsrechtliche Regelungsanspruch der Rom I-VO sei an dieser Stelle ausgeschöpft.[903] Vorgeworfen wird dem Gerichtshof daher, „die durch die Vordertür hinausgewiesenen Eingriffsnormen durch die Hintertür wieder ein[zulassen]“[904]. Bereits lange Zeit vor dieser Entscheidung hat *Freitag* schon im Jahr 2009 diesen Konflikt innerhalb des Art. 9 Abs. 3 Rom I-VO vorhergesehen[905] und dem EuGH davon abgeraten, eine solche Anwendungspraxis der nationalen Gerichte jenseits des Regelungsgefüges der Rom I-VO mit dem – seiner Meinung nach *unhaltbaren* – Verweis auf die Nichtzuständigkeit des Unions-Verordnungsgebers für die jeweilige *lex causae* zu implementieren.[906]

Das nunmehr vom Gerichtshof gebilligte Vorgehen über die materiellrechtliche Berücksichtigung findet sein Vorbild ebenfalls in der Handhabung des (damals noch unvereinheitlichten) englischen Kollisionsrecht von ausländischen Eingriffsnormen. Dort war es vor dem Hintergrund der eingrenzenden Tatbestandsvoraussetzungen (aus der *Ralli*-Rechtsprechung) für die Sonderanknüpfung bereits ‚*common practice*‘, auf das Sittenwidrigkeitsverdikt im Rahmen der *lex causae* auszuweichen.[907] Gegen eine solche Handhabung auch bei Art. 9 Abs. 3 Rom I-VO können jedoch mehrere Aspekte vorgebracht werden. Zunächst erscheinen „die unionsrechtliche Koordinationsfunktion der Rom I-VO für die Rolle forumsfremder Eingriffsnormen und der damit verbundene Entscheidungseinklang“[908] gefährdet. Gefährdungen von Entscheidungseinklang und Regelungszweck können zwar im Einzelfall hinzunehmen sein. Allerdings kann ein solches Auseinanderfallen insbesondere dann nicht überzeugen, wenn sich – wie hier – die abweichend eingeschlagene und die eigentlich vorgesehene

---

902 *Hemler*, Die Methodik der »Eingriffsnorm«, S. 47 sieht das Ausweichen auf die materiell-rechtliche Berücksichtigung als „typische[s] Muster im Kollisionsrecht“.

903 Zusammenfassend *Maultzsch*, in: FS Kronke zum 70. Geburtstag, S. 367f.

904 *Kohler*, in: FS Kronke zum 70. Geburtstag, S. 261.

905 *Freitag*, IPRax 2009, 109 (116) beschrieb es bedürfe keiner „Prophetie, dass die mitgliedstaatlichen Gerichte die Sperrwirkung des Art. 9 Abs. 3 Rom 1-VO in der Praxis dadurch unterlaufen werden, dass sie die Wertungen, die ihnen genehm erscheinenden ausländischen Eingriffsnormen zugrundeliegen, kurzer Hand und unter wohlweislichem Verzicht auf jegliche Nennung der einschlägigen ausländischen Eingriffsnorm zum Bestandteil der sittlichen und moralischen Vorstellungen im Inland bzw. der lex causae erklären […]“.

906 *Freitag*, IPRax 2009, 109 (116).

907 Ebenfalls *Freitag*, IPRax 2009, 109 (116) m. w. N.

908 *Maultzsch*, in: FS Kronke zum 70. Geburtstag, S. 377.

Handhabung weitgehend ähneln. Aus funktionaler Sicht ergeben sich zwischen der materiell-rechtlichen Berücksichtigung und der Sonderanknüpfung nach der Rom I-VO keine großen Unterschiede,[909] weshalb die Behinderung der Koordinationsfunktion der Rom I-VO nicht als gerechtfertigt angesehen werden kann. Die Grenzen zwischen den beiden Vorgehensweisen verlaufen fließend. Die so vom Gerichtshof bestätigte Unterscheidung ist daher auch bereits von *Kronke* als „gekünstelt"[910] bezeichnet worden.[911] Verstärkt wird diese Bewertung von der Beobachtung, dass im vereinheitlichten Unions-Kollisionsrecht eine strenge Anknüpfungsentscheidung zusehends nicht mehr im Mittelpunkt steht, sondern auch „Aspekte der ‚Anerkennung' und ‚Berücksichtigung' von forumsfremden Regelungsentscheidungen"[912] in das kollisionsrechtliche Spektrum hinzutreten. Des Weiteren erscheint die Behauptung einer gänzlich materiell-rechtlichen Handhabungsmöglichkeit unehrlich. Es wäre rechtlich überzeugender anzuerkennen, dass auch der materiell-rechtliche Weg eines kollisionsrechtlichen Hebels bedarf; die Berufung der *lex causae* allein kann hierfür nicht genügen.[913] Aus diesem Grund kann auch das Argument des EuGH der Unzuständigkeit für die Harmonisierung des materiellen Zivilrechts nicht überzeugen. Das unionsrechtliche Kollisionsrecht führt denknotwendig immer auch zu einer negativen Harmonisierung des nationalen Sachrechts (im einzelnen Fall). Überzeugender wäre es daher, auch eine über die engen Tatbestandsvoraussetzungen des Art. 9 Abs. 3 Rom I-VO hinausgehende Berücksichtigung drittstaatlicher Eingriffsnormen unmittelbar auf Ebene des Unions-Kollisionsrechts zu verorten.[914] Dann könnte Art. 9 Abs. 3 Rom I-VO als zentraler Filter für ausländisches Eingriffsrecht im Internationalen Vertragsrecht fungieren.[915]

Fraglich erscheint jedoch, ob die Normfassung ein solches Verständnis *de lege lata* zulassen würde. Die Gerichtsentscheidung des EuGH ist vor dem Hintergrund

---

909 *Maultzsch*, in: FS Kronke zum 70. Geburtstag, S. 369, 377 stellt zutreffend heraus, dass Art. 9 Abs. 3 Rom I-VO für die von der Regelung erfassten Fälle keine strikte Anwendung der forumsfremden Eingriffsnormen vorgebe, sondern ein relativ großzügiges Ermessen einräume, das der materiell-rechtlichen Berücksichtigung nahekomme.

910 *Kohler*, in: FS Kronke zum 70. Geburtstag, S. 261.

911 *Maultzsch*, in: FS Kronke zum 70. Geburtstag, S. 377 fordert daher die Aufgabe der angedachten Dichotomie zwischen normativer Anwendung und rein faktischer Berücksichtigung außerhalb des Kollisionsrechts.

912 *Maultzsch*, in: FS Kronke zum 70. Geburtstag, S. 369 m. w. N.

913 *Kohler*, in: FS Kronke zum 70. Geburtstag, S. 261.

914 *Kohler*, in: FS Kronke zum 70. Geburtstag, S. 261.

915 *Maultzsch*, in: FS Kronke zum 70. Geburtstag, S. 377.

der als restriktiv intendierten Fassung des Art. 9 Abs. 3 Rom I-VO einzuordnen. Mit der Eröffnung der Möglichkeit zur materiell-rechtlichen Berücksichtigung wird über Umwege eine großzügigere Handhabung ausländischen Eingriffsrechts implementiert als von der Kompromissfassung der Rom I-VO eigentlich vorgesehen.[916] Würde man sich lediglich an der Formulierung der ‚Wirkungsverleihung' orientieren, so ließe sich ein Ausschluss der materiell-rechtlichen Berücksichtigung nicht ohne Weiteres herleiten. Der Wortsinn der Wirkungsverleihung erscheint insoweit offen. Weder wird sich mit dieser Normfassung explizit zur Sonderanknüpfung bekannt, noch wird die materiell-rechtliche Berücksichtigung hiervon ausdrücklich ausgenommen.[917] Auch inwiefern die Regelung des Art. 9 Abs. 3 Rom I-VO hinsichtlich der sonstigen Berücksichtigung ausländischen Eingriffsrechts abschließend sein soll, ergibt sich aus dem Verordnungstext selbst nicht.[918] Dennoch ist festzuhalten, dass – auch vor dem Hintergrund der Entstehungsgeschichte – Konsens darüber besteht, Art. 9 Abs. 3 Rom I-VO im (ausschließlichen) Dienst der Sonderanknüpfung auszulegen. Es ist aus diesem Grund bereits vorgeschlagen worden, die Formulierung der Wirkungsverleihung aus Art. 9 Abs. 3 Rom I-VO zukünftig offener zu verstehen und damit den tatbestandlich eröffneten Berücksichtigungsumfang für ausländisches Eingriffsrecht zu erweitern, um zu einer ehrlicheren und direkteren Lösung zu kommen.[919] Insbesondere vor dem Hintergrund des Brexits könnte wegen „Wegfalls der politischen Geschäftsgrundlage"[920] die enge Auslegung des Art. 9 Abs. 3 Rom I-VO als direkte Konsequenz und damit ohne Tätigwerden des Verordnungsgebers hinfällig geworden sein. Der Kompromisscharakter war schließlich im Wesentlichen der drohenden Nichtbeteiligung des Vereinigten Königreichs geschuldet.[921]

Mit dem Brexit fehlt die englische Rechtsordnung fortan als rechtsobjektives System im Unionsgefüge.[922] Inwieweit sich aus diesem Wegfall auch unmittelbare

---

916 *Maultzsch*, in: FS Kronke zum 70. Geburtstag, S. 370.

917 *Hauser*, Eingriffsnormen in der Rom I-Verordnung, S. 130.

918 *Kuckein*, Die „Berücksichtigung" von Eingriffsnormen im deutschen und englischen internationalen Vertragsrecht, S. VII (Vorwort).

919 *Kohler*, in: FS Kronke zum 70. Geburtstag, S. 260f. plädiert dafür, dass die Wirkungsverleihung bei Art. 9 Abs. 3 Rom I-VO der Formulierung nach auch jeden anderen Vorgang erfasse, mit dem der Inhalt der Norm ganz oder teilweise in die Rechtsanwendung durch das angerufene Gericht eingehe; auch *Maultzsch*, in: FS Kronke zum 70. Geburtstag, S. 377 meint die Wirkungsverleihung könne in eingeschränkterem Umfang bis hin zur bloßen materiell-rechtlichen Berücksichtigung erfolgen.

920 *Weller u. a.*, ZEuP 2018, 892 (911).

921 Dies ebenfalls fragend aber ablehnend *Zwickel*, in: InternVertragsR § 5 Rn. 5.126.

922 So *Weller u. a.*, ZEuP 2018, 892 (909).

Rechtsänderungen für den *acquis communautaire* ergeben, ist aufgrund der Erstmaligkeit eines solchen Unionsaustritts nicht unmittelbar zu beantworten.[923] *Weller/Thomale/Zwirlein* sehen in der mitgliedstaatlichen Zusammensetzung der EU eine herausragende Bedeutung für ihre Rechtsakte gegeben,[924] weshalb nunmehr „der gesamte Besitzstand des Unionsrechts [...] auf den Prüfstand zu stellen und ggf. neu zu verhandeln [sei]"[925]. Dem ist so weit grundsätzlich nichts entgegenzusetzen. Nicht zugestimmt werden kann den Ausführungen von *Weller/Thomale/Zwirlein*, soweit sie Unionsrechtsakte, „die im Gesetzgebungsprozess nachweisbar und maßgeblich durch politische Vorstellungen des Vereinigten Königreichs geprägt worden sind, [...] künftig teleologisch um den ursprünglichen britischen Einfluss revidiert"[926] auslegen wollen. Der Brexit kann nicht zu einer Aushebelung der Gewaltenteilung auf Unionsebene führen. Die restriktiven Voraussetzungen für die Berücksichtigungsfähigkeit ausländischen Eingriffsrechts in Art. 9 Abs. 3 Rom I-VO lassen sich – auch vor dem Hintergrund des Brexits – nicht über den, dem Verordnungssinn nach zugrunde gelegten Wortsinn hinaus ausdehnen.[927] Es kann neben dem Gewaltenteilungsgrundsatz auch aufgrund von Rechtssicherheitserwägungen nicht überzeugen, eine einmal gefundene Regelungsstruktur wegen „Wegfall[s] des maßgeblichen mitgliedstaatlichen Protagonisten"[928] umfassend umzuinterpretieren, ohne dass das Legislativorgan in irgendeiner Form daran zu beteiligen wäre.[929] Ohne Weiteres ist es daher nicht möglich, fortan im Wege der Sonderanknüpfung ausländische Eingriffsnormen anzuwenden, sofern es das zuständige Gericht nur für zweckmäßig erachtet.[930] Hier wird relevant, dass es sich bei der ‚Rom I' um eine EU-Verordnung und damit einen Gemeinschaftsrechtsakt handelt, der zwar bei seiner Fassung Anlehnung an der angelsächsischen Handhabung von ausländischem Eingriffsrecht genommen hat, darüber hinaus allerdings seinen eigenen Gesetzmäßigkeiten unterliegt und seit

923 *Rühl*, ICLQ 2018, 99 (2): „die Europäische Union [verliert] zum ersten Mal in ihrer Geschichte einen Mitgliedstaat [...]."

924 Dafür ziehen sie m. w. N. eine Parallele der Union zu einer Personengesellschaft in ZEuP 2018, 892 (910).

925 *Weller u. a.*, ZEuP 2018, 892 (911).

926 *Weller u. a.*, ZEuP 2018, 892 (911).

927 *Maultzsch*, in: FS Kronke zum 70. Geburtstag, S. 370; so ausdrücklich auch *Thorn*, in: Rauscher EuZPR/EuIPR Band 3, Art. 9 Rom I-VO,; *Zwickel*, in: InternVertragsR § 5 Rn. 5.126.

928 *Maultzsch*, in: FS Kronke zum 70. Geburtstag, S. 370.

929 Zum Ganzen *Maultzsch*, in: BeckOGK, Rom I-VO Art. 9, Rn. 99.1; *Maultzsch*, in: FS Kronke zum 70. Geburtstag, S. 370; *Zwickel*, in: InternVertragsR § 5 Rn. 5.126.

930 So allerdings *Weller u. a.*, ZEuP 2018, 892 (913).

dem Verordnungserlass eine eigenständige Auslegung genießt.[931] Entsprechend kann auch dem Brexit keine solche Auswirkungsmacht zukommen, als dass eine Neuinterpretation der Regelungsstruktur – unter Hinwegsetzung über die Gewaltenteilung – möglich erschiene. Nichtsdestotrotz kann bzw. sollte der Austritt des Vereinigten Königreichs aus der EU und damit dem Wegfall des „Hauptkritikers einer weiter angelegten Möglichkeit der Sonderanknüpfung ausländischen Eingriffsrechts [...] als rechtspolitisches Zeichen für eine Reform“[932] aufgegriffen werden.[933] Das als misslungen zu bezeichnende Anknüpfungskonzept bei Art. 9 Abs. 3 Rom I-VO wird jedenfalls nicht überzeugender dadurch, dass der damit ‚erkaufte' Beitritt des Vereinigten Königreichs nunmehr als vergebene Liebesmüh dasteht.[934] *De lege ferenda* ist eine unbedingte Reform des Regelungskonzeptes angezeigt.

Dabei wird im Besonderen auf die auf kollisionsrechtlicher Ebene bestehende Sperrwirkung des Art. 9 Abs. 3 Rom I-VO zu blicken sein. Der über die materiellrechtliche Berücksichtigung überhaupt erst als Ausweichlösung etablierte Weg für eine Handhabung sonstiger ausländischer Eingriffsnormen sollte dabei langfristig aufgegeben werden. Das materielle Privatrecht hat den primären Zweck, den Interessenausgleich zwischen den beteiligten Parteien sicherzustellen.[935] Hält man sich dies vor Auge, kann es umso weniger überzeugen, dass „die Sperrwirkung des Art. 9 Abs. 3 Rom I-VO [...] auch in Fällen zu sachrechtlichen Lösungen [zwingt], in denen primär das Bedürfnis besteht, die Regelungsziele des Eingriffsrechts zu verwirklichen, und es nicht hauptsächlich darum geht, einen angemessenen Interessensausgleich zwischen den Vertragsparteien zu erzielen.“[936] Für die überzeugende Handhabung eines Geltungsanspruchs ausländischer Eingriffsnormen sollte konzeptionell nicht auf eine materiell-rechtliche Berücksichtigung als ‚Hintertür-Lösung' zurückgegriffen werden (müssen). Hierfür bedarf es einer Lösungsmöglichkeit im Kollisionsrecht, die einer restriktiven Handhabung von ausländischem Eingriffsrecht keinen Abbruch erteilt.[937]

---

931 Vgl. *Freitag*, IPRax 2009, 109 (111).

932 *Kronenberg*, Normen als tatsächliche Umstände, S. 244 Rn. 564.

933 *Hauser*, Eingriffsnormen in der Rom I-Verordnung, S. 130 plädierte bereits 2012 (lange Zeit vor dem Brexit) für eine Neukonzeption des Art. 9 Abs. 3 Rom I-VO der englischen Bedenken zum Trotz.

934 Vgl. für die Formulierungen bei *Hauser*, Eingriffsnormen in der Rom I-Verordnung, S. 117.

935 *Kronenberg*, Normen als tatsächliche Umstände, S. 241 Rn. 559.

936 *Kronenberg*, Normen als tatsächliche Umstände, S. 241 Rn. 560.

937 *Kronenberg*, Normen als tatsächliche Umstände, S. 243 Rn. 562, 564.

Kapitel 4: Eingriffsnormen im deutsch-englischen Kollisionsrechtsfall

Während im ***Kapitel 3*** die Kollision der Rechtsordnungen, also die Frage danach, welches nationale materielle Recht das angerufene Gericht auf den konkreten Rechtsstreit anzuwenden hat,[938] im Fokus der Betrachtung stand, soll nunmehr den zivilverfahrensrechtlichen Aspekten eines grenzüberschreitenden Diskriminierungsfalles mit deutsch-englischen Berührungspunkten nachgegangen werden. Hierfür ist zunächst auf die Zuständigkeit und Fragen der Anerkennung und Vollstreckung für internationalprivatrechtliche Diskriminierungsklagen (hierzu sogleich bei ***§ 1***) unter dem Eindruck des Brexits einzugehen. Anschließend wird die Darstellung die Handhabung von diskriminierungsrelevanten Eingriffsnormen in Verfahren vor deutschen Gerichten (hierzu ***§ 2***) in den Blick nehmen, bevor dies für Verfahren vor englischen Gerichten (hierzu bei ***§ 3***) geschieht und den Abschluss der Betrachtung bildet.

§ 1 Zivilverfahrensrechtliche Aspekte internationalprivatrechtlicher Diskriminierungsklagen

Rechtspraktisch betrachtet stehen chronologisch vor der Bestimmung des anwendbaren materiellen Rechts Fragen des Internationalen Zivilverfahrensrechts. Bevor ein Gericht über die Kollision von Rechtsordnungen bei einem grenzüberschreitenden Diskriminierungssachverhalt zu entscheiden hat, muss es überhaupt international zuständig sein. Genau wie beim anwendbaren Recht stellen sich auch hinsichtlich der internationalen Zuständigkeit, der Anerkennung und Vollstreckung bei mehrstaatlichen Diskriminierungssachverhalten spezifische Fragen.[939] Bei sämtlichen dieser Aspekte spielt die Zugehörigkeit zum Rechtsrahmen

---

938 Diese Formulierung orientiert sich an *Wenninger*, Arbeitsrechtliche Schutzvorschriften als inländische Eingriffsnormen, S. 51, der einen Diskriminierungsfall in einem grenzüberschreitenden Arbeitsverhältnis in die zwei grundlegenden Fragen nach dem anwendbaren Recht und der Gerichtszuständigkeit unterteilt.

939 Diesen Fragen untersucht mit spezifischem Blick auf grenzüberschreitenden Diskriminierungsschutz *Lüttringhaus*, Grenzüberschreitender Diskriminierungsschutz, S. 344ff.; so auch *Junker*, NZA-Beil. 2008, 59 (59) mit Blick auf arbeitsrechtliche Diskriminierungsfälle mit Auslandsberührung.

der EU eine Rolle. Aus diesem Grund gliedert sich die folgende Einordnung der internationalen Zuständigkeit, der Anerkennung und der Vollstreckung von Entscheidungen bei internationalprivatrechtlichen Diskriminierungsklagen in eine Darstellung pre- und post-Brexit. Eine einheitliche Rechtsgrundlage für sämtliche grenzüberschreitende Zivilverfahren, die Diskriminierungen zum Anlass haben, besteht jedenfalls nicht.[940]

A. Internationale Zuständigkeit

Praxisnah betrachtet stellt sich bei einer zu erhebenden Diskriminierungsklage im internationalen Rechtsverkehr immer zunächst die Frage, welche Gerichte diesbezüglich anzurufen sind, inländische oder ausländische. Wird ein Gericht mit einer Rechtssache befasst, prüft dieses zunächst die eigene (internationale) Zuständigkeit für die Entscheidung in der konkreten Rechtssache. Auskunft hierüber gibt das jeweilig einschlägige Internationale Zivilverfahrensrecht, das entweder in Form autonomer oder überstaatlich vereinheitlichter Zuständigkeitsregelungen bestehen kann.

I. Vor dem Brexit

Der reibungslosen Klagbarkeit von zivilrechtlichen Streitigkeiten über die Staatsgrenzen hinweg kommt für die Europäische Union als Binnenmarkt eine herausragende Rolle zu.[941] Eine solche Reibungslosigkeit wird mithilfe von Sekundärrechtsakten in diesem Bereich realisiert. Insbesondere die ‚Verordnung (EU) Nr. 1215/2012 des Europäischen Parlaments und des Rates vom 12. Dezember 2012 über die gerichtliche Zuständigkeit und die Anerkennung und Vollstreckung von Entscheidungen in Zivil- und Handelssachen‘ (Brüssel Ia-VO) ist dabei herauszustellen, die einen Rahmen schafft, welcher es ermöglicht, internationale Streitigkeiten rechtssicher beizulegen.[942] Diese Rechtssicherheit rührt daher, „dass die Gerichte im Vereinigten Königreich zur Bestimmung [...] des zuständigen Gerichts [bisher] dieselben Bestimmungen [angewendet haben] wie die Gerichte in den übrigen Mitgliedstaaten. [Ebenso wie für] die Anerkennung und Vollstreckung ausländischer Urteile [...].“[943] Mit dem vollzogenen Brexit nimmt das Vereinigte Königreich mitsamt der

940 *Lüttringhaus*, Grenzüberschreitender Diskriminierungsschutz, S. 327.

941 *Ungerer*, in: *Krammer/Baldus/Schmidt-Kessel (Hrsg.)*, Brexit und die juristischen Folgen, S. 298.

942 *Hau*, MDR 2021, 521 (522) zeichnet die Entwicklung der innereuropäischen justiziellen Zusammenarbeit nach; vgl. auch *Rühl*, ICLQ 2018, 99 (102).

943 *Rühl*, ICLQ 2018, 99 (102).

englischen Binnenrechtsordnung nicht weiter am Sekundärrechtsakt der Brüssel Ia-VO und damit der EU-Harmonisierung für internationale Zivilverfahren teil.[944] Weitergeltungsvereinbarungen, welche die Übergangsphase bis zum 31. Dezember 2020 betreffen, entfalten für nunmehr auftretende Rechtsstreitigkeiten ebenfalls keine Relevanz mehr.[945] Fortan gelten „diesseits und jenseits des Kanals“[946] nicht mehr die gleichen Regeln.[947] Weder die internationale Zuständigkeit, die Durchführung des Erkenntnisverfahrens, die Erhebung von Beweisen im Ausland noch die Vollstreckung eines Urteils verlaufen noch gleichförmig.[948]

II. Auswirkungen des Brexits

Es stellt sich vor diesem Hintergrund die Frage, welche konkreten Auswirkungen der Brexit auf das hier interessierende Zuständigkeitsregime hat.[949] Ebenso wie dem Kollisionsrecht hätte sich das Handels- und Kooperationsabkommen zwar dem Internationalen Zivilverfahrensrecht annehmen können, versäumte diese Gelegenheit jedoch auch in diesem Bereich.[950] Es wurden (bisher) keine zukunftsweisenden Regelungen für die Handhabung internationaler Zivilverfahren zwischen der Europäischen Union und dem Vereinigten Königreich getroffen.[951] Generell wurde der Materie im Rahmen der Austrittsverhandlungen

---

944 Siehe *Ungerer*, in: *Krammer/Baldus/Schmidt-Kessel (Hrsg.)*, Brexit und die juristischen Folgen, S. 298.

945 *Paulus*, in: BeckOGK, Rom I-VO Art. 1, Rn. 52 bei Fn. 285 zum Widerruf der Geltung der Brüssel Ia-VO im Vereinigten Königreich für nach Ablauf des Übergangszeitraums eingeleitete Verfahren; für den Übergangszeitraum relevant ist Art. 127 BrexitAbk, vgl. *Ungerer*, NJW 2021, 1270 (1270); *Steinbrück/Lieberknecht*, EuZW 2021, 517 (517).

946 Formulierung nach *Rühl*, NJW 2020, 443 (444).

947 Die internationale Zuständigkeit nach den Art. 4 ff. Brüssel Ia-VO für grenzüberschreitende Diskriminierungsklagen stellt *Mörsdorf*, in: BeckOGK, AGG § 21, m. w. N. dar und verweist dabei auch auf die Unterscheidung zwischen Ansprüchen aus bestehenden und außerhalb bestehender Vertragsverhältnisse.

948 *Rühl*, NJW 2020, 443 (444); vgl. auch *Steinbrück/Lieberknecht*, EuZW 2021, 517 (518).

949 Nach *Steinbrück/Lieberknecht*, EuZW 2021, 517 (517) sei bereits diskussionswürdig, welche Zuständigkeitsregelungen überhaupt zukünftig Anwendung finden könnten.

950 *Mankowski*, EuZW-Sonderausg. 1/2020, 3 (6) hatte dies bereits konkret vorhergesehen, da das Internationale Zivilverfahrensrecht traditionell nicht Gegenstand von Freihandelsabkommen sei.

951 *Hau*, MDR 2021, 521 (521); *Steinbrück/Lieberknecht*, EuZW 2021, 517 (517) sprechen wegen dieser Versäumnisse im Rahmen des Handels- und Kooperationsabkommens von einer „historischen Zäsur“; hierzu ebenfalls *Ungerer*, NJW 2021, 1270 (1270).

keine große politische und/oder öffentliche Aufmerksamkeit zuteil.[952] Zutreffend ist bereits an zahlreichen anderen Stellen festgestellt worden, dass die Aussparung zivilverfahrensrechtlicher Regelungen eine zu bedauernde Einbuße an erreichter Rechtssicherheit im internationalen Gerichtsverkehr bedeutet.[953] Die Vorzeichen, unter denen zukünftig Zuständigkeitsfragen zwischen mitgliedstaatlichen und englischen Gerichten auszumachen sind, richten sich nunmehr am nationalen Recht und völkerrechtlichen Übereinkommen aus.[954] Für die Perspektive des Vereinigten Königreichs gilt dies uneingeschränkt und für die Unionsstaaten insoweit, wie für die Zwecke der Brüssel Ia-VO an die Mitgliedstaatlichkeit angeknüpft wird.[955] Für mitgliedstaatliche Gerichte weiterhin anwendbar sind solche Zuständigkeitsregelungen der Brüssel Ia-VO im Verhältnis zum Vereinigten Königreich, die insbesondere nicht den Wohnsitz des Beklagten in einem Mitgliedstaat voraussetzen.[956] Soweit die Brüssel Ia-VO Drittstaatenkonstellationen mitregelt, wie beispielsweise bei Art. 6 Abs. 2 Brüssel Ia-VO, werden mitgliedstaatliche Gerichte auch weiterhin die Zuständigkeiten unter Rückgriff auf die Brüssel Ia-VO bei Gerichtsverfahren mit Bezug zum Vereinigten Königreich bestimmen.[957] Zuständigkeiten englischer bzw. britischer Gerichte können so jedoch nicht begründet werden, da „dieser residuale Anwendungsbereich […] einseitig auf die Gerichtspraxis in der EU beschränkt [ist]"[958]. Von diesen Ausnahmen abgesehen ist durch die mitgliedstaatlichen Gerichte bei einem Beklagten mit Wohnsitz in einem Drittstaat nach der Brüssel Ia-VO auf ihr nationales Recht abzustellen, um die eigene internationale Zuständigkeit zu bestimmen.[959] Nationales Recht könnte dabei jedoch von völkerrechtlichen Übereinkommen im Verhältnis zwischen

---

952 *Rühl*, ICLQ 2018, 99 (127).

953 Nach *Hau*, MDR 2021, 521 (521) sei die justizielle Zusammenarbeit in Zivilsachen einer der größten Erfolge der europäischen Integration, weshalb er die Fallhöhe als gewaltig bezeichnet; nach *Rühl*, ICLQ 2018, 99 (127) bedingten fehlende Regeln für die justizielle Zusammenarbeit die Last einer geringeren Rechtssicherheit und potenziell störender rechtlicher Folgen.

954 *Rühl*, NJW 2020, 443 (444); zum Ganzen auch *Steinbrück/Lieberknecht*, EuZW 2021, 517 (517).

955 *Mankowski*, EuZW-Sonderausg. 1/2020, 3 (9).

956 Im Einzelnen hierzu *Mankowski*, EuZW-Sonderausg. 1/2020, 3 (9); *Ungerer*, NJW 2021, 1270 (1271).

957 Ausführlich hierzu *Hau*, MDR 2021, 521 (523); ebenso *Steinbrück/Lieberknecht*, EuZW 2021, 517 (518).

958 *Steinbrück/Lieberknecht*, EuZW 2021, 517 (518).

959 *Hau*, MDR 2021, 521 (523); *Lüttringhaus*, Grenzüberschreitender Diskriminierungsschutz, S. 328.

der deutschen und englischen Rechtsordnung im Hinblick auf die internationale Zuständigkeit verdrängt sein.[960] Es stellt sich aus diesem Grund die Frage, welche – völkerrechtlichen oder autonomen – Regelungen es konkret sind, die seit dem 01. Januar 2021 im Verhältnis der deutschen zur englischen Rechtsordnung gelten.[961] Was ist der nunmehr gültige Rechtsrahmen?

Die Diskussion um den nunmehr gültigen Rechtsrahmen wurde zunächst von einem Streit um das mögliche Wiederaufleben des ‚Übereinkommen über die gerichtliche Zuständigkeit und die Vollstreckung gerichtlicher Entscheidungen in Zivil- und Handelssachen vom 27.09.1968' (EuGVÜ) geprägt.[962] Hintergrund dessen war die Überlegung, ob durch den Brexit auf frühere Stufen der unionalen Vereinheitlichungsbestrebungen zurückgefallen werde. Für das EuGVÜ wurde insofern die Rolle einer Auffangregelung diskutiert.[963] Angeknüpft wurde dafür an den Umstand, dass dieses *formell* nie gekündigt worden sei.[964] Dem ist jedoch mit mehreren Argumenten entgegenzutreten.[965] Zu den Verträgen, welche Art. 50 Abs. 3 EUV hinsichtlich des Außerkrafttretens bei einem Unionsaustritt betrifft, ist auch das EuGVÜ zu zählen.[966] Es kann nicht in Betracht kommen, dass das EuGVÜ vom Austritt des Vereinigten Königreichs gem. Art. 50 Abs. 3 EUV unberührt geblieben ist.[967] Hiermit stimmt auch die Überlegung überein, dass das EuGVÜ nie dafür vorgesehen war, im Verhältnis zu einem Nichtmitgliedstaat angewendet zu werden.[968] Erst recht kann dem Übereinkommen dann keine neue Bedeutung zugemessen werden, wenn ein Mitgliedstaat aus der Union austritt

---

960 Vertiefend hierzu *Ungerer*, NJW 2021, 1270 (1271).

961 So auch *Rühl*, NJW 2020, 443 (443) „mit aller Dringlichkeit" bereits schon im Jahr 2020.

962 *Dickinson*, EAPIL BLOG 2021 spricht mit Blick auf das EuGVÜ von einer möglichen „Brexit revival tour"; *Lehmann*, EAPIL BLOG 2021 stellt allerdings zutreffend fest: „Diese Debatte scheint nun zu einem Ende zu kommen." [von der Verfasserin aus dem Englischen übersetzt].

963 *Mankowski*, EuZW-Sonderausg. 1/2020, 3 (10) bei Fn. 10 m. w. N.; außerdem *Steinbrück/Lieberknecht*, EuZW 2021, 517 (518) mit zahlreichen w.N.

964 Vgl. *Rühl*, ICLQ 2018, 99 (105).

965 Eine übersichtliche Auflistung findet sich bei *Dickinson*, EAPIL BLOG 2021; *Hau*, MDR 2021, 521 (522) bezeichnet ein Wiederaufleben als „weder rechtlich zwingend noch praktikabel".

966 *Steinbrück/Lieberknecht*, EuZW 2021, 517 (518).

967 *Mankowski*, EuZW-Sonderausg. 1/2020, 3 (10) spricht von der „Hürde des Art. 50 Abs. 3 EUV"; im Übrigen *Rühl*, ICLQ 2018, 99 (107).

968 *Dickinson*, EAPIL BLOG 2021; weiterführend *Rühl*, ICLQ 2018, 99 (106).

und die Verwirklichung des gemeinsamen Binnenmarktes aufgibt.[969] Des Weiteren erscheint es wenig erstrebenswert, auf einen gemeinsamen Rechtsrahmen zurückzufallen, der gemeinhin als überholt gilt.[970] Im Vereinigten Königreich wird das EuGVÜ ab dem 01. Januar 2021 an offizieller Stelle zudem nicht mehr als geltende Rechtsvorschrift geführt.[971] Hierin zeigt sich deutlich der fehlende politische Wille zu einer Wiederbelebung. Dies erscheint einleuchtend: Ein Wiederaufleben würde zu einer von britischer Seite nicht gewollten Auslegungszuständigkeit des EuGH führen.[972] Dem entspricht auch ein Schreiben der britischen Regierung an den Europäischen Rat vom 29. Januar 2021, worin das Vereinigte Königreich seine Auffassung mitteilt, dass das EuGVÜ mit dem Ende der Übergangszeit aufgrund der sodann eingetretenen Drittstaatlichkeit nicht mehr auf das Vereinigte Königreich anzuwenden sei.[973] Dem Wiederaufleben des EuGVÜ ist damit – nach jetzigem überwiegenden Diskussionsstand – (zunächst) eine Absage zu erteilen. Letztlich liegt die Entscheidung hierüber jedoch bei den Gerichten, „die bei der Bestimmung der internationalen Zuständigkeit über die dafür anzuwendenden Vorschriften zu befinden haben werden“[974].

Einer solchen Entscheidung der Gerichte bezüglich des EuGVÜ bedürfte es nicht, würde an dessen Stelle die (Neu-)Ratifikation eines völkerrechtlichen Vertrags treten, der die Diskussion um den Rückfall auf Vorvereinheitlichungsstufen hinfällig machen würde.[975] Angesprochen ist hiermit das ‚Luganer Übereinkommen über die gerichtliche Zuständigkeit und die Vollstreckung gerichtlicher Entscheidungen in Zivil- und Handelssachen vom 30.10.2007‘ (LugÜ). Dem

---

969 *Dickinson*, EAPIL BLOG 2021.

970 *Dickinson*, EAPIL BLOG 2021; *Rühl*, ICLQ 2018, 99 (106).

971 *Steinbrück/Lieberknecht*, EuZW 2021, 517 (518).

972 Vgl. zu diesem Punkt *Mankowski*, EuZW-Sonderausg. 1/2020, 3 (10); *Ungerer*, NJW 2021, 1270 (1271) m. w. N.

973 *Dickinson*, IPRax 2021, 213 (215); *Lehmann*, EAPIL BLOG 2021 gibt den Text des inoffiziellen Dokumentes der britischen Regierung, welches auf Twitter geteilt worden ist, in Teilen wieder; auf die ausschnittsweise Wiedergabe bei Lehmann verweist auch *Ungerer*, NJW 2021, 1270 (1271) bei Fn. 18.

974 *Ungerer*, NJW 2021, 1270 (1271).

975 So lange aber bleibe nach *Ungerer*, NJW 2021, 1270 (1271) der Streit um das Wiederaufleben des EuGVÜ relevant. Auf S. 1274 führt er aus: „Bis zu einem Beitritt des Vereinigten Königreichs zum LugÜ 2007 […] ist das Bild vor allem von der Ungewissheit gezeichnet, ob deutsche Gerichte aus praktischen Erwägungen heraus nationales Recht zur Bestimmung ihrer internationalen Zuständigkeit in deutsch-britischen Fällen anwenden oder ob sie aufgrund der wohl fortbestehenden völkerrechtlichen Verpflichtung das EuGVÜ wiederaufleben lassen.“.

'Haager Übereinkommen über Gerichtsstandsvereinbarungen vom 30.06.2005' (HGÜ) ist das Vereinigte Königreich mittlerweile wieder außerhalb seiner EU-Mitgliedschaft beigetreten.[976] Bei deutsch – englischen Gerichtsverfahren mit ausschließlichen Gerichtsstandsvereinbarungen zwischen Unternehmern gilt das HGÜ.[977] Daneben hat das Vereinigte Königreich eine eigenständige Mitgliedschaft im LugÜ am 08. April 2020 beantragt.[978] Der Beitritt zum LugÜ erscheint jedoch zum jetzigen Zeitpunkt überwiegend fraglich. Sämtliche Vertragsstaaten müssten einstimmig für den Beitritt votieren, vgl. Art. 70 Abs. 1 lit. c i.V.m. Art. 72 Abs. 3 LugÜ.[979] Die EU spricht dabei aufgrund ihrer Außenkompetenz für alle Mitgliedstaaten einheitlich als Vertragspartei.[980] Während Norwegen, die Schweiz und Island einem Beitritt grünes Licht gegebenen haben, hat die EU-Kommission in einer offiziellen Mitteilung vom 04. Mai 2021 an das Europäische Parlament und den Rat dagegen votiert.[981] Die Entscheidungshoheit über einen Beitritt liegt zwar nicht bei der EU-Kommission, sondern beim Europäischen Parlament und beim Rat.[982] Aus der bereits verstrichenen Zeit[983] und der zumindest von Seiten der EU-Kommission kommunizierten Ablehnung lässt sich jedoch schließen, dass mit einem Beitritt nicht leichtfertig umgegangen wird. Sollte es noch zu einer Zustimmung durch die EU kommen und das LugÜ im Vereinigten Königreich in Kraft treten, würde es in jedem Fall den Streit um das Wiederaufleben des EuGVÜ beenden.[984] Dass auch das LugÜ keinen ganzheitlichen Ersatz für den

---

976 Zu der Option der Ratifikation bestehender völkerrechtlicher Verträge durch das Vereinigte Königreich bereits *Rühl*, NJW 2020, 443 (447).

977 *Ungerer*, NJW 2021, 1270 (1271).

978 Statt aller *Hau*, MDR 2021, 521 (522); *Paulus*, in: BeckOGK, Rom I-VO Art. 1, Rn. 52.

979 *Rühl*, ICLQ 2018, 99 (125); *Rühl*, NJW 2020, 443 (447); *Steinbrück/Lieberknecht*, EuZW 2021, 517 (520); *Ungerer*, in: *Krammer/Baldus/Schmidt-Kessel (Hrsg.)*, Brexit und die juristischen Folgen, S. 303.

980 *Paulus*, in: BeckOGK, Rom I-VO Art. 1, Rn. 52; *Ungerer*, in: *Krammer/Baldus/Schmidt-Kessel (Hrsg.)*, Brexit und die juristischen Folgen, S. 303.

981 Hierzu ausführlich bei *Paulus*, in: BeckOGK, Rom I-VO Art. 1, Rn. 52; *Rühl*, NJW 2020, 443 (447); siehe auch *Steinbrück/Lieberknecht*, EuZW 2021, 517 (520).

982 *Steinbrück/Lieberknecht*, EuZW 2021, 517 (520) mit Verweis auf Art. 218 Abs. 6 lit. a Nr. v, Art. 81 Abs. 2 AEUV.

983 Der Beitritt wurde ursprünglich für den 08. April 2020 beantragt, vgl. *Eberhardt*, RIW 2021, 292 (292).

984 *Ungerer*, in: *Krammer/Baldus/Schmidt-Kessel (Hrsg.)*, Brexit und die juristischen Folgen, S. 303.

Wegfall der Brüssel Ia-VO darstellen würde, soll hier allerdings nicht unerwähnt bleiben.[985]

Bis zu einem möglicherweise erfolgenden Beitritt zum LugÜ und unter hier angenommener Ablehnung eines Wiederauflebens des EuGVÜ, ist, soweit nicht das HGÜ greift oder von Seiten der mitgliedstaatlichen Gerichte ausnahmsweise die Brüssel Ia-VO anzuwenden ist, auf das autonome Zuständigkeitsregime zurückzugreifen.[986] Die internationale Zuständigkeit ist „im Verhältnis zwischen dem Vereinigten Königreich und der EU auf beiden Seiten des Ärmelkanals nach dem jeweiligen autonomen Prozessrecht [zu bestimmen]“[987]. Es sind insbesondere zwei Begleitverordnungen des britischen Brexit-Regelungswerkes, die die internationale Zuständigkeit und die Anerkennung und Vollstreckung ausländischer Urteile betreffen: zum einen ‚The Civil Jurisdiction and Judgments (Amendment) (EU Exit) Regulations 2019‘ und zum anderen ‚The Jurisdiction, Judgments and Applicable Law (Amendment) (EU Exit) Regulations 2020‘. Während das erstgenannte Regelungswerk die Rechtskraft der im Bereich der Zuständigkeit, Anerkennung und Vollstreckung relevanten Brüssel Ia-VO, deren Vorgängerverordnung, des EuGVÜ,[988] des LugÜ und weiterer diesbezüglich abgeschlossene Übereinkommen aufgehoben hat, folgten durch die Begleitverordnung von 2020 lediglich noch kleinere Änderungen des aufgestellten Rechtsrahmens.[989] Eine einseitige Übernahme der Brüssel Ia-VO als nationales Recht im Vereinigten Königreich hat – im Gegensatz zu den Vorschriften der Rom I- und II-VO – nicht stattgefunden. Dies erklärt sich aus der erforderlichen Gegenseitigkeit für das Internationale Zivilverfahrensrecht.[990] Damit gilt auch keine anglisierte Variante der Brüssel Ia-VO als nationales englisches Recht. Entsprechend folgen englische Gerichte wieder ihrer ursprünglichen – unvereinheitlichten – Methodik zur Bestimmung der internationalen Zuständigkeit, zumindest insoweit nicht bereits hiervon abweichende Regelungen im Zuge der nationalen Brexit-Anpassungen erlassen worden sind.[991] Nach den originären englischen Vorschriften ist an die Zustellung der Klage anzuknüpfen und eine Prüfung der Eignung des Forums für den Einzelfall

985 Ausführlich *Rühl*, NJW 2020, 443 (447) m. w. N.; zu den nichtsdestotrotz bestehenden Vorteilen *Ungerer*, NJW 2021, 1270 (1271).

986 *Hau*, MDR 2021, 521 (522).

987 Dazu *Sonnentag*, Die Konsequenzen des Brexits für das Internationale Privat- und Zivilverfahrensrecht, S. 159; *Steinbrück/Lieberknecht*, EuZW 2021, 517 (519).

988 Zur diesbezüglichen Auffassung des Vereinigten Königreichs bereits weiter oben.

989 *Dickinson*, IPRax 2021, 213 (214f.).

990 Dazu *Rühl*, NJW 2020, 443 (446).

991 Hierzu ausführlich bei *Dickinson*, IPRax 2021, 213 (215).

anzuschließen. Mit diesem Vorgehen geht gegenüber den vormals bestehenden Regelungen aus der Brüssel Ia-VO und dem LugÜ eine erhebliche Erweiterung der internationalen Zuständigkeit englischer Gerichte einher.[992] Deutsche Gerichte richten sich für die internationale Zuständigkeit betreffend Diskriminierungsverfahren, die nach dem 01. Januar 2021 eingeleitet worden sind bzw. werden, an den Vorschriften zur örtlichen Zuständigkeit des §§ 12 ZPO ff. aus.[993]

B. Anerkennung und Vollstreckung

Die Ausführungen zur Anerkennung und Vollstreckung ausländischer Gerichtsentscheidungen verlaufen entlang der Linien zur internationalen Zuständigkeit.[994] Bisher wurden diese Aspekte ebenfalls von der Brüssel Ia-VO im Verhältnis zum Vereinigten Königreich als Mitgliedstaat geregelt.[995] Vor dem endgültig vollzogenen Brexit hielt die Brüssel Ia-VO einen effektiven Rechtsrahmen zur Anerkennung und Vollstreckung von Gerichtsentscheidungen zwischen der deutschen und englischen Rechtsordnung als Unionsstaaten bereit.[996] Nunmehr gilt die Verordnung in dieser Beziehung nur noch für die zivilprozessuale Handhabung von Urteilen, die aus Verfahren hervorgehen, die vor dem 01. Januar 2021 begonnen haben.[997] Englische sowie deutsche Gerichtsentscheidungen werden damit noch

---

992 *Dickinson*, IPRax 2021, 213 (215ff.).

993 *Hau*, MDR 2021, 521 (523); die konkreten Rechtsnormen für die Bestimmung des Gerichtsstandes für grenzüberschreitende Diskriminierungsklagen im allgemeinen Vertragsrecht stellt *Lüttringhaus*, Grenzüberschreitender Diskriminierungsschutz, S. 344-353 dar. Auf die notwendige Unterscheidung, ob es um Ansprüche im Kontext bestehender Vertragsbeziehungen oder bei der Anbahnung solcher geht, soll hier nicht weiter eingegangen werden und sei daher auf die Ausführungen a. a. O. verwiesen; zum Ganzen ausführlich *Steinbrück/Lieberknecht*, EuZW 2021, 517 (519), auf die hier vollumfänglich Bezug genommen wird. Siehe ebenfalls dort für die Unterschiede in der Anwendung der nationalen Zuständigkeitsregime zur bisherigen Rechtslage. Hingewiesen sei insofern insbesondere auf den dort thematisierten, nunmehr anwendbaren „exorbitanten" Gerichtsstand des § 23 ZPO am Belegenheitsort von Vermögensgegenständen im Verhältnis zum Vereinigten Königreich.

994 *Steinbrück/Lieberknecht*, EuZW 2021, 517 (524): „Der gleiche Regelungsrahmen [wie im Zuständigkeitsrecht] gilt für die Anerkennung und Vollstreckung von Titeln zwischen Deutschland und dem Vereinigten Königreich."

995 *Rühl*, ICLQ 2018, 99 (114).

996 *Rühl*, ICLQ 2018, 99 (114): „System der unmittelbaren Vollstreckung zwischen den Mitgliedstaaten" [von Verf. aus dem Englischen übersetzt].

997 Siehe *Eberhardt*, RIW 2021, 292 (292); die relevante Vorschrift ist Art. 67 Abs. 2 lit. a BrexitAbk, vgl. *Hau*, MDR 2021, 521 (523); *Nagel/Gottwald*, IZPR, Rz. 16.39.

gleichlaufend nach Maßgabe der Brüssel Ia-VO anerkannt und vollstreckt, sofern das grenzüberschreitende Erkenntnisverfahren nur rechtzeitig noch im Laufe der Übergangsfrist eingeleitet worden ist. Dies geht aus Art. 67 Abs. 2 lit. a BrexitAbk hervor. Das entspricht der Handhabung auch bezüglich der Zuständigkeit.[998]

Für ‚neuere' zivilprozessuale Verfahren gilt das Regelungssystem der Brüssel Ia-VO nicht mehr. Die Brüssel Ia-VO ist in ihrer Anwendung auf mitgliedstaatliche Gerichtsentscheidungen beschränkt. Mangels weiterhin bestehender Gegenseitigkeit – i. S. der gegebenen EU-Mitgliedschaft und damit einhergehender Beteiligung an der Verordnung – kann weder diesseits noch jenseits des Kanals die Anerkennung und Vollstreckung einer Entscheidung am jeweils anderen Ort nunmehr einseitig vorgeschrieben werden.[999] So rechtssicher wie im Rahmen der Brüssel Ia-VO wird mit Urteilen britischer Gerichte in den EU-Mitgliedstaaten damit (zunächst) nicht mehr umgegangen. Selbiges gilt für die umgedrehte Konstellation.[1000] Zwar stünde es den Parteien offen, eine Vereinbarung in Entsprechung der Brüssel Ia-VO zu treffen. Hierfür bestehen jedoch zum jetzigen Zeitpunkt keinerlei Anhaltspunkte.[1001] Gegen die Wahrscheinlichkeit einer solchen weitreichenden multilateralen Vereinbarung spricht, dass bisher auch der Beitritt zum LugÜ[1002] dem Vereinigten Königreich von Seiten der EU nicht ermöglicht wird.[1003] Das Wiederaufleben des EuGVÜ ist ganzheitlich und damit auch für den Bereich der Anerkennung und Vollstreckung mit den benannten Argumenten abzulehnen.[1004] Es stellt sich daher wiederum die Frage, welche Bestimmungen die Brüssel Ia-VO in dieser Beziehung ersetzen. In diesem Zuge ist auf bilaterale Staatsverträge des vergangenen Jahrhunderts zwischen einigen EU-Staaten und dem Vereinigten Königreich zu blicken, die vor den unionalen

---

998 *Ungerer*, NJW 2021, 1270 (1272).

999 Siehe nur *Rühl*, ICLQ 2018, 99 (115).

1000 *Mankowski*, EuZW-Sonderausg. 1/2020, 3 (9); *Rühl*, ICLQ 2018, 99 (114).

1001 *Rühl*, ICLQ 2018, 99 (114f.).

1002 Zum Anwendungsbereich des HGÜ bei der Anerkennung und Vollstreckung von Gerichtsentscheidungen post-Brexit vgl. *Eberhardt*, RIW 2021, 292 (292); ebenfalls *Steinbrück/Lieberknecht*, EuZW 2021, 517 (523) zur „Zirkulation von Entscheidungen" nach dem HGÜ.

1003 Zum (möglichen) Beitritt des Vereinigten Königreichs zum LugÜ vor dem Hintergrund der Anerkennung und Vollstreckung von Entscheidungen *Eberhardt*, RIW 2021, 292 (292); *Mankowski*, EuZW-Sonderausg. 1/2020, 3 (11); *Ungerer*, NJW 2021, 1270 (1272) verweist in Fn. 32 auf die jüngst erfolgte Abweisung einer beantragten Vollstreckbarerklärung eines britischen Urteils durch das Bezirksgericht Zürich mit Urt. v. 24.02.2021 mangels Geltung des LugÜ.

1004 In diesem Sinne wohl auch *Ungerer*, NJW 2021, 1270 (1272).

Vereinheitlichungsbestrebungen in Kraft waren.[1005] Darunter ist auch ein deutsch-britisches Abkommen, und zwar das ‚Abkommen zwischen der Bundesrepublik Deutschland und dem Vereinigten Königreich Großbritannien und Nordirland über die gegenseitige Anerkennung und Vollstreckung von gerichtlichen Entscheidungen in Zivil- und Handelssachen vom 14.07.1960'. Mit Inkrafttreten des EuGVÜ hat dieses das deutsch-britische Abkommen ersetzt, wie sich unmissverständlich aus Art. 55 EuGVÜ ergibt.[1006] Es kann daher nicht überzeugen, von einem Wiederaufleben auszugehen.[1007] Trotz fehlender formeller Kündigung ist von einer Beendigung des Abkommens zwischen den späteren Vertragsstaaten des EuGVÜ auszugehen.[1008] Dies scheint auch der Position der EU-Kommission und der britischen Regierung zu entsprechen.[1009] Die Ansicht des Vereinigten Königreichs wird darin deutlich, dass es mit Norwegen im Jahr 2020 eine Anwendung des zwischen den Parteien 1961 geschlossenen bilateralen Übereinkommens zur Entscheidungsvollstreckung für den Zeitraum bis zu einem erfolgten Beitritt zum LugÜ gesondert vereinbart hat. Dem hätte es nicht bedurft, würde von Seiten des Vereinigten Königreichs davon ausgegangen, dass das Übereinkommen ohnehin wieder gelte.[1010]

Weil es damit – mit Ausnahme des neu abgeschlossenen bilateralen Übereinkommens zwischen dem Vereinigten Königreich und Norwegen – an überlagernden völkerrechtlichen Abkommen fehlt, entscheidet für Zivilverfahren, die nach dem Ende des Übergangszeitraums eingeleitet worden sind, das jeweilige nationale Recht über die Anerkennung und Vollstreckung.[1011] Im Rahmen der EU bedeutet dies 27 unterschiedliche zivilprozessrechtliche Regelungen, die für die Anerkennung und Vollstreckung englischer Urteile fortan gelten. Hiermit geht eine erhebliche Verkomplizierung und zugleich die erhöhte Gefahr

---

1005 *Dickinson*, IPRax 2021, 213 (217); *Mankowski*, EuZW-Sonderausg. 1/2020, 3 (11); *Rühl*, ICLQ 2018, 99 (114).

1006 *Ungerer*, NJW 2021, 1270 (1272).

1007 Offen lassend und auf eine Entscheidung der Gerichte bezüglich des völkerrechtlichen Status der bilateralen Übereinkommen verweisend *Dickinson*, IPRax 2021, 213 (218); a. A. *Hau*, MDR 2021, 521 (524); ebenfalls a. A. sind *Steinbrück/Lieberknecht*, EuZW 2021, 517 (523), die von einer flankierenden Anwendung ausgehen.

1008 *Rühl*, ICLQ 2018, 99 (114).

1009 *Steinbrück/Lieberknecht*, EuZW 2021, 517 (523).

1010 Dazu ausführlich *Dickinson*, IPRax 2021, 213 (218).

1011 Die Einzelheiten des englischen Zivilprozesses mit Blick auf die Anerkennung und Vollstreckung ausländischer Urteile im Inland stellen *Nagel/Gottwald*, IZPR dar. Hierfür sei auf die zu „England" im Stichwortverzeichnis auf S. 1242 angegebenen Rz.-Nummern verwiesen.

versagter Anerkennungen für englische Gerichtsentscheidungen einher.[1012] Deutsche Gerichte wenden die §§ 328, 722 ZPO an.[1013] Die dadurch notwendig werdende Anerkennung englischer Urteile durch ein deutsches Vollstreckungsgericht birgt die Gefahr vermehrter Anerkennungsversagungen, z. B. aufgrund des Spiegelbildprinzips.[1014] Für Entscheidungen, die aus den verbliebenen EU-Mitgliedstaaten stammen, ist das Binnenrechtssystem der englischen Rechtsordnung für die Anerkennung und Vollstreckung ausländischer Entscheidungen im englischen Teilgebiet des Vereinigten Königreichs maßgeblich.[1015] Die Anerkennungs- und Vollstreckungsregelungen stammen sowohl aus den Rechtsgrundsätzen des Common Law als auch aus kodifiziertem Recht.[1016] Auch in dieser Richtung wird damit Rechtssicherheit eingebüßt. Anerkennungsversagungen hängen so teilweise von ungeschriebenen Rechtsgrundsätzen ab. Insbesondere denkbar erscheint die „Verweigerung der Anerkennung in England [darüber hinaus] dann, wenn das deutsche Gericht seine Zuständigkeit (allein) über den Deliktsgerichtsstand (§ 32 ZPO) begründet hat“[1017].

Gesondert betrachtungswürdig bei mehrstaatlichen Diskriminierungssachverhalten unter deutscher und englischer Beteiligung erscheinen die Aspekte Anerkennung und Vollstreckung vor dem Hintergrund des Umfanges monetärer Kompensation. Dieser kann in der englischen Rechtsprechung deutlich dasjenige Maß übersteigen, was in der Jurisdiktion der Bundesrepublik Deutschland der üblichen Rechtsvorstellung entspricht.[1018] Bei erfolgten Diskriminierungen kann der Schädiger in der englischen Rechtsordnung zur Zahlung hoher Entschädigungssummen verurteilt werden. Die Anspruchshöhe ist im Bereich des Antidiskriminierungsrechts nicht nach oben gedeckelt.[1019] Steht die Vollstreckung

---

1012 Statt aller *Rühl*, NJW 2020, 443 (115); *Ungerer*, NJW 2021, 1270 (1272).

1013 *Steinbrück/Lieberknecht*, EuZW 2021, 517 (523); *Ungerer*, NJW 2021, 1270 (1272).

1014 Hierzu sehr ausführlich *Steinbrück/Lieberknecht*, EuZW 2021, 517 (523).

1015 *Eberhardt*, RIW 2021, 292 (292); *Mankowski*, EuZW-Sonderausg. 1/2020, 3 (11); *Rühl*, ICLQ 2018, 99 (114).

1016 Zu den Eigenheiten des englischen Rechts *Dickinson*, IPRax 2021, 213 (217).

1017 Ausführlich und m. w. N. *Steinbrück/Lieberknecht*, EuZW 2021, 517 (523).

1018 Vgl. zum Ganzen *Junker*, NZA-Beil. 2008, 59 (59ff.), der diese Thematik bereits schon während der Mitgliedstaatlichkeit des Vereinigten Königreichs aufgeworfen hat [allerdings spezifisch zum arbeitsrechtlichen Diskriminierungsschutz]; ebenso *Lüttringhaus*, Grenzüberschreitender Diskriminierungsschutz, S. 357ff. mit Blick auch auf Diskriminierungen im allgemeinen Vertragsrecht, der von beträchtlichen Variationen spricht.

1019 Statt aller *Lüttringhaus*, Grenzüberschreitender Diskriminierungsschutz, S. 357 mit Verweis auf die „überkompensatorischen Schadensersatzansprüche“ des englischen Rechts.

eines solchen Urteils in Deutschland in Rede, ist zuvor über eine mögliche Anerkennungsversagung nachzudenken.[1020] Im Falle eines englischen Urteils geht es seit dem Brexit um die Anerkennung einer drittstaatlichen Entscheidung.[1021] Damit die Wirkung eines solchen Urteils nicht auf die englische Rechtsordnung als Entscheidungsstaat beschränkt bleibt, bedarf dieses – so lange keine bi- oder multilateralen Staatsverträge bestehen – der Anerkennung nach autonomem deutschen Prozessrecht gem. § 328 ZPO.[1022] Darin besteht ein empfindlicher Unterschied zu der vorherigen Rechtslage, welche sich an der EU-Mitgliedschaft und der Brüssel Ia-VO ausrichtete.[1023] Im Rahmen der gegenseitigen Partizipation an der Brüssel Ia-VO wäre eine Versagung der Anerkennung für eine englische Gerichtsentscheidung, die Schadensersatz zubilligt, der signifikant diejenige Höhe überschreitet, welche von deutschen Gerichten zugesprochen worden wäre, lediglich über den *restriktiv auszulegenden* verfahrensrechtlichen ordre public-Vorbehalt des Art. 45 Abs. 1 lit. a Brüssel Ia-VO denkbar gewesen.[1024] Hierzu hat *Junker* zutreffend ausgeführt, dass „angesichts der gemeinschaftlichen Antidiskriminierungspolitik in der EU [...] die Nichtanerkennung eines Urteils aus einem anderen Mitgliedstaat nur in extremen Fällen in Betracht kommen [wird]“[1025].[1026] Dieser Sicherheit hat sich die englische Rechtsordnung durch den Brexit entledigt. Das autonome deutsche Rechtssystem hat bereits bewiesen, dass es gewillt ist, drittstaatlichen Entscheidungen mit (zu) hohen monetären Kompensationen die Anerkennung (teilweise) auf Grundlage des

---

1020 *Junker*, NZA-Beil. 2008, 59 (64).

1021 Unter anderen Vorzeichen - pre-Brexit - noch *Lüttringhaus*, Grenzüberschreitender Diskriminierungsschutz, S. 358 zu englischen Gerichtsentscheidungen.

1022 Vgl. *Junker*, NZA-Beil. 2008, 59 (65, 66).

1023 *Lüttringhaus*, Grenzüberschreitender Diskriminierungsschutz, S. 358: „Schwierigkeiten können sich bei der Urteilsanerkennung insbesondere dann ergeben, wenn eine Entscheidung aus einem Nicht-EG-Staat in Rede steht [...]“.

1024 Noch mit Blick auf den ordre public-Vorbehalt aus Art. 34 Nr. 1 Brüssel I-VO und die Unionsmitgliedschaft des Vereinigten Königreichs *Junker*, NZA-Beil. 2008, 59 (64): „Die Nichtanerkennung eines englischen Urteils, das eine nach deutschen Vorstellungen exorbitant hohe Entschädigung ausspricht, kann daher nur auf die ordre public-Klausel [...] gestützt werden.“, m. w. N.

1025 *Junker*, NZA-Beil. 2008, 59 (65).

1026 Auch *Lüttringhaus*, Grenzüberschreitender Diskriminierungsschutz, S. 360 hat ausgeführt, dass für Antidiskriminierungsverfahren eine Nichtanerkennung aufgrund ordre public-Verstoßes zwischen Mitgliedstaaten nur in Ausnahmefällen in Betracht komme.

§ 328 Abs. 1 Nr. 4 ZPO zu versagen.[1027] Zwar wurde dies nicht für einen Diskriminierungssachverhalt entschieden; die Übertragung dieser Grundsätze erscheint jedoch möglich.[1028] Vordergründig werden deutsche Gerichte eine Anerkennungsversagung bei sog. *‚exemplary damages‘* bzw. *‚punitive damages‘*, also Strafschadensersatzpositionen in Betracht ziehen. Die Zuerkennung eines Strafschadensersatzes, der über die Kompensation der durch das Diskriminierungsopfer erlittenen immateriellen und materiellen Schäden wesentlich hinaus geht, steht dem deutschen Rechtsverständnis zivilrechtlichen Schadensersatzes entgegen.[1029] Dementsprechend liegt auch den Ansprüchen aus dem AGG ein anderer Gedanke zugrunde: „Die Entschädigung nach [dem] AGG ist deutlich vom Strafschadensersatz zu unterscheiden; es handelt sich gerade nicht um eine Zivilstrafe“[1030]. Es bleibt daher mit Spannung abzuwarten, wie sich deutsche Gerichte zu entsprechenden Entscheidungen aus England zukünftig verhalten werden. Auch in diesem Punkt zeigt sich erneut deutlich die – zumindest vorübergehende – Einbuße an Vorhersehbarkeit und Rechtssicherheit im grenzüberschreitenden Zivilprozess.

§ 2 Verfahren vor deutschen Gerichten

Im Fokus des folgenden Abschnittes soll eine Diskriminierungsklage vor einem deutschen Gericht stehen, die internationalprivatrechtlich relevante Berührungspunkte sowohl zu der deutschen als auch der englischen Rechtsordnung aufweist.[1031] Dies geschieht in dem Interesse, die Abweichungen in der Handhabung von Eingriffsnormen für ein von deutschen Gerichten post-Brexit zu betreibendes Verfahren zunächst nach englischem und dann nach deutschem Sachrecht aufzuzeigen.

Ist die internationale Zuständigkeit eines deutschen Gerichts für einen grenzüberschreitenden Diskriminierungssachverhalt gegeben und führt das relevante Kollisionsrecht zu einer Maßgeblichkeit englischen materiellen Rechts, kommt die

---

1027 Angesprochen ist damit die Entscheidung BGH Urt. v. 04.06.1992 - IX ZR 149/91.

1028 Ausführlich *Junker*, NZA-Beil. 2008, 59 (66) zu den Hintergründen dieser BGH Entscheidung; zu § 328 Abs. 1 Nr. 4 ZPO auch *Lüttringhaus*, Grenzüberschreitender Diskriminierungsschutz, S. 362.

1029 *Junker*, NZA-Beil. 2008, 59 (65) unter Bezugnahme auf BGH Urt. v. 04.06.1992 - IX ZR 149/91.

1030 *Junker*, NZA-Beil. 2008, 59 (65).

1031 Wie das angestrebte grenzüberschreitende Verfahren praktisch eingeleitet und durchgeführt werden kann, zeigen *Steinbrück/Lieberknecht*, EuZW 2021, 517 (520ff.) auf.

Anwendbarkeit von Eingriffsnormen des deutschen Gerichtsstandortes nach Art. 9 Abs. 2 Rom I-VO bzw. Art. 16 Rom II-VO in Betracht.[1032] Beide Vorschriften setzen dabei voraus, dass das Forumsrecht nicht das ohnehin nach dem Kollisionsrecht berufene Sachrecht ist.[1033] Dies wäre in der hier beschriebenen Konstellation erfüllt. Deutsche Gerichte könnten damit grundsätzlich diejenigen Aspekte des nationalen Antidiskriminierungsrechts zwingend durchsetzen, denen Eingriffsnormcharakter zukommt. Die Eingriffsqualität des Regelungsprogramms der §§ 19, 21 AGG ist bereits besprochen worden.[1034] Dieser Diskriminierungsschutz beansprucht internationale Geltung und könnte in der beschriebenen Situation von den deutschen Gerichten demzufolge zwingend durchgesetzt werden.[1035] Allerdings kann der zwingende Antidiskriminierungsschutz der deutschen Rechtsordnung nicht ohne die EU-rechtsvereinheitlichenden Richtlinienvorgaben in diesem Bereich gedacht werden. Der Regelungskatalog aus den Rom I- und II-VO ist dem Interesse einer „einheitlichen europäischen Kollisionsrechtsordnung" verschrieben und soll „innergemeinschaftlichen Entscheidungseinklang herstellen"[1036]. Vor diesem Hintergrund gebietet sich im Untereinander der Mitgliedstaaten in (teil-)harmonisierten Rechtsbereichen wie dem Antidiskriminierungsrecht Zurückhaltung bei der Durchsetzung von Eingriffsnormen. Entsprechen „die Umsetzungsvorschriften der lex causae den Richtlinienvorgaben"[1037], ist im Interesse des Binnenmarktzieles mit einer Sonderanknüpfung überschießender Umsetzungen zurückhaltend(er) umzugehen.[1038] Aus diesem Grund ist hinsichtlich der An-

1032 Statt aller *Maultzsch*, in: BeckOGK, Rom I-VO Art. 9, Rn. 70; ebenso *Wenninger*, Arbeitsrechtliche Schutzvorschriften als inländische Eingriffsnormen, S. 62.

1033 Siehe nur *Hoffmann/Bierlein*, ZEuP 2020, S. 47 (63); *Martiny*, in: MüKoBGB, Rom I-VO Art. 9, Rn. 41; *Wenninger*, Arbeitsrechtliche Schutzvorschriften als inländische Eingriffsnormen, S. 62.

1034 Vgl. hierzu ***Kapitel 3 § 2 C***.

1035 Vgl. *Hoffmann/Bierlein*, ZEuP 2020, S. 47 (64); *Magnus*, in: Staudinger, Art. 9 Rom I-VO, Rn. 151; Ebenso *Mansel*, in: FS Canaris zum 70. Geburtstag, S. 830 [zu der Einordnung als Eingriffsnormen im Sinne des Art. 34 EGBGB]; *Martiny*, ZEuP 2008, 79; Mit explizitem Blick lediglich auf § 21 AGG ebenfalls zustimmend *Mörsdorf*, in: BeckOGK, AGG § 21, Rn. 95; *Staudinger*, in: Internationales Vertragsrecht, VO (EG) 593/2008 Art. 9 Eingriffsnormen, Rn. 29; *Weller/Lieberknecht*, JZ 2019, 317 (323); *Zwickel*, in: InternVertragsR § 5 Rn. 5.78; a. A. *Schrader/Straube*, NZA 2007, 184 (186), die die Eingriffsqualität zumindest mit Blick auf die arbeitsrechtlichen Regelungen des AGG ablehnen.

1036 *Lüttringhaus*, Grenzüberschreitender Diskriminierungsschutz, S. 287.

1037 *Lüttringhaus*, Grenzüberschreitender Diskriminierungsschutz, S. 287.

1038 Zum Ganzen *Lüttringhaus*, Grenzüberschreitender Diskriminierungsschutz, S. 287f.

wendbarkeit eigener Eingriffsnormen eines deutschen Gerichts bei abweichender *lex causae* zwischen einem innergemeinschaftlichen Diskriminierungssachverhalt und einer Sachverhaltskonstellation zu unterscheiden, die rechtlich relevante Berührungspunkte zu einem Drittstaat hat. Es erscheint angezeigt, diese Unterscheidung auch hier aufzugreifen, weil für die englische Rechtsordnung eine Verschiebung von der einen in die andere Gruppe stattgefunden hat. Während der noch bestehenden Unionsmitgliedschaft der englischen Rechtsordnung hätte sich aufgrund der Innergemeinschaftlichkeit des beschriebenen Diskriminierungsverfahrens besondere Zurücknahme für das deutsche Forum „an der Durchsetzung seiner – ohnehin nur leicht divergierenden – nationalen policies“[1039] geboten. Dieser Stellung hat sich die englische Rechtsordnung durch den Brexit begeben. Zukünftig spielen das innergemeinschaftliche Rücksichtnahmegebot und das Ziel des grenzübergreifenden unionalen Entscheidungseinklanges keine Rolle mehr. Hieraus folgt, dass sofern „das im Wege der [...] Anknüpfung [...] ermittelte Vertragsstatut dem Recht [der englischen Rechtsordnung als Nicht-Mitgliedstaat unterliegt], eine Sonderanknüpfung der Vorschriften des AGG grundsätzlich kraft nationaler und gemeinschaftsrechtlicher Vorgaben [ohne Weiteres] geboten sein [kann], sofern dies zur Absicherung des europäischen Diskriminierungsschutzniveaus unerlässlich ist“[1040]. Ein Absehen von der Durchsetzung der eingriffsrechtlichen Komponenten des Antidiskriminierungsrechts ist jedenfalls im Verhältnis zum Vereinigten Königreich nicht (mehr) indiziert.[1041]

Auswirkungen hat der Brexit in der beschriebenen Verfahrenskonstellation auch auf die Berücksichtigung englischer – als ausländischer – Eingriffsnormen.[1042] Nach hier vertretener Auffassung differenziert Art. 9 Abs. 3 Rom I-VO in seinem Anwendungsbereich nicht weitergehend die kollisionsrechtliche Behandlung der verschiedenen forumsfremden Eingriffsnormen.[1043] Art. 9 Rom I-VO kennt lediglich die Unterscheidung von Eingriffsrecht der *lex fori*, das in den Anwendungsbereich von Abs. 2 fällt, und solchem Eingriffsrecht, das entweder dem anwendbaren Statut oder einem Drittstaat zugehört, welches Gegenstand

---

1039 *Lüttringhaus*, Grenzüberschreitender Diskriminierungsschutz, S. 288.

1040 So *Lüttringhaus*, Grenzüberschreitender Diskriminierungsschutz, S. 286.

1041 Grundsätzlich hierzu *Lüttringhaus*, Grenzüberschreitender Diskriminierungsschutz, S. 292.

1042 Zur Möglichkeit der materiell-rechtlichen Berücksichtigung ausländischer Eingriffsnormen im Anwendungsbereich der Rom II-VO siehe ausführlich bei ***Kapitel 3 § 4 B.*** – Fehlende Normierung in der Rom II-VO. Aus Verständnisgesichtspunkten wird sich in den nachfolgenden Ausführungen auf Art. 9 Abs. 3 Rom I-VO beschränkt.

1043 Ausführlich hierzu ***Kapitel 3 § 4 A. II. 4.***

von Abs. 3 ist.[1044] Das Eingriffsrecht sämtlicher forumsfremder Rechtsordnungen hängt, unabhängig von einer Zugehörigkeit zum Schuldstatut, damit von Art. 9 Abs. 3 Rom I-VO ab.[1045] Die Frage nach einer möglicherweise bestehenden *Pflicht* zur Wirkungsverleihung für ausländische Eingriffsnormen aus anderen EU-Mitgliedstaaten im Rahmen des Art. 9 Abs. 3 Rom I-VO ist bereits thematisiert worden.[1046] Zwar ist eine Pflicht zur lediglich begrenzten Ermessensausübung bei mitgliedstaatlichen Eingriffsnormen des Erfüllungsortes aufgrund des eindeutigen Wortlautes des Art. 9 Abs. 3 Rom I-VO abgelehnt worden.[1047] Allerdings wurde auch auf die wenigen vorstellbaren Situationen hingewiesen, in denen die Ermessensentscheidung zur Wirkungsverleihung bei Eingriffsrecht eines Unionsmitgliedstaates ablehnend ausfallen kann. Dies ist zurückzuführen auf die Widersinnigkeit einer umfänglichen Prüfung fremdstaatlicher Souveränitätsinteressen im Hinblick auf mitgliedstaatliches Eingriffsrecht, welchem eine umfassende Vergemeinschaftung zugrunde liegt.[1048] Bei den Interessen der englischen Rechtsordnung handelt es sich nunmehr um fremdstaatliche Souveränitätsinteressen eines Drittstaates. In diesem Bezug kann insbesondere auch der Idealvorstellung innergemeinschaftlichen Entscheidungseinklanges keine Relevanz mehr im Rahmen der Ermessensausübung zukommen.

§ 3 Verfahren vor englischen Gerichten

Auch auf die in einem grenzüberschreitenden Diskriminierungsverfahren von englischen Gerichten zu berücksichtigenden Eingriffsnormen und das insofern bestehende Regelungsgefüge hat sich der Brexit ausgewirkt. Bestehen im Rahmen einer Diskriminierungsklage Berührungspunkte zur deutschen Rechtsordnung und ist die Zuständigkeit eines englischen Gerichts gegeben, sind hier vordergründig zwei Konstellationen zu betrachten. Zum einen könnte deutsches Sachrecht die *lex causae* bilden und aus diesem Grund die Berücksichtigung von eigenen Eingriffsnormen durch englische Gerichte in Betracht kommen. „Schon

---

1044 Statt aller *Hauser*, Eingriffsnormen in der Rom I-Verordnung, S. 52.

1045 So zutreffend *Mühlbauer*, Berücksichtigung der ausländischen Eingriffsnormen im Art. 9 Rom I-VO, S. 181, 184.

1046 Siehe ***Kapitel 3 § 4 A. III. 1.***

1047 Vgl. *Köhler*, Eingriffsnormen – Der »unfertige Teil« des europäischen IPR, S. 293 [allerdings i.E. mit abweichender Meinung]; *Mühlbauer*, Berücksichtigung der ausländischen Eingriffsnormen im Art. 9 Rom I-VO, S. 249.

1048 *Mühlbauer*, Berücksichtigung der ausländischen Eingriffsnormen im Art. 9 Rom I-VO, S. 249.

vor Inkrafttreten [der europäischen Kollisionsrechtsvereinheitlichung mit Art. 9 Abs. 2 Rom I-VO und Art. 16 Rom II-VO] bestand in England [jedoch] Einigkeit darüber, dass Eingriffsnormen der englischen lex fori unabhängig vom Vertragsstatut [bzw. der lex causae] anzuknüpfen und anzuwenden sind“[1049], weshalb nicht davon auszugehen ist, dass sich an dieser Handhabung zukünftig etwas ändern wird. Ohnehin bestehen Art. 9 Abs. 2 Rom I-VO und Art. 16 Rom II-VO in der englischen Rechtsordnung bis auf Weiteres als anglisiertes nationales Kollisionsrecht mit demselben Inhalt fort. Zwar ist ihre unionale Einkleidung entfallen, die Berücksichtigung inländischer Eingriffsnormen ist gegenüber derjenigen ausländischer Eingriffsnormen jedoch weit weniger konfliktbehaftet, sodass eine zeitnahe Reformierung dieser Bestimmungen nicht wahrscheinlich ist. Im englischen nationalen Recht bestehen im Wesentlichen zwei Rechtsmechanismen, die für die Berücksichtigung eigener Eingriffsnormen Relevanz entfalten können. Hierbei handelt es sich um die ‚*international public policy*‘ und Eingriffsnormen mit ‚*(complete) overriding effect*‘ aus dem statute law.[1050] Sofern englische Gerichte diese Rechtsmechanismen in Übereinstimmung mit der Definition der Eingriffsnormen aus dem Art. 9 Abs. 1 Rom I-VO als international zwingendes Recht der *lex fori* durchsetzen, ist nicht ersichtlich, weshalb dies im Verhältnis zu EU-Mitgliedstaaten wie der deutschen Rechtsordnung bei der Anerkennung der Entscheidung zu Problemen führen sollte. Ein anderes Bild ergäbe sich jedoch, sollten sich englische Spruchkörper zukünftig dazu entschließen, geschriebene oder ungeschriebene Normen der *lex fori* in einem Umfang international zwingend durchzusetzen, der der Definition aus Art. 9 Abs. 1 Rom I-VO widerspräche. Anhaltspunkte hierfür sind jedoch nach derzeitigem Erkenntnisstand nicht ersichtlich.

Eine problematischere Entwicklung könnte allerdings die zukünftige Berücksichtigung deutscher – als ausländischer – Eingriffsnormen durch englische Gerichte nehmen. Ohnehin ist die Anwendbarkeit fremdstaatlicher Rechtsnormen inklusive des jeweiligen Eingriffsrechts bereits vor englischen Gerichten prozessual eingeschränkt: Ausländisches Recht wird wie eine Tatsache behandelt. Dies

---

1049 *Kuckein*, Die „Berücksichtigung“ von Eingriffsnormen im deutschen und englischen internationalen Vertragsrecht, S. 160, 286.

1050 *Kuckein*, Die „Berücksichtigung“ von Eingriffsnormen im deutschen und englischen internationalen Vertragsrecht, S. 161ff., 181ff. bespricht jeweils m. w. N. ausführlich zunächst die ‚international public policy‘ und dann das Eingriffsrecht aus dem statute law. Vorliegend soll im Interesse der Übersichtlichkeit eine (erneute) Darstellung dieser Aspekte ausgespart und stattdessen gewinnbringend auf die Darstellungen a. a. O. verwiesen werden.

hat zur Konsequenz, dass es nur Berücksichtigung findet, wenn die Parteien es ausdrücklich vortragen und auch beweisen können, sog. ‚*pleading and proof of foreign law*'.[1051] Im Gegensatz zu der Ermittlung von Amts wegen, wie sie die deutschen Gerichte betreffend ausländische Eingriffsnormen nach § 293 ZPO vornehmen,[1052] setzt eine Anwendung im englischen Zivilprozess voraus, dass sich die Parteien auf die forumsfremden Eingriffsnormen bei Gericht eigeninitiativ berufen.[1053] Ist das englische Gericht von dem Nachweis des ausländischen (Eingriffs-)Rechts nicht überzeugt, wendet es das inländische Normgefüge an.[1054] An dieser Handhabung lassen sich zwei Grundannahmen der englischen Systematik erkennen. Zum einen die Ablehnung formaler Gleichberechtigung anderer Rechte gegenüber dem heimischen, anders formuliert auch, der Gleichheit aller Rechtsordnungen. Zum anderen das fakultative Verständnis des IPR.[1055] Die englische Rechtsordnung distanziert sich durch das ‚*pleading and proof*'-Erfordernis von ausländischen Rechtssätzen.[1056] Darüber hinaus erscheint insbesondere die zukünftige autonome Auslegung der Norm aus Art. 9 Abs. 3 Rom I-VO fraglich. Die anglisierte Variante des Art. 9 Abs. 3 Rom I-VO ist zu keinem Gleichlauf mit dem Verordnungsrecht der EU gezwungen. Aufgrund divergierender Auslegung der umstrittenen Voraussetzungen des Art. 9 Abs. 3 Rom I-VO, insbesondere beim Erfüllungsortkriterium, erscheinen Wertungswidersprüchlichkeiten in der Zukunft nicht weit hergeholt. Unliebsamen forumsfremden Eingriffsnormen könnte

---

1051 *Grušić*, in: *Guinchard (Hrsg.)*, Rome I and Rome II in Practice, S. 612; *Kuckein*, Die „Berücksichtigung" von Eingriffsnormen im deutschen und englischen internationalen Vertragsrecht, S. 196; *Nagel/Gottwald*, IZPR, Rz. 11.69ff. m. w. N.

1052 Zur Handhabung des deutschen Rechts statt aller *Stürner/Krauß*, Ausländisches Recht in deutschen Zivilverfahren, S. 26ff.

1053 Ausführlich *Kuckein*, Die „Berücksichtigung" von Eingriffsnormen im deutschen und englischen internationalen Vertragsrecht, S. 196f., 286; *Rogoz*, Ausländisches Recht im deutschen und englischen Zivilprozess, S. 215 ‚principle of voluntary pleading'; *Stürner/Krauß*, Ausländisches Recht in deutschen Zivilverfahren, S. 26, 28 m. w. N.

1054 *Nagel/Gottwald*, IZPR, Rz. 11.69; dem liegt die sog. ‚presumption of similarity' zugrunde, vgl. *Rogoz*, Ausländisches Recht im deutschen und englischen Zivilprozess, S. 215.

1055 Zu diesen zwei Punkten *Nagel/Gottwald*, IZPR, Rz. 11.70; *Stürner/Krauß*, Ausländisches Recht in deutschen Zivilverfahren, S. 27.

1056 *Nagel/Gottwald*, IZPR, Rz. 11.70; zu den Hintergründen der rechtshistorischen Entwicklung ausführlich *Rogoz*, Ausländisches Recht im deutschen und englischen Zivilprozess, S. 64f.; *Stürner/Krauß*, Ausländisches Recht in deutschen Zivilverfahren, S. 27.

so durch nationale Rechtsmechanismen der Weg verbaut werden. Die im Zuge der Kollisionsrechtsvereinheitlichung auf Unionsebene erreichte Vorhersehbarkeit in der Handhabung forumsfremden Eingriffsrechts erscheint aufgrund der protektionistischen Tendenzen der Brexit-Kampagne für die Zukunft nicht abgesichert.

Zusammenfassung und Schlussbetrachtung

Rogoz hat im Jahr 2008 mit Blick auf ausländisches Recht im deutschen und englischen Zivilprozess geschrieben: „Die Anwendung ausländischen Rechts im Zivilprozess mit der Vielzahl an dargestellten Problemen würde sich erledigen, wenn es entweder zu einer umfassenden Vereinheitlichung des materiellen Rechts käme oder aber Internationales Privatrecht und Internationale Zuständigkeit Hand in Hand gingen."[1057] Bereits wenige Sätze später formulierte er allerdings, dass dies niemals *gänzlich* der Fall sein wird.[1058] Nichtsdestotrotz erscheinen vor dem Hintergrund des Brexits nunmehr beide Alternativen im Verhältnis zur – fortan als drittstaatlich einzuordnenden – englischen Rechtsordnung zunächst nicht mehr greifbar:

Von zukünftigen Richtlinienvorgaben im Antidiskriminierungsrecht, die mit rechtsvereinheitlichender Wirkung in die mitgliedstaatlichen Rechte umzusetzen wären,[1059] ist das englische Rechtssystem nicht mehr betroffen. Ein gemeinsamer Fahrplan für den Schutz vor Diskriminierungen in Privatrechtsverhältnissen besteht fortan nur insoweit,[1060] wie sich die vereinheitlichten antidiskriminierungsrechtlichen Wertungen in den EU-Mitgliedstaaten nicht zu denen Englands auseinander bewegen.[1061] Zur Aufrechterhaltung des Benachteiligungsschutz-

1057 *Rogoz*, Ausländisches Recht im deutschen und englischen Zivilprozess, S. 217.

1058 Vgl. *Rogoz*, Ausländisches Recht im deutschen und englischen Zivilprozess, S. 218.

1059 Angesprochen ist hiermit die ‚5. Antidiskriminierungsrichtlinie', vgl. dazu ***Kapitel 1 § 3 B.***

1060 Zum Einheitsrecht als möglichem Spiegel supranationaler Konsensbildung vgl. ***Kapitel 1 § 2 A. II.*** Ein Rechtsvereinheitlichungsvorhaben, welches auch den Benachteiligungsschutz inkludieren würde, ist Stand 2022 jedoch reine – wenn überhaupt – Zukunftsmusik.

1061 Den naheliegendsten Anhaltspunkt für eine Auseinanderentwicklung stellt die ‚5. Antidiskriminierungsrichtlinie' dar. Obwohl deren Zukunftsperspektive sowohl auf nationaler als auch auf unionaler Ebene weiterhin unklar erscheint, lässt sich dennoch ein Bedürfnis für die Weiterentwicklung des Gleichbehandlungsrechts ausmachen. So hat der Jahresbericht der Antidiskriminierungsstelle des Bundes 2021, 2022, S. 47 gezeigt, dass die deutsche Beratungsstelle in zahlreichen Fällen mit Diskriminierungen in Lebensbereichen angerufen wird, die nicht vom AGG geschützt werden. Zudem seien im Jahr 2021 auch viele Anfragen (mehr als 2.000) gestellt worden, die kein normiertes AGG-Merkmal zum Gegenstand hatten.

programms existiert im wechselseitigen Verhältnis keine Verpflichtung.[1062] Die weggefallene EU-Rechtsbindung eröffnet dem britischen Parlament gerade die Möglichkeit, gegen die unional veranlassten Aspekte des Equality Act 2010 vorzugehen.[1063] Die grundverschiedene Handhabungsweise des pragmatischen englischen Common Law gegenüber dem methodenstringenten Ansatz des Unionsapparates könnte hierfür Anlass bieten.[1064]

Weil im Bereich der Antidiskriminierung während der Mitgliedschaft des Vereinigten Königreichs allerdings ohnehin keine ganzheitliche Harmonisierung des Diskriminierungsschutzes zwischen Privaten in den einzelnen Rechtsordnungen erfolgt ist, kommt seit jeher der kollisionsrechtlichen Anknüpfung Relevanz für den Umfang des Schutzniveaus zu.[1065] Aus diesem Grund hängt der Antidiskriminierungsschutz im bilateralen Verhältnis zwischen der deutschen und englischen Rechtsordnung nicht erst seit dem Brexit von der kollisionsrechtlichen Anknüpfung des jeweiligen Sachverhalts ab. Mit der kollisionsrechtlichen Anknüpfung ist das Internationale Privatrecht angesprochen. *Dickinson* ist dabei zuzustimmen, dass die zukünftige Entwicklung des Internationalen Privatrechts nicht unbeeindruckt von der Abwesenheit des Vereinigten Königreichs von den EU-Institutionen stattfinden wird. Das Rechtsverständnis insbesondere der englischen Binnenrechtsordnung hat an entscheidenden Stellen maßgeblichen Einfluss auf den Besitzstand der Europäischen Union genommen. Es ist daher davon auszugehen, dass sich durch deren Ausscheiden das Gleichgewicht der verschiedenen Rechtstraditionen innerhalb des unionalen Rechtssystems zukünftig verschieben wird.[1066]

Wesentlichen Einfluss hatte der englische Ansatz in der Vergangenheit auf die Ausgestaltung der Berücksichtigung von ausländischen Eingriffsnormen in Art. 9 Abs. 3 Rom I-VO.[1067] Hiermit ist auch ein möglicher erster Anwendungsfall dieser veränderten Dynamik ausgemacht. Während dem Rechtsanwender „de lege lata […] nichts anderes übrig [bleibt], als sich mit einer rundum misslungenen

---

1062 *Schiek/Fanning*, Equality Law After 'Brexit' – Perverse or Reverse 'Repatriation'?, S. 8; *Wintemute*, King's Law Journal 2016, 387 (388).

1063 *Vickers*, Country report Non-discrimination United Kingdom 2021, S. 71.

1064 Zum Ganzen zutreffend *O'Cinneide/Liu*, International Journal of Discrimination and the Law 2015, 80 (82).

1065 Statt aller *Thüsing*, in: MüKoBGB, AGG § 19, Rn. 135 m. w. N.

1066 Siehe *Dickinson*, IPRax 2021, 213 (220); mit dem zusätzlichen wichtigen Hinweis, dass jedoch Zypern, Irland und Malta weiterhin die Common Law-Tradition innerhalb der EU repräsentieren.

1067 Statt aller ebenfalls *Dickinson*, IPRax 2021, 213 (220).

Vorschrift zu arrangieren“[1068], sollte der Brexit den Ausgangspunkt für den Unionsrechtsgeber bilden, *de lege ferenda* tätig zu werden. *Hauser* hat bereits 2012 eine Neukonzeption des Art. 9 Abs. 3 Rom I-VO „den englischen Bedenken zum Trotz“[1069] eingefordert. Mit dem Wegfall dieser „englischen Bedenken“[1070] durch den Brexit erscheint eine Überarbeitung drängender denn je.[1071] Politische Erwägungen jedenfalls zwingen seit dem Austritt des Vereinigten Königreichs nicht mehr zu einem Festhalten an dem dogmatischen Anknüpfungskonzept des Art. 9 Rom I-VO.[1072] Ausgangspunkt für eine Überarbeitung könnte und sollte die Überprüfungsklausel aus Art. 27 Abs. 1 Rom I-VO darstellen.[1073] Im Wege einer lediglich veränderten Auslegung des Art. 9 Abs. 3 Rom I-VO kann dem Wegfall der ursprünglichen englischen Beweggründe für die Ausgestaltung der Norm nicht hinreichend Rechnung getragen werden. Dies würde methodologisch zu kurz greifen. Hierfür kann auch ein Umkehrschluss bemüht werden: Würden bei einem Austritt bereits durch Auslegung die ursprünglichen Beweggründe ‚hinweginterpretiert‘, wären dann ebenfalls bei jedem Beitritt eines neuen Mitgliedstaates bestimmte Unionsnormen automatisch umzuinterpretieren? Das kann nicht überzeugen.

Doch nicht nur der Besitzstand der Europäischen Union wird vorerst weiter von dem Rechtsverständnis der englischen Binnenrechtsordnung beeinflusst. Auch in umgekehrter Richtung ist das nunmehr *nationale* Internationale

---

1068 *Hauser*, Eingriffsnormen in der Rom I-Verordnung, S. 130.

1069 *Hauser*, Eingriffsnormen in der Rom I-Verordnung, S. 130.

1070 *Hauser*, Eingriffsnormen in der Rom I-Verordnung, S. 130.

1071 Auch *Kronenberg*, Normen als tatsächliche Umstände, S. 244 Rn. 564 führt aus, dass „mit dem Vereinigten Königreich [...] nunmehr [...] der Hauptkritiker einer weiter angelegten Möglichkeit der Sonderanknüpfung ausländischen Eingriffsrechts aus der EU ausgeschieden [ist]“; *Mühlbauer*, Berücksichtigung der ausländischen Eingriffsnormen im Art. 9 Rom I-VO, S. 291 verweist ebenfalls auf eine „[gerechtfertigte] Revision [...] angesichts des anstehenden Brexits [...], da allein der Druck Großbritanniens während des Gesetzgebungsverfahrens dafür gesorgt ha[t], den Art. Art. 9 Abs. 3 S. 1 Rom I-VO nach dem Vorbild der englischen Ralli-Rechtsprechung dermaßen eng zu fassen“.

1072 Vorschläge für eine reformierte Normfassung sind bereits unterbreitet worden. Hingewiesen sei auf den Vorschlag von *Hauser*, Eingriffsnormen in der Rom I-Verordnung, S. 150; und in jüngerer Zeit von *Kronenberg*, Normen als tatsächliche Umstände, S. 243 Rn. 562; grundsätzlich hierzu *Mühlbauer*, Berücksichtigung der ausländischen Eingriffsnormen im Art. 9 Rom I-VO, S. 291.

1073 Dazu *Hauser*, Eingriffsnormen in der Rom I-Verordnung, S. 130, 150; *Thorn*, in: Rauscher EuZPR/EuIPR Band 3, Art. 9 Rom I-VO, Rn. 61.

Privatrecht der englischen Rechtsordnung unionaler Herkunft: die Rom I- und II-VO gelten seit dem 01. Januar 2021 als nationales englisches Recht fort.[1074] Es handelt sich um „anglisiert[e] Varianten der Rom I-VO und der Rom II-VO"[1075]. Die Entkopplung der englischen Rechtsordnung von den EU-Institutionen wird allerdings perspektivisch (zunächst) zu Differenzen in der Auslegung und (dann) in der Weiterentwicklung des Normgefüges führen.[1076] Dass die Nationalisierung der Rom-Verordnungen überhaupt möglich war, hat seinen Grund in dem, gegenüber dem Internationalen Zivilverfahrensrecht fehlenden, Erfordernis der Gegenseitigkeit.[1077]

Neben dem Internationalen Privatrecht ist auch das auf ein Diskriminierungsverfahren anzuwendende Internationale Zivilverfahrensrecht vom Brexit betroffen. Im Internationalen Zivilverfahrensrecht spielt die Zugehörigkeit zum Rechtsrahmen der Union aufgrund des soeben angesprochenen Gegenseitigkeitserfordernisses sogar eine noch empfindlichere Rolle.[1078] Die endgültige Abkoppelung des Vereinigten Königreichs vom EU-Gefüge mit Ablauf des Übergangszeitraums hat diese Gegenseitigkeit entfallen lassen. Das relevante Verordnungsrecht konnte daher von der englischen Rechtsordnung nicht entsprechend der Rom I- und II-VO ‚anglisiert' werden. Die innergemeinschaftliche Rücksichtnahme und das Ziel grenzüberschreitenden Entscheidungseinklanges sind hinsichtlich der englischen Rechtsordnung nicht mehr zwingend. Die eingriffsrechtlichen Komponenten des Antidiskriminierungsrechts im Verhältnis zum Vereinigten Königreich können nunmehr unkomplizierter durchgesetzt werden.[1079] Damit ist auch das von *Rogoz*[1080] umschriebene Hand-in-Hand-Gehen von Internationalem Privatrecht und internationaler Zuständigkeit zur Vermeidung der Vielzahl an Problemen bei der Anwendung ausländischen Rechts im deutschen und englischen Zivilprozess hinfällig geworden.

1074 Vgl. *Paulus*, in: BeckOGK, Rom I-VO Art. 1, Rn. 53.

1075 *v. Hein*, in: MüKoBGB, EGBGB Art. 3, Rn. 57.

1076 *Fervers*, in: BeckOGK, EGBGB Art. 3, Rn. 63; *Grupp*, NJW 2017, 2065 (2065); *Mankowski*, EuZW-Sonderausg. 1/2020, 3 (7); *Rentsch*, EuZW 2017, 981 (981).

1077 *Mankowski*, EuZW-Sonderausg. 1/2020, 3 (3ff.); *Sonnentag*, Die Konsequenzen des Brexits für das Internationale Privat- und Zivilverfahrensrecht, S. 43.

1078 *Rühl*, NJW 2020, 443 (446).

1079 Grundsätzlich hierzu *Lüttringhaus*, Grenzüberschreitender Diskriminierungsschutz, S. 292.

1080 *Rogoz*, Ausländisches Recht im deutschen und englischen Zivilprozess, S. 217.

Literaturverzeichnis

Das Literaturverzeichnis ist auf dem Stand vom November 2022. Die Internetquellen wurden zuletzt am 14. November 2022 abgerufen.

Ahmed, Tawhida: Brexit, Discrimination and EU (Legal) Tools, European Law Review 2019, S. 515-531.

Antidiskriminierungsstelle des Bundes (Hrsg.): Gleiche Rechte, gleiche Chancen. Jahresbericht der Antidiskriminierungsstelle des Bundes 2021, Berlin 2021; [abrufbar unter: https://www.antidiskriminierungsstelle.de/SharedDocs/downloads/DE/publikationen/Jahresberichte/2021.pdf;jsessionid=664F1E641F2CD98790AEF29A05DC3090.intranet212?__blob=publicationFile&v=3].

Ares, Elena / Carver, Dominic / Fella, Stefano / u. a.: The UK-EU Trade and Cooperation Agreement: Level Playing Field, Briefing Paper 9190 House Of Commons Library 2021; .... [abrufbar unter: https://researchbriefings.files.parliament.uk/documents/CBP-9190/CBP-9190.pdf].

Armbrüster, Christian: Der allgemein-zivilrechtliche Teil des Allgemeinen Gleichbehandlungsgesetzes, in: Rudolf, Beate / Mahlmann, Matthias (Hrsg.), Gleichbehandlungsrecht. Handbuch, Baden-Baden 2007, S. 257-326.

v. Bar, Christian / Mankowski, Peter: Internationales Privatrecht Band 2: Besonderer Teil, 2. Auflage, München 2019.

Basedow, Jürgen: Der Grundsatz der Nichtdiskriminierung im europäischen Privatrecht, ZEuP 2008, S. 230-251.

ders.: Die Europäische Union zwischen Marktfreiheit und Überregulierung – Das Schicksal der Vertragsfreiheit, Bitburger Gespräche (2008), S. 85-104.

ders.: Internationales Einheitsprivatrecht im Zeitalter der Globalisierung (The International Unification of Private Law in the Era of Globalization), RabelsZ 2017, S. 1-31.

ders.: BREXIT and business law, China-EU Law Journal 2017, S. 101-118.

Basedow, Jürgen / Hopt, Klaus J. / Zimmermann, Reinhard (Hrsg.): Handwörterbuch des Europäischen Privatrechts, Tübingen 2009.

Beigang, Stefan / Boll, Friederike / Egenberger, Vera / u. a.: Möglichkeiten der Rechtsdurchsetzung des Diskriminierungsschutzes bei der Begründung, Durchführung und Beendigung zivilrechtlicher Schuldverhältnisse. Bestandsaufnahme, Alternativen und Weiterentwicklung, herausgegeben von der Antidiskriminierungsstelle des Bundes, Berlin 2021; [abrufbar unter: https://www.antidiskriminierungsstelle.de/SharedDocs/downloads/DE/publikationen/Expertisen/studie_rechtsdurchsetzung.pdf;jsessionid=24441F54FE649738EF63B9DC4519E1B3.intranet211?__blob=publicationFile&v=2].

Bell, Mark: British Developments in Non-Discrimination Law: the Equality Act, in: Schulze, Reiner (Hrsg.), Non-Discrimination in European Private Law, Tübingen 2011, S. 209-231.

Benecke, Martina: Rechtsvergleich der europäischen Systeme zum Antidiskriminierungsrecht, herausgegeben von der Antidiskriminierungsstelle des Bundes, Berlin 2010; [abrufbar unter: https://www.antidiskriminierungsstelle.de/SharedDocs/downloads/DE/publikationen/Expertisen/expertise_rechtsvergleich_europ_systeme_zum_antidiskr_recht.pdf?__blob=publicationFile&v=3].

Bitterich, Klaus: Kollisionsrechtlicher Verbraucherschutz, Eingriffsnormen und Binnenmarktstandard: Bestandsaufnahme und Ausblick auf den Rom I-Vorschlag, GPR 2006, S. 161-167.

Chopin, Isabelle / Germaine, Catharina: A comparative analysis of non-discrimination law in Europe 2020. The 27 EU Member States, Albania, Iceland, Liechtenstein, Montenegro, North Macedonia, Norway, Serbia, Turkey and the United Kingdom compared, verfasst für das European network of legal experts in gender equality and non-discrimination, herausgegeben von der Europäischen Kommission, Luxemburg 2021; [abrufbar unter: https://op.europa.eu/s/w8Bt].

Dickinson, Andrew: The Rome II Regulation: The Law Applicable to Non-Contractual Obligations, Oxford 2008.

ders.: Realignment of the Planets - Brexit and European Private International Law, IPRax 2021, S. 213-221.

ders.: Dickinson on the Fate of the 1968 Brussels Convention: No Coming Back? EAPIL BLOG 2021; [abrufbar unter: https://eapil.org/2021/02/19/dickinson-on-the-fate-of-the-1968-brussels-convention-no-coming-back/comment-page-1/].

Duden, Konrad: IPR: Anwendung griechischer Spargesetze auf Arbeitsvertrag in Deutschland, EuZW 2016, S. 940-944.

Eberhardt, Jan: Länderreport Großbritannien, RIW 2021, S. 292-296.

Epe, Axel: Die Funktion des Ordre Public im deutschen Internationalen Privatrecht, Tübingen 1983.

Ernst, Wolfgang: Miniatur: „RETAINED EU-LAW“ Probleme einer neuen Rechtserscheinung, ZfPW 2018, S. 369-384.

Everling, Ulrich: Rechtsvereinheitlichung durch Richterrecht in der Europäischen Gemeinschaft, RabelsZ 1986, S. 193-232.

Fabbrini, Federico: The Law and Politics of Brexit. The Framework of New EU-UK Relations. Oxford 2022.

Ferrari, Franco / Kieninger, Eva-Maria / Mankowski, Peter / u. a. (Hrsg.): Internationales Vertragsrecht. Kommentar, 3. Auflage, München 2018.

Fetsch, Johannes: Eingriffsnormen und EG-Vertrag. Die Pflicht zur Anwendung der Eingriffsnormen anderer EG-Staaten. Tübingen 2002.

Fredman, Sandra / Young, Alison / Campbell, Meghan / u. a.: The Impact of Brexit on Equality Law, Oxford 2017; [abrufbar unter: https://ohrh.law.ox.ac.uk/wp-content/uploads/2021/04/The-Impact-of-Brexit-on-Equality-Rights-1.pdfXX].

Freitag, Robert: Einfach und international zwingende Normen, in: Leible, Stefan (Hrsg.), Das Grünbuch zum Internationalen Vertragsrecht. Beiträge zur Fortentwicklung des Europäischen Kollisionsrechts der vertraglichen Schuldverhältnisse, München 2004, S. 167-192.

ders.: Die kollisionsrechtliche Behandlung ausländischer Eingriffsnormen nach Art. 9 Abs. 3 Rom I-VO, IPRax 2009, S. 109-188.

ders.: Ausländische Eingriffsnormen vor deutschen Gerichten, NJW 2018, S. 430-435.

Gather, Selma: Anti-Diskriminierung im Zivilrechtsverkehr am Beispiel der „Dritten Option" (zugleich eine kritische Anmerkung zu LG Frankfurt a.M. Urt. v. 03.12.2020 – 2-13 O 131/20), KJ 2021, S. 302-311.

Grünberger, Michael: Personale Gleichheit. Der Grundsatz der Gleichbehandlung im Zivilrecht. Baden-Baden 2013.

Grupp, Thomas M.: Vertragsgestaltung in Zeiten von Brexit, NJW 2017, S. 2065-2070.

Grušić, Uglješa: The Application of the Rome I and Rome II Regulations in the United Kingdom, in: Guinchard, Emmanuel (Hrsg.), Rome I and Rome II in Practice, Cambridge 2020, S. 579-624.

Gsell, Beate / Krüger, Wolfgang / Lorenz, Stefan / Reymann, Christoph (Hrsg.): Beck-online.Grosskommentar zum Zivilrecht. Stand: 01.09.2022, München 2022 [zitiert als: *Bearbeiter*, in: BeckOGK].

Günther, Lisa: Die Anwendbarkeit ausländischer Eingriffsnormen im Lichte der Rom I- und Rom II- Verordnungen, Saarbrücken 2011.

Hartmann, Felix: Diskriminierung durch Antidiskriminierungsrecht? Möglichkeiten und Grenzen eines postkategorialen Diskriminierungsschutzes in der Europäischen Union, EuZA 2019, S. 24-44.

Hau, Wolfgang: Die zivilrechtliche justizielle Zusammenarbeit mit dem Vereinigten Königreich seit dem Brexit, MDR 2021, S. 521-526.

Hau, Wolfgang / Poseck, Roman (Hrsg.): Beck'scher Online-Kommentar BGB, 63. Edition Stand 01.08.2022, München 2022 [zitiert als: *Bearbeiter*, BeckOK BGB].

Hauser, Paul: Eingriffsnormen in der Rom I-Verordnung, Tübingen 2012.

Hausmann, Rainer / Odersky, Felix (Hrsg.): Internationales Privatrecht in der Notar- und Gestaltungspraxis. Handbuch, 4. Auflage, München 2021.

v. Hein, Jan: Die Kodifikation des europäischen IPR der außervertraglichen Schuldverhältnisse vor dem Abschluss? – Zum gegenwärtigen Stand der Arbeiten an der Rom-II-Verordnung, VersR 2007, S. 440-452.

ders.: Europäisches Internationales Deliktsrecht nach der Rom II-Verordnung, ZEuP 2009, S. 6-33.

Hemler, Adrian: Die Methodik der »Eingriffsnorm« im modernen Kollisionsrecht, Tübingen 2019.

Hepple, Bob: Equality. The New Legal Framework. London 2011.

Herberger, Maximilian / Martinek, Michael / Rüßmann, Helmut / Weth, Stephan (Hrsg.): juris PraxisKommentar BGB:

Band 6: Internationales Privatrecht und UN-Kaufrecht, 9. Auflage (Werksstand), Saarbrücken 2020 [zitiert als: *Bearbeiter*, in jurisPK-BGB].

Hoffmann, Jochen: Mittelbare Diskriminierungen bei Unisex-Versicherungstarifen, Zeitschrift für die gesamte Versicherungswissenschaft 2016, S. 95-119.

Hoffmann, Jochen / Bierlein, Johanna: Das internationale Privatrecht des Diskriminierungsschutzes im Zivilrechtsverkehr, ZEuP 2020, S. 47-73.

Junker, Abbo: Das Internationale Privat- und Verfahrensrecht der Nichtdiskriminierung im Arbeitsverhältnis, NZA-Beil. 2008, S. 59-66.

Kadner Graziano, Thomas: Das auf außervertragliche Schuldverhältnisse anzuwendende Recht nach Inkrafttreten der Rom II-Verordnung, RabelsZ 2009, S. 1-77.

Kocher, Eva: Instrumente einer Europäisierung des Prozessrechts. Zu den Anforderungen an den kollektiven Rechtsschutz im Antidiskriminierungsrecht, ZEuP 2004, S. 260-275.

dies.: Diskriminierende Vertragsverweigerung als vorvertragliche Pflichtverletzung – Zum internationalen Privatrecht des Diskriminierungsschutzes, in: Witzleb, Normann / Ellger, Reinhard / Mankowski, Peter / u. a. (Hrsg.), Festschrift für Dieter Martiny zum 70. Geburtstag, Tübingen 2014, S. 411-427.

Köhler, Andreas: Eingriffsnormen – Der »unfertige Teil« des europäischen IPR, Tübingen 2013.

Kohler, Christian: Parteiautonomie, zwingendes Recht und loyale Zusammenarbeit in der EU, in: Benicke, Christoph / Huber, Stefan (Hrsg.), National, International, Transnational: Harmonischer Dreiklang im Recht. Festschrift für Herbert Kronke zum 70. Geburtstag, Bielefeld 2020, S. 253-264.

Kossak, Jana: Rechtsfolgen eines Verstoßes gegen das Benachteiligungsverbot im allgemeinen Zivilrechtsverkehr. Eine Untersuchung des § 21 AGG unter besonderer Berücksichtigung des europäischen Sanktionensystems. Frankfurt am Main u. a. 2009.

Kötz, Hein: Rechtsvereinheitlichung – Nutzen, Kosten, Methoden, Ziele, RabelsZ 1986, S. 1-18.

Kramme, Malte / Baldus, Christian / Schmidt-Kessel, Martin (Hrsg.): Brexit. Privat- und wirtschaftsrechtliche Folgen, 2. Auflage, Baden-Baden 2020.

Kronenberg, Alexander: Normen als tatsächliche Umstände. Die sachrechtliche Berücksichtigung von Eingriffsnormen im anwendbaren Vertragsrecht. Tübingen 2021.

Kuckein, Mathias: Die „Berücksichtigung" von Eingriffsnormen im deutschen und englischen internationalen Vertragsrecht, Tübingen 2008.

Kühne, Gunther: Das Anknüpfungssystem des neuen europäischen internationalen Deliktsrechts, in: Ahrens, Hans-Jürgen / v. Bar, Christian / Fischer, Gerfried / u. a. (Hrsg.), Medizin und Haftung. Festschrift für Erwin Deutsch zum 80. Geburtstag, Berlin u. Heidelberg 2009.

Lauber, Anna Verena: Paritätische Vertragsfreiheit durch reflexiven Diskriminierungsschutz. Autonomie, Freiheit und Gerechtigkeit im Vertragsrecht Englands, Deutschlands und der Europäischen Union. Baden-Baden 2010.

Lehmann, Matthias: Diskriminierungsschutz und Vertragsrecht – Entwicklungstendenzen im Rechtsvergleich, in: Schulze, Reiner (Hrsg.), New Features in Contract Law, Berlin u. New York 2007, S. 67-84.

ders.: Brexit and the Brussels Convention: It's All Over Now, Baby Blue? EAPIL BLOG 2021; [abrufbar unter: https://eapil.org/2021/02/12/brexit-and-the-brussels-convention-its-all-over-now-baby-blue/].

ders.: Study on the Rome II Regulation (EC) 864/2007 on the law applicable to non-contractual obligations, herausgegeben vom British Institute of International and Comparative Law in Zusammenschluss mit Civic Consulting, Europäische Union 2021; [abrufbar unter: https://op.europa.eu/s/w8Bs].

Lehmann, Matthias / Zetzsche, Dirk: Die Auswirkungen des Brexit auf das Zivil- und Wirtschaftsrecht, JZ 2017, S. 62-71.

Leible, Stefan: Prinzipien und Konzepte des Diskriminierungsschutzes im Europäischen Privatrecht, in: Schulze, Reiner (Hrsg.), Non-Discrimination in European Private Law, Tübingen 2011, S. 27-53.

Leible, Stefan / Lehmann, Matthias: Die neue EG-Verordnung über das auf außervertragliche Schuldverhältnisse anzuwendende Recht („Rom II"), RIW 2007, S. 721-735.

dies.: Die Verordnung über das auf vertragliche Schuldverhältnisse anzuwendende Recht („Rom I"), RIW 2008, S. 528-544.

Lembke, Ulrike: Europäisches Antidiskriminierungsrecht in Deutschland, APuZ 2016, Ausgabe 9/2016 „Antidiskriminierungsrecht", S. 11-16.

Linhart, Karin: Internationales Einheitsrecht und einheitliche Auslegung, Tübingen 2005.

Looschelders, Dirk: Diskriminierung und Schutz vor Diskriminierung im Privatrecht, JZ 2012, S.105-114.

Loutridou, Maria / Butt, Mark Eric: Perspektiven der Anti-Diskriminierungspolitik, Reihe „Soziale Angelegenheiten" SOCI 105 DE (PE 168.637), herausgegeben vom Europäischen Parlament, Luxemburg 2000; [abrufbar unter: https://www.europarl.europa.eu/workingpapers/soci/105_de.htm#info].

Lurger, Brigitta / Melcher, Martina: Handbuch Internationales Privatrecht: mit Hinweisen auf das Internationale Zivilverfahrensrecht, Wien 2017.

Lüttringhaus, Jan D.: Grenzüberschreitender Diskriminierungsschutz – Das internationale Privatrecht der Antidiskriminierung, Tübingen 2010.

ders.: Eingriffsnormen im internationalen Unionsprivat- und Prozessrecht: Von Ingmar zu Unamar (zu EuGH, 17.10.2013 – Rs. C-184/12 – United Antwerp Maritime Agencies (Unamar) NV. /. Navigation Maritime Bulgare), IPRax 2014, S. 146-152.

Malik, Maleiha: Anti-Discrimination Law in Britain, in: Rudolf, Beate / Mahlmann, Matthias (Hrsg.), Gleichbehandlungsrecht. Handbuch, Baden-Baden 2007, S. 132-164.

Malleson, Kate: Equality Law and the Protected Characteristics, Modern Law Review 2018, S. 598-621.

Mangold, Anna Katharina: Demokratische Inklusion durch Recht. Antidiskriminierungsrecht als Ermöglichungsbedingung der demokratischen Begegnung von Freien und Gleichen. Tübingen 2021.

Mankowski, Peter: Verbraucherkreditverträge mit Auslandsbezug: Kollisionsrechtlicher Dienstleistungsbegriff und sachliche Abgrenzung von Eingriffsrecht, RIW 2006, S. 321-331.

ders.: Die Rom I-Verordnung – Änderungen im europäischen IPR für Schuldverträge, IHR 2008, S. 133-152.

ders.: Drittstaatliche Embargonormen, Außenpolitik im IPR, Berücksichtigung von Fakten statt Normen: Art. 9 Abs. 3 Rom I-VO im praktischen Fall (zu Cour d'appel de Paris, 25.02.2015 – 12/23757), IPRax 2016, S. 485-493.

ders.: Die Unionsrechtskonformität des Mindestlohngesetzes – unter besonderer Berücksichtigung des grenzüberschreitenden Straßenverkehrs, RdA 2017, S. 273-287.

ders.: Politik und missliebige drittstaatliche Eingriffsnormen - der Fall Kuwait Airways (zugleich Besprechung zu OLG Frankfurt, RIW 2019, 231), RIW 2019, S. 180-184.

ders.: Brexit und Internationales Privat- und Zivilverfahrensrecht, EuZW-Sonderausg. 1/2020, S. 3-13.

Mansel, Heinz-Peter: Allgemeines Gleichbehandlungsgesetz – persönlicher und internationaler Anwendungsbereich, in: Heldrich, Andreas / Koller, Ingo / Prölss, Jürgen / u. a. (Hrsg.), Festschrift für Claus-Wilhelm Canaris zum 70. Geburtstag, Band 1, München 2007, S. 809-834

Martiny, Dieter: Europäisches Internationales Vertragsrecht in Erwartung der Rom I-Verordnung, ZEuP 2008, S. 79-108.

Maultzsch, Felix: Forumsfremde Eingriffsnormen im Schuldvertragsrecht zwischen Macht- und Wertedenken, in: Benicke, Christoph / Huber, Stefan (Hrsg.), National, International, Transnational: Harmonischer Dreiklang im Recht. Festschrift für Herbert Kronke zum 70. Geburtstag, Bielefeld 2020, S. 363-377.

Mazukatow, Alik: Antidiskriminierungsrecht im Wandel, in: Heinrich-Böll-Stiftung (Hrsg.), Dossier – 10 Jahre Diskriminierungsschutz in Deutschland, Berlin 2017, S. 7-12; [abrufbar unter: https://heimatkunde.boell.de/sites/default/files/10_jahre_agg_pdf_04_2017.pdf].

McColgan, Aileen: Women's rights post-Brexit, COUNSEL August 2017; [abrufbarunter:https://www.counselmagazine.co.uk/articles/women%E2%80%99s-rights-post.brexit].

Mörsdorf, Oliver: Ungleichbehandlung als Norm. Eine dogmatische Analyse des unional determinierten Antidiskriminierungsrechts in Deutschland. Tübingen 2018.

Mühlbauer, Kristina: Berücksichtigung der ausländischen Eingriffsnormen im Art. 9 Rom I-VO, Diss. Berlin 2020.

Müller-Glöge, Rudi / Preis, Ulrich / Schmidt, Ingrid (Hrsg.): Erfurter Kommentar zum Arbeitsrecht, 22. Auflage, München 2022 [zitiert als: *Bearbeiter*, in: ErfK].

Nagel, Heinrich / Gottwald, Peter: Internationales Zivilprozessrecht. Kommentar, 8. Auflage, Köln 2020, [zitiert als: *Nagel/Gottwald*, IZPR].

Neuner, Jörg: Protection Against Discrimination in European Contract Law, ERCL 2006, S. 35-50.

O'Cinneide, Colm / Liu, Kimberly: Defining the limits of discrimination law in the United Kingdom. Principle and pragmatism in tension, International Journal of Discrimination and the Law 2015, S. 80-100.

Pfeiffer, Thomas: Neues Internationales Vertragsrecht – Zur Rom I-Verordnung, EuZW 2008, S. 622-629.

ders.: Tatsächliche Berücksichtigung ausländischer Eingriffsnormen, LMK 2016, 382315.

Rauscher, Thomas (Hrsg.): Kommentar Europäisches Zivilprozess- und Kollisionsrecht, Band 3, 4. Auflage, Köln 2016 [zitiert als: *Bearbeiter*, in: Rauscher EuZPR/EuIPR Band 3].

Reif, Matthias / David, Felix / v. Hauch, Christiane: BREXIT – Auswirkungen auf Handel und Vertrieb, ZVertriebsR 2017, S. 35-39.

Reithmann, Christoph / Martiny, Dieter (Hrsg.): Internationales Vertragsrecht. Das internationale Privatrecht der Schuldverträge. Lexikonformat, 9. Auflage, Köln 2022 [zitiert als: *Bearbeiter*, in: InternVertragsR].

Rentsch, Bettina: Das Vereinigte Königreich als „Drittstaat" im Sinne der Rom I-VO, EuZW 2017, S. 981-987.

Repgen, Tilman: Antidiskriminierung – die Totenglocke des Privatrechts läutet, in: Isensee, Josef (Hrsg.), Vertragsfreiheit und Diskriminierung, Berlin 2007, S. 11-98.

Rogoz, Thomas: Ausländisches Recht im deutschen und englischen Zivilprozess, Tübingen 2008.

Roth, Wulf-Henning: Der Grundsatz der loyalen Zusammenarbeit in der Europäischen Union und das Internationale Privatrecht, in: Heid, Daniel A. / Stotz, Rüdiger / Verny, Arsène (Hrsg.), Festschrift für Manfred A. Dauses zum 70. Geburtstag, München 2014, S. 315-335.

Rudolf, Beate / Mahlmann, Matthias (Hrsg.): Gleichbehandlungsrecht. Handbuch, Baden-Baden 2007.

Rühl, Giesela: The Effect of Brexit on the Resolution of International Disputes – Choice of Law and Jurisdiction in Civil and Commercial Matters. Brexit Negotiations Series, OBLB 13. April 2017; [abrufbar unter: https://blogs.law.ox.ac.uk/business-law-blog/blog/2017/04/brexit-negotiations-series-%E2%80%98-effect-brexit-resolution-international].

Rühl, Giesela: Judicial Cooperation in Civil and Commercial Matters After Brexit: Which Way Forward? ICLQ 2018, S. 99-128; [abrufbar unter: <https://ssrn.com/abstract=3287823].

dies.: Im Schatten des Brexit-Abkommens – Perspektiven für das Internationale Privat- und Verfahrensrecht, NJW 2020, S. 443-447.

Rüscher, Daniel: Vertragsanpassungen als Reaktion auf den Brexit nach deutschem, englischem, französischem, italienischem und spanischem Recht sowie nach UN-Kaufrecht, EuZW 2018, S. 937-943.

Säcker, Franz Jürgen / Rixecker, Roland / Oetker, Hartmut / u. a. (Hrsg.): Münchener Kommentar zum Bürgerlichen Gesetzbuch:

Band 1: §§ 1-240 BGB, ProstG, AGG, 7. Auflage, München 2015 [zitiert als: *Bearbeiter*, in: MüKoBGB, 7. Aufl. 2015].

Band 1: §§ 1-240 BGB, AllgPersönlR, ProstG, AGG, 8. Auflage, München 2018 [zitiert als: *Bearbeiter*, in: MüKoBGB, 8. Aufl. 2018].

Band 1: §§ 1-240 BGB, AllgPersönlR, ProstG, AGG, 9. Auflage, München 2021 [zitiert als: *Bearbeiter*, in: MüKoBGB].

Band 12: IPR I, Europäisches Kollisionsrecht, Art. 1-26 EGBGB, 8. Auflage, München 2020 [zitiert als: *Bearbeiter*, in: MüKoBGB].

Band 13: IPR II, Internationales Wirtschaftsrecht, Art. 50-253 EGBGB, 8. Auflage, München 2021 [zitiert als: *Bearbeiter*, in: MüKoBGB].

Schacherreiter, Judith: Der missglückte Legal Transplant des Art. 9 Abs. 3 Rom I-VO – Eine Kritik an der Regelung fremder Eingriffsnormen im europäischen internationalen Vertragsrecht, ZEuP 2015, S. 497-516.

Schiek, Dagmar / Fanning, Aislinn: Equality Law After 'Brexit' – Perverse or Reverse 'Repatriation'? in: Lazowski, Adam / Cygan, Adam (Hrsg.), Research Handbook on Legal Aspects of Brexit, Cheltenham 2022, Vorabveröffentlichung; [abrufbar unter: https://papers.ssrn.com/sol3/papers.cfm?abstract_id=3911156].

Schrader, Peter / Straube, Gunnar: Ist das AGG international zwingendes (Arbeits-)Recht? NZA 2007, S. 184-187.

Schulze, Reiner / Dörner, Heinrich / Ebert, Ina / u. a. (Hrsg.): Bürgerliches Gesetzbuch. Handkommentar, 11. Auflage, Baden-Baden 2021 [zitiert als: *Bearbeiter*, in: Handkommentar BGB].

Slowe, Rosie: BREXIT FAQ: Non-Discrimination Law in the UK under the EU Charter, herausgegeben vom British Institute of International and Comparative Law, London 2018; [abrufbar unter: https://www.biicl.org/documents/1660_faq_-_non-discrimination_law_in_the_uk_-_update_may_2018.pdf].

Sonnenberger, Hans-Jürgen: Eingriffsrecht – Das trojanische Pferd im IPR oder notwendige Ergänzung? IPRax 2003, S.104-116.

Sonnentag, Michael: Die Konsequenzen des Brexits für das Internationale Privat- und Zivilverfahrensrecht, Tübingen 2017.

Spindler, Gerald / Schuster, Fabian (Hrsg.): Recht der elektronischen Medien. Kommentar, 4. Auflage, München 2019.

Sponholz, Katharina: Die unionsrechtlichen Vorgaben zu den Rechtsfolgen von Diskriminierungen im Privatrechtsverkehr, Baden-Baden 2017.

v. Staudinger, Julius (Begr.): J. von Staudingers Kommentar zum Bürgerlichen Gesetzbuch mit Einführungsgesetz und Nebengesetzen:

Band: Internationales Vertragsrecht 1 - Internationales Devisenrecht, Armbrüster, Christian / Ebke, Werner F. / Hausmann, Rainer / u. a. (Hrsg.), 1. Neubearbeitung, Berlin 2021 [zitiert als: *Bearbeiter*, in: Staudinger].

Steinbrück, Ben / Lieberknecht, Markus: Grenzüberschreitende Zivilverfahren nach dem Brexit, EuZW 2021, S. 517-524.

Stone, Peter: Stone On Private International Law In The European Union, 4. Edition, Cheltenham u. Northampton (Massachusetts) 2018.

Stork, Florian: Das Anti-Diskriminierungsrecht der Europäischen Union und seine Umsetzung in das deutsche Zivilrecht, Frankfurt a.M. u. a. 2006.

Strauß, Benedikt: Praxisupdate IPR, MittBayNot 2021, S. 440-451.

Study Group on a European Civil Code / Research Group on the Existing EC Private Law (Hrsg.): Principles, Definitions and Model Rules of European Private Law: Draft Common Frame of Reference (DCFR), Outline Edition, München 2009.

Stürner, Michael / Krauß, Franziska: Ausländisches Recht in deutschen Zivilverfahren: Eine rechtstatsächliche Untersuchung, Baden-Baden 2018.

Suk, Julie C.: Equality After Brexit: Evaluating British Contributions to EU Antidiscrimination Law, Fordham International Law Journal 2017, S. 1535-1552.

Terhechte, Jörg Philipp: All's well that ends well? – Das EU/VK-Handels- und Kooperationsabkommen, NJW 2021, S. 417-424.

Thon, Marian: Forumsfremde Eingriffsnormen und Außenpolitik im IPR – Die Israel-Boykottgesetzgebung arabischer Staaten und ihre Berücksichtigung vor deutschen Gerichten, IPRax 2019, S. 301-306.

Thorn, Karsten: Eingriffsnormen, in: Ferrari, Franco / Leible, Stefan (Hrsg.), Ein neues Internationales Vertragsrecht für Europa. Der Vorschlag für eine Rom I-Verordnung, Jena 2007, S. 131-152.

Ungerer, Johannes: Brexit von Brüssel und den anderen IZVR-/IPR-Verordnungen zum Internationalen Zivilverfahrens- und Privatrecht, in: Krammer, Malte / Baldus, Christian / Schmidt-Kessel, Malte (Hrsg.), Brexit und die juristischen Folgen. Privat- und Wirtschaftsrecht der Europäischen Union, Baden-Baden 2016, S. 297-320.

ders.: Folgen des harten Brexit im Internationalen Privat- und Zivilverfahrensrecht, NJW 2021, S. 1270-1274.

Vickers, Lucy: Country report Non-discrimination United Kingdom 2021, verfasst für das European network of legal experts in gender equality and non-discrimination, herausgegeben von der Europäischen Kommission, Luxemburg 2021; [abrufbar unter: https://www.equalitylaw.eu/downloads/5486-united-kingdom-country-report-non-discrimination-2021-1-36-mb].

Wagner, Gerhard: Die neue Rom II-Verordnung, IPRax 2008, S. 1-80.

Wagner, Rolf: Das Vermittlungsverfahren zur Rom II-Verordnung, in: Baetge, Dietmar / v. Hein, Jan / v. Hinden, Michael (Hrsg.), Die richtige Ordnung. Festschrift für Jan Kropholler zum 70. Geburtstag, Tübingen 2008, S. 715-731.

ders.: Justizielle Zusammenarbeit in Zivilsachen nach dem Brexit, IPRax 2021, S. 2-15.

Weller, Marc-Philippe / Lieberknecht, Markus: Antisemitismus - Antworten des Privatrechts, JZ 2019, S. 317-326.

Weller, Marc-Philippe / Lieberknecht, Markus / Smela, Jana: Diskriminierung von Israelis – Erweiterung des AGG um das Schutzmerkmal der Staatsangehörigkeit? ZfPW 2020, S. 419-432.

Weller, Marc-Philippe / Thomale, Chris / Zwirlein, Susanne: Brexit: Statutenwechsel und Acquis communautaire, ZEuP 2018, S. 892-915.

Weller, Matthias (Hrsg.): Europäisches Kollisionsrecht. Handbuch, Baden-Baden 2016 [zitiert: *Bearbeiter*, in: Europäisches KollisionsR].

Wenninger, Philip: Die arbeitsrechtlichen Schutzvorschriften des Allgemeinen Gleichbehandlungsgesetzes als inländische Eingriffsnormen des Internationalen Arbeitsrechts. Unter Berücksichtigung der Rom I-Verordnung. Göttingen 2012 [zitiert als: *Wenninger*, Arbeitsrechtliche Schutzvorschriften als inländische Eingriffsnormen].

Wiemann, Joachim: Diskriminierungsverbote unter Privaten. Rechtsdurchsetzung im deutschen und US-amerikanischen Recht. Passau 2015.

Wintemute, Robert: Goodbye EU Anti-Discrimination Law? Hello Repeal of the Equality Act 2010? King's Law Journal 2016, S. 387-397.

www.ingramcontent.com/pod-product-compliance
Ingram Content Group UK Ltd.
Pitfield, Milton Keynes, MK11 3LW, UK
UKHW021936290926
8980IPUK00016B/1652

9 783631 933633